Xpert.press

Marco Block · Adrian Neumann

Haskell
Intensivkurs

Ein kompakter Einstieg
in die funktionale Programmierung

 Springer

Prof. Dr. Marco Block-Berlitz
Mediadesign Hochschule in Berlin (MD.H)
Lindenstr. 20–25
10969 Berlin
Deutschland
m.block@mediadesign-fh.de
www.marco-block.de

Adrian Neumann
Universität des Saarlandes
Im Stadtwald
66041 Saarbrücken
Deutschland

Additional material to this book can be downloaded from http://extra.springer.com.
Password: 978-3-642-04717-6

ISSN 1439-5428
ISBN 978-3-642-04717-6   e-ISBN 978-3-642-04718-3
DOI 10.1007/978-3-642-04718-3
Springer Heidelberg Dordrecht London New York

Bibliografische Information der Deutschen Nationalbibliothek
Die Deutsche Nationalbibliothek verzeichnet diese Publikation in der Deutschen Nationalbibliografie;
detaillierte bibliografische Daten sind im Internet über http://dnb.d-nb.de abrufbar.

Einbandgestaltung: KünkelLopka, Heidelberg

Gedruckt auf säurefreiem Papier

Springer ist Teil der Fachverlagsgruppe Springer Science+Business Media (www.springer.de)

Vorwort zur ersten Auflage

Für die meisten Leser, die noch keine Berührung mit einer funktionalen Programmiersprache haben, ist es oft schwer die vielen neuen Konzepte auf Anhieb zu verstehen. Unsere Erfahrungen aus zahlreichen Lehrveranstaltungen und Büchern sind, dass geübte Lehrende und Autoren oft dazu neigen, mehrere Techniken gleichzeitig einzuführen. Das kann beim Zuhörer oder Leser schnell dazu führen, dass der Anschluss verloren geht, Fragen offen bleiben und die Motivation für das Erlernen einer funktionalen Sprache langsam schwindet.

Das vorliegende Buch geht einen neuen Weg und versucht die Themen, soweit es denn möglich ist, klar zu trennen und unabhängig voneinander zu behandeln. Trotzdem hat das Buch den Anspruch einer akademischen Ausbildung. Dabei sollen neue Beispiele aus verschiedenen Bereichen für die notwendige Abwechslung sorgen und den Leser motivieren, das Buch nicht nur komplett durchzuarbeiten, sondern auch darüber hinaus ein tiefes Verständnis für die funktionale Programmierung zu entwickeln.

Auch als Begleiter und für den Einstieg in das Informatikstudium eignet sich dieses Buch. Es werden viele Beispiele und Konzepte aus unterschiedlichen Informatikbereichen gezeigt. Am Ende eines jeden Kapitels stehen Aufgaben zur Verfügung, die den Leser dazu bringen, sein neu erworbenes Wissen anzuwenden und es dadurch zu festigen.

Zusatzmaterialien zum Buch

Die gedruckten Programme zum Buch stehen auf der Springerwebseite zum Download zur Verfügung:

http://www.springer.com

Die Buchprogramme, Lösungen der Aufgaben sowie eine aktuelle Errata wird auf dieser Seite zu finden sein:

http://www.marco-block.de

Dozenten können sich gerne bei uns nach vorhandenem und zusätzlichem Folienmaterial erkundigen. Wir begrüßen den Einsatz sehr.

Übungsaufgaben und Lösungen

Am Ende jedes Kapitels werden Aufgaben zur Festigung des theoretischen Materials vorgeschlagen, von denen viele Lösungen im Anhang des Buches zu finden sind.

Da es immer ein großer Spaß war und eine gute Übung, die stetig wachsende Sammlung der Aufgaben des Eulerprojektes mit Haskell zu lösen, haben wir auch einige dieser Aufgaben mit übernommen [38]. Diese sind in den Übungsteilen gesondert mit einem (*) markiert.

Illustrationen und technische Zeichnungen

Wie auch schon beim Java-Intensivkurs, der ebenfalls im Springer-Verlag erschienen ist, haben wir mit Anna Bonow eine herausragende Illustratorin, die in allen einführenden Bildern zu jedem Kapitel die teilweise komplexen Inhalte lebendig dargestellt und so dem Buch eine unterhaltsame Komponente hinzugefügt hat.

Durch ihre Arbeit als Gamedesignerin hat sie ein fundiertes Verständnis für die Programmentwicklung und sorgte damit dafür, die Kapitel noch zielorientierter zu gestalten. Auf diesem Weg nochmal ein großes Dankeschön an Dich und auf das wir viele weitere gemeinsame Projekte verwirklichen werden.

Aufbau dieses Buches

In **Kapitel 1** befindet sich der Motivations- und Einführungsteil. Es lassen sich gerade für Anfänger Argumente finden, weshalb die Verwendung von Haskell für sie besonders geeignet ist. Darüber hinaus erfahren wir, dass Haskell unter den funktionalen Programmiersprachen eine große Beliebtheit besitzt und was mit ihr alles anzustellen ist.

Das Buch gliedert sich anschließend in die zwei Teile: **Haskell-Grundlagen** und **Fortgeschrittene Haskell-Konzepte**.

Teil 1: Haskell-Grundlagen

Die einfachen Datentypen mit den wichtigsten Operationen werden in **Kapitel 2** vorgestellt. Anschließend wird in **Kapitel 3** gezeigt, wie Funktionen in Haskell aufgebaut sind und welche Besonderheiten es dabei gibt. Rekursion als wichtige Entwurfstechnik in der funktionalen Programmierung ist Inhalt von **Kapitel 4**.

In **Kapitel 5** beschäftigen wir uns mit einfachen Datenstrukturen, wie Listen und Tupeln. Funktionen können auch selbst als Parameter übergeben werden. Diese Besonderheit von funktionalen Sprachen wie Haskell wird in **Kapitel 6** vorgestellt.

In **Kapitel 7** definieren wir eigene Typen und Typklassen. Für größere Projekte ist das Arbeiten mit Modulen unumgänglich. Das und die Behandlung von Schnittstellen ist Thema von **Kapitel 8**.

Teil 2: Fortgeschrittene Haskell-Konzepte

Als Einstieg in die Laufzeitanalyse von Algorithmen in **Kapitel 9**, vertiefen wir diese Thematik durch wichtige Datenstrukturen und die damit verbundenen Algorithmen: Arrays, Listen, Stacks (**Kapitel 10**), Warteschlangen (**Kapitel 11**), Bäume (**Kapitel 12**), Wörterbücher (**Kapitel 13**), Prioritätswarteschlangen (**Kapitel 14**), Random-Access Listen (**Kapitel 15**) und Graphen (**Kapitel 16**).

Anschließend werden Monaden in **Kapitel 17** vorgestellt und die bestehende Relevanz für den Einsatz in aktuellen Softwareprojekten aufgezeigt.

Um Programme auf ihre Funktionalität hin zu überprüfen, können wir diese analytisch oder durch geeignete Testmengen verifizieren. **Kapitel 18** zeigt Wege auf, wie das zu bewerkstelligen ist. Der λ-Kalkül als Grundlage der Sprache Haskell wird in **Kapitel 19** vorgestellt.

Danksagungen

Wir möchten den Leuten danken, die direkt oder indirekt an der Entstehung und Korrektur dieses Buches beteiligt waren. Gerade den vielen Studenten, die durch Fragen und Probleme beim Verständnis dazu beigetragen haben, vom normalen Weg abzuweichen und neue Konzepte und Herangehensweisen auszuprobieren.

Ganz besonders bedanken möchten wir uns auch bei (in alphabetischer Reihenfolge):

Falco und Ramona Aulitzky, Katrin Berlitz, Benjamin Bortfeld, Lisa Dohrmann, Gerd Fankhänel, Niklaas Görsch, Martin Götze, Julia und Thorsten Hanssen, Nima Keshvari, Julian Kücklich, Michael Kmoch, Sandra Pinkert, Noam Yogev, Benjamin Wenzel.

Für die geduldige und fachkundige Zusammenarbeit mit dem Springer-Verlag sind wir sehr dankbar.

Wir wünschen dem Leser genauso viel Spaß beim Lesen und Erarbeiten der Themen, wie wir es beim Schreiben hatten und hoffen auf offene Kritik und weitere Anregungen.

Marco Block und Adrian Neumann

Berlin und Saarbrücken, im Juli 2010

Inhaltsverzeichnis

1 **Motivation und Einführung** 1

  1.1 Funktionale Programmierung 2

    1.1.1 Motivation und Anwendung 2

    1.1.2 Warum gerade Haskell? 3

  1.2 Grundbegriffe und Prinzipien der Programmentwicklung 3

  1.3 Installation und Verwendung von Haskell 4

    1.3.1 Installation der aktuellen Version 5

    1.3.2 Die ersten Schritte in Hugs 6

    1.3.3 Arbeiten auf der Konsole 6

    1.3.4 Die Entwicklungsumgebung winhugs 7

    1.3.5 Erstellung und Verwendung von Skripten 8

  1.4 Haskell ist mehr als ein Taschenrechner 9

  1.5 Vordefinierte Funktionen der Prelude 10

Teil I Haskell-Grundlagen

2 **Einfache Datentypen** 15

  2.1 Wahrheitswerte 16

    2.1.1 Negation 17

    2.1.2 Konjunktion 17

    2.1.3 Disjunktion 18

    2.1.4 Exklusiv-Oder 18

        2.1.5   Boolesche Algebra................................. 19

        2.1.6   Boolesche Gesetze................................ 19

    2.2   Zahlentypen 21

        2.2.1   Datentyp Int 21

        2.2.2   Datentyp Integer................................. 22

        2.2.3   Datentypen Float und Double........................ 23

    2.3   Zeichen und Symbole 23

    2.4   Übungsaufgaben... 24

3   **Funktionen und Operatoren**................................... 25

    3.1   Funktionen definieren 26

        3.1.1   Parameterübergabe................................. 27

        3.1.2   Reservierte Schlüsselwörter 28

        3.1.3   Wildcards 28

        3.1.4   Signaturen und Typsicherheit 29

        3.1.5   Pattern matching 30

        3.1.6   Pattern matching mit case 31

        3.1.7   Lokale Definitionen mit where..................... 31

        3.1.8   Lokale Definitionen mit let-in 32

        3.1.9   Fallunterscheidungen mit Guards................... 33

        3.1.10   Fallunterscheidungen mit if-then-else 34

        3.1.11   Kommentare angeben 34

    3.2   Operatoren definieren 35

        3.2.1   Assoziativität und Bindungsstärke................. 35

        3.2.2   Präfixschreibweise – Operatoren zu Funktionen 36

        3.2.3   Infixschreibweise – Funktionen zu Operatoren 37

        3.2.4   Eigene Operatoren definieren...................... 37

    3.3   Lambda-Notation 38

    3.4   Übungsaufgaben.. 39

4   Rekursion als Entwurfstechnik 41

4.1   Rekursive Fakultätsfunktion 42

4.2   Lineare Rekursion 43

4.3   Kaskadenförmige Rekursion................................ 44

4.4   Verschachtelte Rekursion 45

4.5   Wechselseitige Rekursion 46

4.6   Endständige Rekursion 46

4.7   Übungsaufgaben.. 46

5   Einfache Datenstrukturen................................... 49

5.1   Listen.. 50

    5.1.1   Zerlegung in Kopf und Rest 51

    5.1.2   Rekursive Listenfunktionen 53

    5.1.3   Zusammenfassen von Listen........................ 55

    5.1.4   Automatische Erzeugung von Listen 56

    5.1.5   Automatisches Aufzählen von Elementen.............. 57

    5.1.6   Lazy evaluation 59

        5.1.6.1   Unendliche Listen 59

        5.1.6.2   Das Sieb des Eratosthenes 60

    5.1.7   Listen zerlegen 61

5.2   Tupel.. 62

    5.2.1   Beispiel pythagoräisches Tripel 63

    5.2.2   Beispiel n-Dameproblem 64

5.3   Zeichenketten 65

5.4   Übungsaufgaben.. 67

6   Funktionen höherer Ordnung 69

6.1   Mapping 71

6.2   Filtern 72

6.3   Faltung 73

    6.3.1   Faltung von rechts mit Startwert 74

    6.3.2   Faltung von rechts ohne Startwert 77

6.3.3   Faltung von links mit Startwert 78

6.3.4   Faltung von links ohne Startwert 79

6.3.5   Unterschied zwischen Links- und Rechtsfaltung 79

6.4   Entfaltung 80

6.4.1   Definition von unfold 80

6.4.2   Mapping durch unfold 81

6.5   Zip 82

6.6   Unzip 82

6.7   Funktionskompositionen 83

6.8   Currying 85

6.9   Übungsaufgaben 87

7   Eigene Typen und Typklassen definieren 89

7.1   Typsynonyme mit type 90

7.2   Einfache algebraische Typen mit data und newtype 91

7.2.1   Datentyp Tupel 94

7.2.2   Datentyp Either 94

7.2.3   Datentyp Maybe 95

7.2.4   Datentypen mit mehreren Feldern 96

7.3   Rekursive Algebraische Typen 98

7.4   Automatische Instanzen von Typklassen 99

7.4.1   Typklasse Show 100

7.4.2   Typklasse Read 100

7.4.3   Typklasse Eq 101

7.4.4   Typklasse Ord 101

7.4.5   Typklasse Enum 101

7.4.6   Typklasse Bounded 102

7.5   Eingeschränkte Polymorphie 102

7.6   Manuelles Instanziieren 102

7.7   Projekt: Symbolische Differentiation 105

7.7.1   Operatorbaum 106

7.7.2   Polynome berechnen 107

7.7.3   Ableitungsregeln 107

7.7.4   Automatisches Auswerten 108

7.8   Eigene Klassen definieren 109

7.9   Übungsaufgaben 110

8   Modularisierung und Schnittstellen 111

8.1   Module definieren 112

8.2   Sichtbarkeit von Funktionen 112

8.3   Qualified imports 114

8.4   Projekt: Adressbuch 114

8.4.1   Modul Woerterbuch 114

8.4.2   Modul Adressbuch 115

8.4.3   Modul TestAdressbuch 116

8.5   Übungsaufgaben 117

Teil II   Fortgeschrittene Haskell-Konzepte

9   Laufzeitanalyse von Algorithmen 121

9.1   Motivation 122

9.2   Landau-Symbole 123

9.2.1   Obere Schranken O 123

9.2.2   Starke obere Schranken o 124

9.2.3   Untere Schranken Ω 124

9.2.4   Starke untere Schranken ω 125

9.2.5   Asymptotisch gleiches Wachstum Θ 125

9.2.6   Definition über Grenzwerte von Quotientenfolgen 125

9.3   Umgang mit Schranken und Regeln 125

9.4   Übersicht wichtiger Laufzeiten 127

9.5   Best, Worst und Average Case 127

9.6   Analysieren der Laufzeit 127

9.6.1   Fakultätsfunktion 128

9.6.2   Elemente in Listen finden 129

9.6.3   Listen umdrehen 130

9.6.4   Potenzen 131

9.6.5   Minimum einer Liste 133

9.7   Übungsaufgaben 135

10   Arrays, Listen und Stacks 137

10.1   Arrays 138

10.1.1   Statische Arrays 138

10.1.2   Dynamische Arrays 140

10.2   Liste und Stack 141

10.3   Listen sortieren 142

10.3.1   SelectionSort 142

10.3.2   InsertionSort 143

10.3.3   BubbleSort 144

10.3.4   QuickSort 146

10.3.5   MergeSort 148

10.3.6   BucketSort 149

10.3.7   RadixSort 150

10.4   Algorithmen auf Stacks 152

10.4.1   Umgekehrte Polnische Notation 152

10.4.2   Projekt: Klammertest 153

10.5   Übungsaufgaben 155

11   Warteschlangen 157

11.1   Implementierung über Listen 158

11.2   Amortisierte Laufzeitanalyse 159

11.2.1   Bankiermethode 159

11.2.2   Analyse der Warteschlange 160

11.3   Erweiterung um Lazy Evaluation 160

11.4   Angepasste amortisierte Analyse 161

11.5   Beispielanwendung 163

11.6   Übungsaufgaben 163

12 Bäume 165

12.1 Implementierung der Datenstruktur Baum 166

12.2 Balancierte Bäume 167

12.3 Traversierungen 168

    12.3.1 Pre-, In- und Postorder 168

    12.3.2 Levelorder 169

12.4 Übungsaufgaben 170

13 Wörterbücher 171

13.1 Analyse und Vorüberlegungen 172

13.2 Implementierung 173

13.3 Laufzeitanalyse 174

13.4 Übungsaufgaben 175

14 Prioritätswarteschlangen 177

14.1 Operationen und mögliche Umsetzungen 178

14.2 Realisierung mit einer Liste 178

14.3 Realisierung mit einem Binärbaum 178

14.4 Zwei Bäume verschmelzen 180

14.5 Amortisierte Laufzeitanalyse von merge 181

14.6 Beispielanwendung 182

14.7 Übungsaufgaben 183

15 Random-Access Listen 185

15.1 Realisierung mit einem Suchbaum 186

    15.1.1 Preorder versus Inorder bei Binärbäumen 186

    15.1.2 Liste vollständiger Binärbäume 187

    15.1.3 Verschmelzen mit Greedy-Strategie 187

15.2 Implementierung der grundlegenden Listenfunktionen 189

15.3 Implementierung von elementAn 190

15.4 Beispielanwendung 191

15.5 Übungsaufgaben 192

16   Graphen 193

   16.1   Definition und wichtige Begriffe 194

   16.2   Abstrakter Datentyp Graph 195

      16.2.1   Adjazenzliste und Adjazenzmatrix 195

      16.2.2   Implementierung der Adjazenzliste 196

   16.3   Algorithmen auf Graphen 197

      16.3.1   Traversieren von Graphen 198

         16.3.1.1   Tiefensuche im Graphen 199

         16.3.1.2   Breitensuche im Graphen 200

         16.3.1.3   Implementierung von Tiefen- und Breitensuche . 200

      16.3.2   Topologisches Sortieren 204

   16.4   Übungsaufgaben 207

17   Monaden 209

   17.1   Einführung und Beispiele 210

      17.1.1   Debug-Ausgaben 210

         17.1.1.1   Rückgabewert und Funktionskomposition 210

         17.1.1.2   Eigene Eingabetypen definieren 211

         17.1.1.3   Identitätsfunktion 211

      17.1.2   Zufallszahlen 212

   17.2   Monaden sind eine Typklasse 213

   17.3   do-Notation 214

      17.3.1   Allgemeine Umwandlungsregeln 214

      17.3.2   Umwandlungsregeln für if-then-else 215

      17.3.3   Beispiel 216

   17.4   Vordefinierte Monaden 217

      17.4.1   Monade Writer 217

      17.4.2   Monade Reader 218

      17.4.3   Monade State 220

      17.4.4   Monade List 222

17.5   Ein- und Ausgaben 224

    17.5.1   Stream-basierte Eingaben 224

    17.5.2   Monade IO 225

        17.5.2.1   Bildschirmausgaben 226

        17.5.2.2   Tastatureingaben 227

        17.5.2.3   Eingabepufferung 227

        17.5.2.4   Beispiel: Hangman 228

    17.5.3   Dateien ein- und auslesen 230

17.6   Übungsaufgaben 231

18   Programme verifizieren und testen 233

18.1   Beweis durch vollständige Induktion 234

    18.1.1   Die fünf Peano-Axiome 234

    18.1.2   Beweiskonzept 235

        18.1.2.1   Gaußsche Summenformel 235

        18.1.2.2   Vier- und Fünf-Euro-Münze 236

        18.1.2.3   Fakultätsfunktion 236

    18.1.3   Vollständige Induktion über Strukturen 237

        18.1.3.1   Induktion über Listen 238

        18.1.3.2   Induktion über Bäume 239

18.2   QuickCheck 240

    18.2.1   Beispiel: Sortieren 241

    18.2.2   QuickCheck für eigene Typen verwenden 242

    18.2.3   Testdatengeneratoren 242

18.3   Übungsaufgaben 243

19   Berechenbarkeit und Lambda-Kalkül 245

19.1   Der Lambda-Kalkül 246

19.2   Formale Sprachdefinition 246

    19.2.1   Bezeichner 246

    19.2.2   λ-Funktion 247

    19.2.3   Applikation 247

19.2.4   Reguläre λ-Ausdrücke 247

19.3   Freie und gebundene Variablen 248

19.4   λ-Ausdrücke auswerten 248

    19.4.1   α-Konversion 248

    19.4.2   β-Reduktion 249

19.5   Boolesche Algebra 250

    19.5.1   True und False 250

    19.5.2   Negation 251

    19.5.3   Konjunktion und Disjunktion 251

19.6   Tupel 251

    19.6.1   2-Tupel 252

    19.6.2   First und Second 252

19.7   Listen 252

    19.7.1   *Head* – Kopf einer Liste 253

    19.7.2   *Tail* – Rest einer Liste 253

    19.7.3   *Empty* – Test auf eine leere Liste und Nil 253

19.8   Arithmetik 254

    19.8.1   Natürliche Zahlen 254

    19.8.2   *Zero* – Der Test auf Null 254

    19.8.3   *S* – Die Nachfolgerfunktion 255

    19.8.4   Die Addition 256

    19.8.5   Die Multiplikation 257

    19.8.6   Die Vorgängerfunktion 257

19.9   Rekursion 258

    19.9.1   Alternative zu Funktionsnamen 258

    19.9.2   Fixpunktkombinatoren 259

19.10 Projekt: λ-Interpreter 260

    19.10.1 λ-Ausdrücke repräsentieren 261

    19.10.2 Auswerten von λ-Ausdrücken 261

    19.10.3 Freie und gebundene Variablen 263

    19.10.4 Wörterbuch für Substitutionen 263

    19.10.5 λ-Parser 265

19.11 Übungsaufgaben 267

Lösungen der Aufgaben 269

Literaturverzeichnis 277

Sachverzeichnis 281

Kapitel 1

Motivation und Einführung

In der heutigen Zeit müssen wir uns in so vielen Bereichen auf computerbasierte Systeme verlassen, dass es geradezu zwingend notwendig ist, benutzbare, wartbare und fehlerfreie Software zu entwickeln.

Aus diesem Grund sind funktionale Programmiersprachen für den Einstieg in die Programmierung besonders gut geeignet, denn sie verlangen von Programmierern ein hohes Maß an Präzision und ein klares Verständnis für die internen und externen Abläufe.

M. Block, A. Neumann, *Haskell-Intensivkurs*,
DOI 10.1007/978-3-642-04718-3, © Springer 2011

Darüber hinaus können Programme in funktionalen Programmiersprachen oft sehr kurz und elegant modelliert werden und sich in ihrer Funktionalität auf das Wesentliche konzentrieren. Der Entwickler wird dabei nicht von systemrelevanten Komponenten, wie dem Betriebssystem oder der Hardware, abgelenkt.

Funktionale Programmiersprachen werden in der Praxis genau dort eingesetzt, wo es darum geht, algorithmische Lösungen zu entwickeln, zu verifizieren und zu überprüfen. Im Anschluss werden die Algorithmen oft in höhere, imperative Programmiersprachen, wie Java, C oder C++, übersetzt, da diese doch im Allgemeinen sehr viel weiter verbreitet sind.

1.1 Funktionale Programmierung

Ein Vorteil von funktionalen Programmiersprachen gegenüber anderen ist der hohe Abstraktionsgrad. So wird vom Programmierer verlangt, strikt algorithmisch zu denken und sich speziell was Ein- und Ausgaben betrifft, klar auszudrücken.

Das Besondere an funktionalen Programmiersprachen ist die Tatsache, dass es keine typischen Variablen und Speicherressourcen gibt, sondern nur Funktionen. Das ist zunächst für diejenigen etwas ungewohnt, die sich mit imperativen Programmiersprachen wie C, C++ oder Java, schon auskennen.

Ähnlich wie in Java wird eine strikte Typsicherheit gefordert. Das bedeutet, dass die verwendeten Datentypen für Funktionsergebnisse schon vor dem Programmstart klar spezifiziert sein müssen. Die Entwicklung präziser Programmbeschreibungen im vornhinein erspart eine Typüberprüfung während der Laufzeit eines Programms, vermeidet häufige Fehler und hilft bei der Strukturierung des Programms.

1.1.1 Motivation und Anwendung

Im Vergleich zu anderen Büchern, die lediglich eine Einführung in Haskell versprechen, bietet dieses Buch eine Einführung in die Informatik. Die theoretische Informatik hat gezeigt, dass funktionale Programmiersprachen mit Rekursion genauso mächtig sind wie imperative Programmiersprachen. In einem späteren Kapitel werden wir eine Intuition für diesen Sachverhalt entwickeln.

Der dieser Sprache zugrunde liegende Mechanismus des λ-Kalküls ist mächtig genug, um alle Algorithmen und Technologien darin zu modellieren. Genau das werden wir in diesem Buch unter Beweis stellen und nicht nur die typischen Haskell-Beispiele liefern, sondern neue Methoden aus verschiedenen Informatikdisziplinen modellieren.

1.1.2 Warum gerade Haskell?

Alternativ zu Haskell finden sich viele weitere funktionale Programmiersprachen, wie z.B. Lisp [36], Opal [41], Meta Language [42], Gofer [43] oder Miranda [44], aber auch Kombinationen aus imperativen und funktionalen, wie z.B. Scala [45]. Haskell hat sich gerade in den letzten Jahren in der Lehre vieler Hochschulen etabliert. Es gibt eine ständig wachsende Community und die Sprache wird stetig erweitert.

Die Erfahrungen mit Haskell sind demnach sehr groß. Wir, die beiden Autoren dieses Buches, haben selbst viele Jahre Haskell in der Lehre eingesetzt und sehen einen Bedarf an neuen motivationsfördernden Methoden und Beispielen. Daraus ist auch dieses Buch entstanden.

Im Folgenden wollen wir uns mit einigen Grundbegriffen und Prinzipien der Entwicklung von Programmen vertraut machen, bevor es mit der Installation von Haskell weiter geht.

1.2 Grundbegriffe und Prinzipien der Programmentwicklung

Es ist allgemein bekannt, dass Computer nur „Nullen und Einsen" verstehen. Wenn wir als Menschen Programme schreiben, wäre es natürlich überaus mühsam, in der Sprache des Computers zu arbeiten. Deswegen wurden Programmiersprachen wie Haskell entwickelt, die die Programmierung auf einer viel höheren Abstraktionsebene erlauben.

Programme werden zunächst als Textdateien in einem Editor wie Notepad++ für Windows [46], TextWrangler für Mac OS [47] oder Kate für Linux [48] geschrieben. Anschließend werden diese Dateien von einem Compiler in Maschinencode übersetzt, der das Programm damit ausführbar macht. Alternativ zum Kompilieren kann ein Interpreter eingesetzt werden, der kein ausführbares Programm erzeugt, sondern den Programmcode live ausführt und die Maschinenbefehle interpretiert. In der Regel ist kompilierter Programmcode in der Ausführung viel schneller als interpretierter Code, da der Compiler viele Optimierungen vornehmen kann, die dem Interpreter nicht möglich sind, und der zusätzliche Aufwand der Interpreterausführung wegfällt.

Lösungen für bestimmte Probleme, wie zum Beispiel das Sortieren einer Liste, werden algorithmisch formuliert. Ein Algorithmus ist ein von der Programmiersprache unabhängiges Rezept zum Lösen des gegebenen Problems, ganz analog zu einem Kochrezept in der Küche. In Abb. 1.1 wird ein Rezept gezeigt, bei dem ein Kuchen in nur 5 Minuten in der Mikrowelle zubereitet werden kann.

Im Laufe dieses Buches werden wir lernen, solche Algorithmen zu entwerfen und zu analysieren.

Abb. 1.1 Ein Kuchen in nur 5-Minuten!

Eine Datenstruktur stellt eine besondere Art dar, Daten im Speicher geordnet zu halten. So gibt es beispielsweise zwei grundlegende Arten, seine Notizen zu verwalten. Entweder in einem großen ungeordneten Hefter oder alphabetisch sortiert in einem karteikastenähnlichen System. Bei der ersten Variante ist es leicht, eine neue Notiz hinzuzufügen, aber das Auffinden kann dabei sehr lange dauern. Bei der sortierten Aufbewahrung ist der Aufwand beim Einfügen etwas größer, das Wiederfinden ist allerdings sehr viel schneller zu realisieren.

In vielen Algorithmen werden spezielle Datenstrukturen verwendet, um die gegebene Problemlösung zu beschleunigen.

1.3 Installation und Verwendung von Haskell

Um Programme in Haskell erstellen zu können, ist eine Entwicklungsumgebung notwendig. Es kann sich dabei um einen einfachen Texteditor handeln oder um ein komplexeres Werkzeug, das bereits während der Programmerstellung unterstützen kann.

Des Weiteren wird ein Interpreter bzw. Compiler benötigt, der die vorhandenen Programmzeilen vor der Ausführung auf Korrektheit überprüft und anschließend entsprechend interpretiert und ausführt.

1.3.1 Installation der aktuellen Version

Es gibt, wie bei anderen Programmiersprachen ebenfalls üblich, eine ganze Reihe von möglichen Interpretern und Entwicklungsumgebungen. Das Buch möchte keine Bewertung der vorhandenen Produkte vornehmen, sondern dem Leser lediglich einen möglichen Weg aufweisen, um die funktionale Programmiersprache Haskell zu erlernen und anzuwenden.

Um die bekanntesten Betriebssysteme Windows, Linux und Mac OS abzudecken, wurde für das Buch der Hugs-Interpreter ausgewählt. Auf der Webseite

http://www.haskell.org/hugs/

stehen die verschiedenen Versionen zum Download bereit. Zusätzlich ist die Seite

http://www.haskell.org

sehr interessant, da auf Veranstaltungen, weiterführende Literatur und aktuelle Arbeiten der ständig wachsenden Haskell-Community verwiesen wird.

Alternativ kann beispielsweise der Glasgow Haskell Compiler (GHC) verwendet werden [39]. Im Gegensatz zu Hugs ist dieser ein vollständiger Compiler, der ausführbare Programme erzeugt. Er stellt aber auch einen Interpreter zur Verfügung, dessen Verwendung sich von Hugs kaum unterscheidet. GHC wird ständig weiter entwickelt und enthält viele experimentelle Spracherweiterungen, die im Haskellstandard noch nicht vorgesehen sind. Für die Zwecke unseres Buches ist Hugs vollkommen gleichwertig und wird von uns aufgrund der etwas leichteren Handhabung für alle Beispiele verwendet.

Nachdem die Installationsdateien herunter geladen wurden, werden diese gestartet. Im Falle von Windows, wird ein Installationspfad angegeben, zum Beispiel C:\Program Files\WinHugs, in dem alle notwendigen Dateien gespeichert werden.

Wenn keine Verknüpfung zu WinHugs auf dem Desktop angelegt wurde, lässt sich die ausführbare Datei winhugs.exe in dem Installationsordner finden:

```
C:\Program Files\WinHugs>dir
06.11.2008   10:18     <DIR>          .
06.11.2008   10:18     <DIR>          ..
05.11.2008   14:58     <DIR>          demos
06.11.2008   10:18     <DIR>          docs
06.11.2008   10:18               269  ffihugs.bat
06.11.2008   10:18           520.192  ffihugs.exe
06.11.2008   10:18           532.480  hugs.exe
06.11.2008   10:18     <DIR>          include
06.11.2008   10:18            63.043  install.log
06.11.2008   10:18     <DIR>          oldlib
```

```
05.11.2008   14:58    <DIR>          packages
05.11.2008   14:58    <DIR>          programs
06.11.2008   10:18            2.349  readme.txt
06.11.2008   10:18          520.192  runhugs.exe
06.11.2008   10:18           62.237  uninstaller.exe
06.11.2008   10:18          634.880  winhugs.exe
               8 File(s)      2.335.642 bytes
               8 Dir(s)   5.967.183.872 bytes free
```

Für das vorliegende Buch wird die Hugs-Version vom September 2006 verwendet. Als gute Alternative bietet sich noch die an der Universität Utrecht entwickelte Umgebung Helium an [49].

Der folgende Abschnitt wird einen Überblick zu den vorhandenen Hugs-Komponenten liefern.

1.3.2 Die ersten Schritte in Hugs

Der Aufbau des Haskellsystems ist im Gegensatz zu anderen Programmiersprachen sehr überschaubar. Zunächst wollen wir Haskell für kleine Tests in der Konsole kennenlernen und anschließend die mitgelieferte Entwicklungsoberfläche winhugs starten.

Exemplarisch werden wir das Betriebssystem Windows verwenden. Im weiteren Verlauf des Buches ist es allerdings egal, welches Betriebssystem eingesetzt wird.

1.3.3 Arbeiten auf der Konsole

Im Installationsverzeichnis von Hugs befindet sich die ausführbare Datei hugs.exe. Nach dem Start des Programms in einer Konsole erhalten wir:

```
C:\Program Files\WinHugs>hugs

__  __ __  __ __  __  __
||  || || || || || || ||__   Hugs 98: Based on the Haskell 98 standard
||__|| ||__|| ||__||  __||   Copyright (c) 1994-2005
||__||          __||   World Wide Web: http://haskell.org/hugs
||  ||               Bugs: http://hackage.haskell.org/trac/hugs
||  || Version: 20051031   _____

Type :? for help

Hugs>
```

Eine Möglichkeit mit dem Hugs-System zu arbeiten, ist die Verwendung der Konsole. Nach dem Start des Haskell-Interpreters erwartet das System eine Eingabe nach dem Prompt Hugs>.

Wird beispielsweise die Hilfe mit :? aufgerufen, so werden die wichtigen Systemfunktionen angezeigt:

```
:load <filenames>   load modules from specified files
:load               clear all files except prelude
:also <filenames>   read additional modules
:reload             repeat last load command
:edit <filename>    edit file
:edit               edit last module
:module <module>    set module for evaluating expressions
<expr>              evaluate expression
:type <expr>        print type of expression
:?                  display this list of commands
:set <options>      set command line options
:set                help on command line options
:names [pat]        list names currently in scope
:info <names>       describe named objects
:browse <modules>   browse names exported by <modules>
:main <aruments>    run the main function with the given arguments
:find <name>        edit module containing definition of name
:cd dir             change directory
:gc                 force garbage collection
:version            print Hugs version
:quit               exit Hugs interpreter
```

Die Konsole lässt sich jetzt erst einmal als Eingabe für einen Taschenrechner verwenden, so können beispielsweise einfache Rechenoperationen ausgeführt werden:

```
Hugs>  4+3
7

Hugs>  -17*21
-357
```

Es können so beliebig komplexe Ausdrücke eingegeben und ausgewertet werden. Das Programm wird schließlich mit der Eingabe :quit beendet.

1.3.4 Die Entwicklungsumgebung winhugs

Etwas mehr Komfort für die Verwendung von Haskell mit dem Hugs-Interpreter bietet das Programm winhugs.exe. Nach dem Start erscheint eine Oberfläche, die einige Funktionen zur Verfügung stellt (s. Abb. 1.2).

Die Konsole, die wir in dem vorhergehenden Abschnitt kennengelernt haben ist jetzt in ein Fenster eingebettet und kann entsprechend verwendet werden.

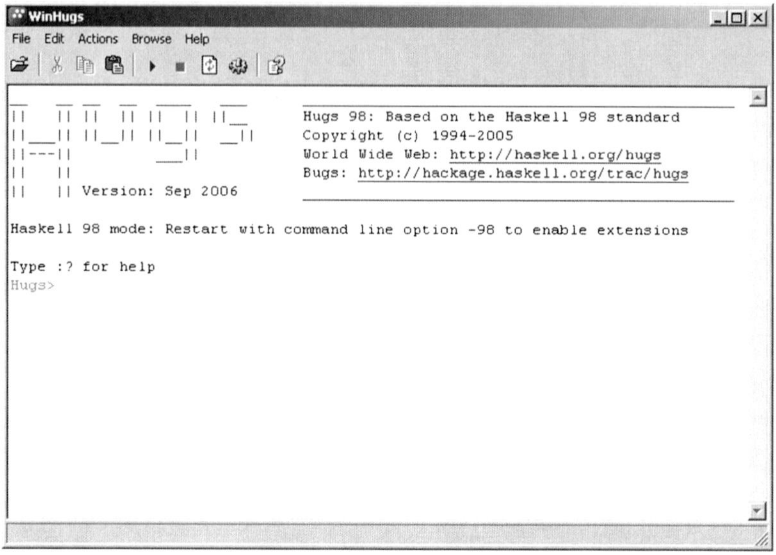

Abb. 1.2 Grafische Oberfläche von `winhugs`

1.3.5 Erstellung und Verwendung von Skripten

Haskell bietet zwei Formatvarianten an, um Programme zu schreiben. Wenn der Umfang des Programmcodes im Vergleich zu den Kommentaren größer ist, dann ist es sinnvoll und weniger aufwändig, die Kommentare zu markieren und den Rest als Programm zu interpretieren:

```
-- Kommentarzeile
f x = 2*x
g x = x+19
```

In der ersten Zeile steht ein Kommentar. Dieser wird mit vorangesetztem „--" markiert. Nach dem „--" sollte ein Leerzeichen oder ein Buchstabe folgen, da es möglich ist, Zeichenfolgen wie „--+" später als Operator zu verwenden. Die Skriptform lässt sich durch die Dateiendung *.hs für *haskell script* angeben.

Angenommen es existiert eine Datei `skript.hs` mit dem obigen Inhalt im Verzeichnis `C:\`, dann können wir dieses Skript mit dem Befehl `:load` oder kurz `:l` in der Konsole laden. Alternativ lässt sich das Skript unter `winhugs` mit `File/Open` laden:

```
Hugs> :l c:\skript.hs

Hugs> f 10
20
```

Wir haben das Skript geladen und sogar eine der beiden vorhandenen Funktionen aufgerufen. Die Funktion f soll für eine Eingabe x den doppelten Wert zurückliefern und tut das auch, wie es im Beispiel zu sehen ist.

Sollte der Kommentarteil größer als der Programmcodeteil sein, werden entsprechend die Programmzeilen markiert. In diesem Fall mit dem Symbol ‚>'.

```
Es folgt eine Funktion f, die das Quadrat der
Eingabe x zurückliefert:

> f x = x*x
```

Wichtig dabei ist, dass zwischen den Kommentarzeilen und den Programmzeilen mindestens eine freie Zeile verbleibt. Dieses Skriptformat wird mit der Dateiendung *.lhs für *literate haskell script* gespeichert.

1.4 Haskell ist mehr als ein Taschenrechner

Bisher haben wir Haskell als Taschenrechner kennengelernt. Es wird ein Funktionsausdruck eingegeben und daraus folgt die Rückgabe eines Ergebnisses. Die Funktionalität ist mit der eines Standardtaschenrechners aber nicht vergleichbar.

Da Haskell eine Programmiersprache ist, sind den Anwendungsmöglichkeiten nur wenig Grenzen gesetzt. So gibt es beispielsweise Haskellprojekte mit OpenGL-Anbindung (s. Abb. 1.3) [53, 54].

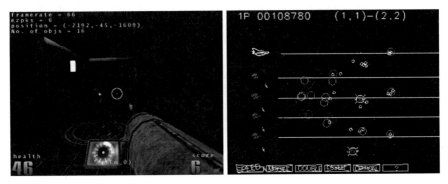

Abb. 1.3 Links: Frag, ein in Haskell entwickelter Egoshooter (Abb. aus [53]). Rechts: Monadius, ein Raumschiffspiel (Abb. aus [54])

Eine große Sammlung von Projekten aus verschiedenen Gebieten, wie z.B. Datenbanken, Datamining, Grafik oder Mustererkennung, findet sich unter [52].

Das vorliegende Buch liefert eine Einführung in die Informatik mit der funktionalen Programmiersprache Haskell. Der Fokus liegt dabei auf einer Ausbildung mit akademischem Ansatz. Da Haskell aber auch in der Praxis durchaus eine wichtige Rolle spielt und aktuelle Technologien, wie beispielsweise Webanwendungen, Client-Server-Architekturen oder Datenbankanwendungen, realisiert werden können, wollen wir dem Leser als Folgeliteratur das Buch von O'Sullivan, Goerzen und Stewart empfehlen [1].

1.5 Vordefinierte Funktionen der Prelude

Damit wir nicht bei Null beginnen müssen, ist das Haskellsystem bereits zu Beginn schon mit einer großen Bibliothek ausgestattet. Diese heißt `Prelude.hs` und befindet sich im Hugs-Installationsordner (s. Abb. 1.4).

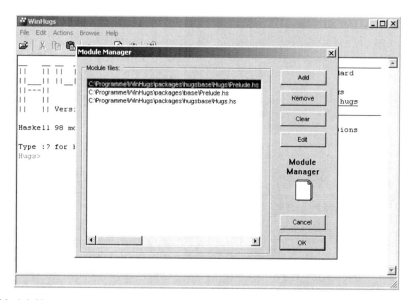

Abb. 1.4 Unter winhugs lassen sich die geladenen Bibliotheken anzeigen (File/Module Manager)

Beim Start wird sie automatisch geladen, damit die grundlegenden Funktionen, wie beispielsweise +, -, * und /, zur Verfügung stehen. Die Operationen eines Taschenrechners, wie wir sie bereits verwendet haben, lassen sich als Funktionen darstellen und wie es für Funktionen üblich ist in Präfixschreibweise notieren.

So liefern die beiden Ausdrücke 4+9 und (+) 4 9 das gleiche Ergebnis. Testen wir das in der Konsole:

```
Hugs> 4+9
13

Hugs> (+) 4 9
13
```

Die Addition ist dabei als Funktion zu verstehen, die zwei Eingaben benötigt und ein Ergebnis liefert. Jede Operation lässt sich als Funktion interpretieren und aufschreiben, aber dazu später mehr.

In den folgenden Kapiteln werden wir neben den grundlegenden Konzepten einige dieser Bibliotheksfunktionen besser kennenlernen und damit beginnen, erste kleine Haskellprogramme zu entwerfen.

Teil I
Haskell-Grundlagen

Kapitel 2

Einfache Datentypen

In den vielen Jahren der Entwicklung von Programmiersprachen haben sich drei einfache Datentypklassen etabliert [2]. Es gibt Wahrheitswerte, Zahlen und Symbole.

Diese kleinsten Bausteine können wir als atomar bezeichnen. Später sehen wir, wie sich daraus komplexere Datentypen konstruieren lassen.

M. Block, A. Neumann, *Haskell-Intensivkurs*,
DOI 10.1007/978-3-642-04718-3, © Springer 2011

2.1 Wahrheitswerte

Der Datentyp `Bool` ist vielleicht der bedeutendste von allen. So werden alle primitiven Abläufe in einem Rechner physikalisch durch Strom „an" oder „aus" geregelt. Diese zwei Zustände werden mit `True` oder `False` bezeichnet. Im Folgenden wollen wir aufgrund der kürzeren Schreibweise eine `1` als Synonym für `True` und eine `0` als Synonym für `False` verwenden.

Mit einer `0` und einer `1` lassen sich also nur zwei Zustände speichern. Im Allgemeinen bezeichnen wir einen Wahrheitswert als Bit (*binary digit*).

Schauen wir uns dazu ein Beispiel an. Angenommen, wir haben 2 Bit b_1 und b_2 zur Verfügung, dann können wir $2^2 = 4$ unterschiedliche Kombinationen einer Folge von 0 und 1 angeben:

b_1	b_2
0	0
0	1
1	0
1	1

Bei jedem weiteren Bit verdoppelt sich der darstellbare Bereich, denn die komplette Tabelle kann einmal mit 0 und einmal mit 1 erweitert werden:

b_1	b_2	b_3
0	0	0
0	1	0
1	0	0
1	1	0
0	0	1
0	1	1
1	0	1
1	1	1

Mit n Bits lassen sich demnach 2^n unterschiedliche Zustände beschreiben. Die Angaben in Bit bei den Datentypen werden uns später verraten, wie groß die jeweiligen Wertebereiche sind.

Im nächsten Abschnitt sehen wir, dass sich mit einfachen Operationen beliebig komplexe Funktionen darstellen lassen. Dazu erweitern wir die Tabelle der möglichen Belegungen um eine Spalte, die das Ergebnis einer Funktion liefert. Diese nennen wir Werte- oder Funktionstabelle und sie könnte beispielsweise wie folgt aussehen:

b_1	b_2	$f(b_1, b_2)$
0	0	1
0	1	0
1	0	1
1	1	0

Damit können wir das Verhalten einer Funktion für die entsprechende Eingabe beschreiben. Für unser Beispiel liefert die Eingabe $f(1,0) = 1$.

2.1.1 Negation

Mit der Operation NOT (Negation) lässt sich der Wert einer Variable invertieren, aus 1 wird 0 und umgekehrt. Vor der Variable, die negiert werden soll, schreiben wir das Symbol ,$\neg$':

a	$\neg$a
0	1
1	0

In Haskell schreiben wir für die Negation not:

```
Hugs> not True
False
```

Der NOT-Operator bindet übrigens am stärksten. Das bedeutet, dass die Variable, die unmittelbar dahinter steht, oder ein entsprechender Klammerausdruck negiert werden.

2.1.2 Konjunktion

Die logische Operation AND (Konjunktion) erwartet zwei Eingaben a und b und liefert genau dann eine 1, wenn beide Eingaben eine 1 beinhalten und liefert eine 0 sonst. In der Literatur wird das Symbol ,$\wedge$' verwendet:

a	b	a $\wedge$ b
0	0	0
0	1	0
1	0	0
1	1	1

In Haskell schreiben wir dafür &&. Schauen wir uns zwei Beispiele an:

```
Hugs> True && True
True

Hugs> False && False
False
```

2.1.3 Disjunktion

Für zwei Eingaben a und b, liefert die Operation OR (Disjunktion) eine 1, wenn
mindestens eine der beiden Eingaben eine 1 ist. Als Symbol wird ‚∨' verwendet:

a	b	a ∨ b
0	0	0
0	1	1
1	0	1
1	1	1

In Haskell schreiben wir || als Symbol für das OR. Schauen wir uns ein Beispiel an,
in dem die vorhergehenden Funktionen mitverwendet werden:

```
Hugs> False || True
True

Hugs> False || (not False && False)
False
```

2.1.4 Exklusiv-Oder

Die Operation XOR (Exklusiv-Oder, Antivalenz) ist der OR-Operation sehr ähnlich.
Sie liefert eine 1, wenn genau eine der beiden Eingaben eine 1 enthält:

a	b	a ⊗ b
0	0	0
0	1	1
1	0	1
1	1	0

Da in Haskell kein Operator für die XOR-Funktion vordefiniert ist, schreiben wir
uns diesen jetzt selbst. Anhand der Wahrheitstabelle sehen wir, dass XOR immer
dann wahr ist, wenn a und b ungleich zueinander sind. Das kann mit booleschen
Operatoren, die wir bereits kennen, ausgedrückt werden:

```
(not a && b) || (a && not b)
```

Es gibt aber eine kürzere Möglichkeit. Haskell bietet Operatoren an, um Werte auf
Gleichheit zu testen. So liefert a==b ein True, wenn a und b denselben Wert haben
(äquivalent) und /= ist True, wenn sie ungleich sind (antivalent).

Hier nun die Definition der Funktion xor mit dem Ungleichoperator:

```
xor :: Bool -> Bool -> Bool
xor x y = x /= y
```

Was diese Zeilen genau bedeuten, werden wir bald verstehen und auf diese an einer späteren Stelle noch einmal zurückkommen. Wir wollen sie in einem Haskellskript speichern, laden und wie folgt testen:

```
Hugs> xor True (True && False)
True
```

Die anderen logischen Funktionen AND, OR und NOT sind zwar bereits in der Prelude enthalten, ließen sich jedoch analog implementieren.

2.1.5 Boolesche Algebra

Die boolesche Algebra ist ein formales System zur Darstellung von Aussagen mit Wahrheitswerten. Sie hat die Informatik und gerade den Bau von Computern motiviert und geprägt [8].

Für boolesche Funktionen f mit $f : \mathcal{B} \times \mathcal{B} \to \mathcal{B}$, die zwei boolesche Werte als Argumente erhalten und einen als Ergebnis liefern, wie beispielsweise && oder ||, gibt es 2^4 verschiedene Möglichkeiten.

Die drei Funktionen XOR (f_6, $\otimes$), AND (f_8, $\wedge$) und OR (f_{14}, $\vee$) haben wir bereits kennengelernt:

a	b	f_0	f_1	f_2	f_3	f_4	f_5	f_6	f_7	f_8	f_9	f_{10}	f_{11}	f_{12}	f_{13}	f_{14}	f_{15}
0	0	0	1	0	1	0	1	0	1	0	1	0	1	0	1	0	1
0	1	0	0	1	1	0	0	1	1	0	0	1	1	0	0	1	1
1	0	0	0	0	0	1	1	1	1	0	0	0	0	1	1	1	1
1	1	0	0	0	0	0	0	0	0	1	1	1	1	1	1	1	1

Weitere wichtige Funktionen, die wir kennen sollten, sind: Kontradiktion (f_0), NOR (f_1, $\underline{\vee}$), NAND (f_7, $\overline{\wedge}$), Äquivalenz (f_9, $\Leftrightarrow$), Implikation (f_{11}, $\Rightarrow$) und Tautologie (f_{15}).

2.1.6 Boolesche Gesetze

Zwei boolesche Funktionen sind semantisch äquivalent, wenn für alle Belegungen die Funktionsergebnisse gleich sind. Wir werden das Symbol $\equiv$ für semantische Äquivalenz verwenden. Dies lässt sich z.B. mithilfe eine Wertetabelle überprüfen.

Beispielsweise gilt:

$$\neg(a \vee (\neg a \wedge b)) \equiv \neg a \wedge \neg b$$

Schauen wir uns das in der Wertetabelle an:

a	b	¬a	¬b	¬a∧b	a∨(¬a∧b)	¬(a∨(¬a∧b))	¬a∧¬b
0	0	1	1	0	0	1	1
0	1	1	0	1	1	0	0
1	0	0	1	0	1	0	0
1	1	0	0	0	1	0	0

Da die beiden letzten Spalten die gleichen Einträge aufweisen, haben wir gezeigt, dass die semantische Äquivalenz der Aussage gilt.

Einige semantische Äquivalenzen haben den Rang eines Gesetzes. Die wichtigsten Gesetze sind hier zusammengestellt:

Gesetz	Bezeichnung
$\neg\neg x \equiv x$	Involution
$x \wedge y \equiv y \wedge x$	Kommutativität
$x \vee y \equiv y \vee x$	Kommutativität
$(x \wedge y) \wedge z \equiv x \wedge (y \wedge z)$	Assoziativität
$(x \vee y) \vee z \equiv x \vee (y \vee z)$	Assoziativität
$x \wedge (y \vee z) \equiv (x \wedge y) \vee (x \wedge z)$	Distributivität
$x \vee (y \wedge z) \equiv (x \vee y) \wedge (x \vee z)$	Distributivität
$x \wedge x \equiv x$	Idempotenz
$x \vee x \equiv x$	Idempotenz
$x \wedge (x \vee y) \equiv x$	Absorption
$x \vee (x \wedge y) \equiv x$	Absorption
$\neg(x \wedge y) \equiv \neg x \vee \neg y$	De Morgan
$\neg(x \vee y) \equiv \neg x \wedge \neg y$	De Morgan
$x \vee (y \wedge \neg y) \equiv x$	Neutralität
$x \wedge (y \vee \neg y) \equiv x$	Neutralität
$x \wedge \neg x \equiv 0$	Komplementarität
$x \vee \neg x \equiv 1$	Komplementarität

Die semantische Äquivalenz lässt sich auch über die Anwendung der booleschen Gesetze nachweisen. Auf unser Beispiel, das wir mit Hilfe der Wertetabelle beweisen konnten, wenden wir jetzt die Gesetze an und formen die Gleichung solange um, bis wir die obige Aussage erhalten:

$$\neg(a \vee (\neg a \wedge b)) \equiv \neg a \wedge (a \vee \neg b)$$
$$\equiv (a \wedge \neg b) \vee (\neg a \wedge \neg b)$$
$$\equiv 0 \vee (\neg a \wedge \neg b)$$
$$\equiv \neg a \wedge \neg b$$

In der folgenden Reihenfolge wurden die Gesetze angewendet: De Morgan, Distributivität, Komplementarität und Neutralität. Obwohl es in diesem Beispiel den Anschein hat, sind Umformungen im Allgemeinen leider nicht schneller als das Aufstellen von Wahrheitstabellen.

2.2 Zahlentypen

In Haskell wird den Zahlen, wie übrigens in den meisten anderen Programmiersprachen ebenfalls, eine besondere Aufmerksamkeit geschenkt. Je nach Anwendungsfall wollen wir beispielsweise ganze oder reelle Zahlen, mal mit mehr und mal mit weniger Genauigkeit, verwenden.

Für die gängigsten Zahlenklassen werden entsprechende vordefinierte Datentypen angeboten. Zusätzlich zu den Zahlentypen stehen Operationen und Methoden ebenfalls zur Verfügung. Diese wollen wir mit der Einführung der Datentypen parallel vorstellen.

2.2.1 Datentyp Int

Für den Datentyp Int stehen 32 Bit zur Verfügung. Das heißt, dass wir Zahlen im Bereich von -2147483648 bis 2147483647 darstellen können. Dabei wird der Speicher zyklisch verwendet, das bedeutet, dass die maximal positive Zahl 2147483647 addiert mit einer 1 entsprechend wieder mit der kleinsten Zahl -2147483648 beginnt.

Später werden wir uns intensiv mit der Erstellung von Funktionen beschäftigen, an dieser Stelle wollen wir aber eine Funktion vorgeben, mit deren Hilfe genau diese zyklische Eigenschaft gezeigt werden kann. Dazu schreiben wir eine Funktion plus, die zwei Zahlen vom Datentyp Int addiert:

```
plus :: Int -> Int -> Int
plus a b = a+b
```

Auch diese Programmzeilen können wir in unser Haskellskript übernehmen. Jetzt wollen wir diese testen und schauen, was an den Randbereichen des Datentyps Int passiert:

```
Hugs> plus 4 5
9

Hugs> plus 2147483647 0
2147483647
```

```
Hugs> plus 2147483647 1
-2147483648
```

Das dritte Beispiel zeigt den Sprung im Vorzeichen und den Wechsel vom größten zum kleinsten darstellbaren Wert eines Int. Ein Int kann auch normal addiert, subtrahiert, multipliziert und dividiert werden, wie wir es schon in Abschn. 1.3.3 gesehen haben.

Bei der Division gibt es allerdings ein paar kleine Einschränkungen, da Ints nur ganze Zahlen darstellen können, das Teilen aber nicht immer aufgeht. Deswegen ist der Operator / bei der Teilung zweier Ints ungeeignet. Stattdessen gibt es die Funktionen div und mod, die den Ganzzahlquotienten bzw. den Rest bei der Teilung liefern.

Hier sehen wir dazu ein kleines Beispiel:

```
Hugs> div 123 10
12

Hugs> mod 123 10
3
```

Wenn wir 123 ganzzahlig durch 10 teilen, erhalten wir 12, da $12 \cdot 10 = 120$. Den Rest 3, der ganzzahlig nicht durch 10 teilbar ist, erhalten wir mit dem Modulo-Operator.

2.2.2 Datentyp Integer

Der Datentyp Integer kann eine beliebig große ganze Zahl repräsentieren. Mit beliebig ist gemeint, dass die Größe lediglich vom Speicher des zur Verfügung stehenden Rechners abhängig ist und nicht von der Sprache Haskell. Ansonsten verhält sich der Datentyp gleich zu einem Int.

Wir können so beispielsweise zwei 40-stellige Dezimalzahlen schnell und problemlos addieren:

```
Hugs> (+)92748266104836201183302845584762157986664
         649778253761884955731644958735644982731818
15772609148102469675646734145832665625982
```

Versuchen Sie das mit einem handelsüblichen Taschenrechner zu machen. An dieser Stelle sollten Sie das gleich mal selbst in Haskell ausprobieren und sich ab jetzt nicht mehr von großen Zahlen beeindrucken lassen.

2.2.3 Datentypen Float und Double

Gleitkommazahlen, also Zahlen mit einem Komma, können durch den Datentyp Float mit einer Beschränkung von 32 Bit dargestellt werden. So sind beispielsweise 1.01, 3.1415 und −12.3 gültige Gleitkommazahlen.

Schauen wir uns ein paar Beispiele auf der Konsole an:

```
Hugs> 16 / 6
2.66666666666667

Hugs> div 16 6
2

Hugs> mod 16 6
4
```

Der Operator / erzeugt einen Float. Für den Fall, dass eine ganzzahlige Division gewünscht ist, lässt sich die div-Funktion verwenden. Für das Beispiel liefert div 16 6 den Wert 2, da $2 \cdot 6$ kleiner als 16 ist und $3 \cdot 6$ bereits darüber liegt. Mit der Funktion mod erhalten wir den Rest. Es gilt für c = div a b und d = mod a b die Gleichung $a = b \cdot c + d$.

Der Datentyp Double wird mit doppelter Genauigkeit angegeben und umfasst 64 Bit, die zur Verfügung stehenden Methoden bleiben gleich.

2.3 Zeichen und Symbole

Neben den Wahrheitswerten und Zahlen werden in der Programmierung Zeichen benötigt, um beispielsweise Text auszugeben. Ein Text besteht dabei aus einer Menge von Zeichen und Symbolen.

Der Datentyp Char repräsentiert ein einzelnes Zeichen oder ein Symbol des Standard-Unicodes [69]. Wenn wir einen Char angeben wollen, wird dieser mit ,a' notiert.

Die Reihenfolge des Auftretens im Unicode ist für den Vergleich sehr hilfreich, so sind Buchstaben lexikographisch sortiert:

```
Hugs> 'a' == 'b'
False

Hugs> 'a' <= 'b'
True

Hugs> 'a' >= 'b'
False
```

```
Hugs> 'a' > 'A'
True
```

Es gibt viele Funktionen, die für die Arbeit mit dem Datentyp Char nützlich sind. Im Laufe der Kapitel werden wir einige davon noch kennenlernen.

2.4 Übungsaufgaben

Aufgabe 1) Installieren Sie Haskell auf Ihrem Computer und machen sich mit dem Umgang vertraut. Das Abtippen der bisherigen Beispiele kann dabei sehr hilfreich sein.

Aufgabe 2) Definieren Sie die logischen Operationen AND, OR und NOT in Haskell analog zu XOR in Abschn. 2.1.4. Geben Sie sowohl eine Version mit der Verwendung der Operatoren && und || an, als auch eine ohne.

Aufgabe 3) Überprüfen Sie die semantische Äquivalenz der beiden De Morgan-Gesetze aus Abschn. 2.1.6 auf Seite 20.

Aufgabe 4) Ein Byte wird durch 8 Bit repräsentiert. Wie viele unterschiedliche Zustände lassen sich mit einem Byte repräsentieren? An der Stelle lohnt es sich die Zweierpotenzen von 2^0 bis 2^{10} aufzuschreiben und einzuprägen.

Aufgabe 5) Welche Bedeutung besitzen vollständige Basen in der booleschen Algebra? Recherchieren Sie und machen Sie sich klar, welche Bedeutung das mit sich bringt.

Kapitel 3

Funktionen und Operatoren

Bisher haben wir schon an der einen oder anderen Stelle Funktionen verwendet. Hier wollen wir dieses Konzept Schritt für Schritt erarbeiten und konkretisieren.

Um Funktionen in Haskell zu beschreiben, verwenden wir das Skriptformat hs (s. Abschn. 1.3.5), da sich die Kommentare größtenteils im Text des Buches und nicht im Programm befinden werden.

Es wäre sicherlich nicht hilfreich, alle in Haskell vordefinierten Funktionen in diesem Buch als lange Liste vorzustellen. Wir werden einige wichtige exemplarisch

M. Block, A. Neumann, *Haskell-Intensivkurs*,
DOI 10.1007/978-3-642-04718-3, © Springer 2011

erarbeiten und so ein Verständnis für die funktionale Programmierung entwickeln. Der Leser kann sich jederzeit in der Haskellspezifikation [40] eine Übersicht zu den vorhandenen Funktionen verschaffen und bei Bedarf die Funktionalität über die Suchmaschine Hoogle in Erfahrung bringen [55].

3.1 Funktionen definieren

Ein Funktionsname und alle Eingabeparameter beginnen in Haskell immer mit einem Kleinbuchstaben. Funktionen haben, wie wir bereits aus der Schule wissen, genau einen Rückgabewert.

Als erstes schauen wir uns Funktionen an, die Basisdatentypen als Eingabeparameter haben, also vom Typ Bool, Int, Integer, Float oder Double sind. Die Berechnungsvorschrift der mystic-Funktion soll an dieser Stelle nebensächlich sein:

```
mystic :: Int -> Int -> Int
mystic a b = div a 2 + (3*a - b)
```

Wir sehen zwei Programmzeilen. Schauen wir uns zunächst die Funktionsdefinition in der zweiten Zeile an. Dort sehen wir den Funktionsnamen mystic und anschließend die beiden Eingabeparameter a und b. Wenn die Funktion aufgerufen wird, z.B. mit mystic 5 1, dann werden a durch 5 und b durch 1 ersetzt und der rechte Teil der zweiten Zeile berechnet. Wir erhalten also als Ergebnis den Wert 16, denn div 5 2=2 und 2+(3*5-1)=16.

In der ersten Zeile, die wir als Signatur bezeichnen, werden die Typen der Eingabeparameter und des Ausgabeparameters spezifiziert. Wird diese Zeile von links nach rechts gelesen, so bezeichnet der erste Int den Datentyp für den Platzhalter a, der zweite Int den Datentyp für den Platzhalter b und der dritte Int den Typ des Funktionsergebnisses.

Falls wir die allgemein gültige Signatur einer Funktion erfahren wollen, können wir diese in der Konsole mit dem Befehl :type oder kurz :t erfragen.

Nachdem wir das Skript geladen haben, können wir auf der Konsole die Signatur der Funktion mystic prüfen, die wir ja fest definiert haben:

```
Hugs> :t mystic
mystic :: Int -> Int -> Int
```

Wenn wir zwei Funktionen mit der gleichen Signatur haben, können wir diese auch zusammenfassend so notieren:

```
inkrement, dekrement :: Int -> Int
inkrement n = n+1
dekrement n = n-1
```

Beide Funktionen auf einen Zahlenwert angewendet, liefern wieder den Original-wert:

```
Hugs> inkrement (dekrement 5)
5
```

Die Zusammenfassung von Signaturen sollte aber nicht für größere Funktionen ver-wendet werden, da die Lesbarkeit darunter leiden kann.

3.1.1 Parameterübergabe

Eine Funktion muss keine Eingabeparameter haben, aber genau einen Rückgabe-wert. Die Funktion zweiundvierzig liefert immer den Zahlenwert 42:

```
zweiundvierzig :: Int
zweiundvierzig = 42
```

Die verschiedenen Parameter sind immer positionstreu, dürfen also nicht vertauscht werden. Beispielsweise haben wir eine Funktion intbool, die einen Int und einen Bool als Eingabe erwartet:

```
intbool :: Int -> Bool -> Int
intbool a b = if (b==True) then a else 0
```

Die Funktion liefert den ersten Zahlenwert, wenn der zweite Wert True ist und ansonsten 0. Von links nach rechts liest sich die Funktion wie folgt: Falls b den Wert True hat, liefere den Wert a, ansonsten den Wert 0.

Dann liefert eine korrekte Reihenfolge der Eingaben das erwartete Resultat:

```
Hugs> intbool 4 True
4
```

Sind beide Parameter allerdings beim Funktionsaufruf vertauscht, folgt eine Fehler-meldung von Hugs:

```
Hugs> intbool False 2
ERROR - Type error in application
*** Expression    : intbool False 2
*** Term          : False
*** Type          : Bool
*** Does not match : Int
```

Bei der Ausführung wurde die Typgleichheit überprüft und anstatt des erwarteten Int ein Bool gefunden.

3.1.2 Reservierte Schlüsselwörter

Bei der Namensgebung einer Funktion dürfen wir die folgenden Schlüsselwörter, deren Bedeutung wir im Laufe des Buches noch kennenlernen werden, nicht verwenden:

case, class, data, default, deriving, do, else, if, import, in, infix, infixl, infixr, instance, let, module, newtype, of, then, type und where.

Sie gehören zum Sprachumfang von Haskell und können auch nicht als Namen für die Parameter verwendet werden.

Das wäre also folglich falsch:

```
inkrementiere :: Int -> Int
inkrementiere do = do + 1
```

Wir erhalten folgende Fehlermeldung, wenn wir dieses Programm in Hugs laden wollen:

```
Hugs> :load "C:\\haskell_example_false.hs"
ERROR file:.\haskell_false.hs:2 - Syntax error in declaration
(unexpected token)
```

In jedem Fall sollten wir die Funktionsnamen so vergeben, dass die dahinter stehende Funktionalität erkennbar ist. Das fördert die Lesbarkeit erheblich.

3.1.3 Wildcards

Wenn einer der Parameter für die Berechnung der Funktion nicht benötigt wird, können wir das Symbol _ an dieser Stelle als Platzhalter (*wildcard*) schreiben.

Wenn wir die konstante Funktion zweiundvierzig noch einmal als Beispiel nehmen und einen Parameter vom Typ Float zusätzlich hinzufügen, können wir ihm die Bezeichnung a geben:

```
zweiundvierzig :: Float -> Int
zweiundvierzig a = 42
```

Da a aber keinen Einfluss auf die Ausgabe hat und schlichtweg uninteressant ist, können wir das durch die Verwendung einer Wildcard dem Leser deutlicher signalisieren:

```
zweiundvierzig _ = 42
```

In diesem Beispiel scheint die Verwendung eines zusätzlichen Parameters, der uns nicht interessiert, ein wenig sinnlos zu sein und das stimmt auch. Zu einem späteren Zeitpunkt, wenn wir damit beginnen größere Funktionen zu schreiben, werden wir aber oft von diesem Konzept Gebrauch machen und dann dessen Bedeutung besser verstehen.

3.1.4 Signaturen und Typsicherheit

Die Entwicklung von Funktionen in Haskell ist durch die sogenannte absolute Typsicherheit geprägt. Bei der Definition einer Funktion müssen wir eigentlich keine Signatur angeben. Haskell weiß automatisch, welche Signatur dem allgemein gültigen Fall der Eingaben entspricht.

Schauen wir uns dazu den folgenden Programmcode an:

```
inkrementiere :: Int -> Int
inkrementiere a = a + 1

dekrementiere a = a - 1
```

Wir haben die zwei Funktionen inkrementiere und dekrementiere, mit denen eine Zahl um 1 erhöht bzw. verkleinert wird. Die zweite Funktion ist ohne Signatur angegeben. Wenn wir dieses Programm in Hugs laden, funktioniert zunächst alles wie erwartet:

```
Hugs> inkrementiere 4
5

Hugs> dekrementiere 5
4

Hugs> :type inkrementiere
inkrementiere :: Int -> Int
```

Wenn wir allerdings die Signatur von dekrementiere erfahren wollen, erhalten wir die folgende Ausgabe:

```
Hugs> :type dekrementiere
dekrementiere :: Num a => a -> a
```

Hier steht Num für eine ganze Menge von Typen, eine sogenannte Typklasse. Zur Klasse Num gehören die bekannten Datentypen Int, Integer, Float und Double. Da für jeden dieser Datentypen die Addition definiert ist, erkennt Hugs, dass die Klasse Num den allgemeinen Fall darstellt. Was der Begriff Klasse ganz genau bedeutet, werden wir an einer späteren Stelle lernen.

Diese vier unterschiedlichen Signaturen kommen demnach in Frage:

```
dekrementiere :: Int     -> Int
dekrementiere :: Integer -> Integer
dekrementiere :: Float   -> Float
dekrementiere :: Double  -> Double
```

Damit ist die Funktion dekrementiere überladen (*overloaded*). Wir haben also den Fall, dass wir für den Eingabe- und den Ausgabeparameter den gleichen Typ verwenden wollen. Wir können das auch mit einem unbekannten Parameter a ausdrücken, wobei a der Klasse Num angehören muss:

```
dekrementiere :: Num a => a -> a
```

Wir wollen jetzt folgende Änderung an unserem Programm vornehmen und damit die beiden Methoden verknüpfen:

```
inkrementiere :: Int -> Int
inkrementiere a = a + 1

dekrementiere a = inkrementiere a - 2
```

Wenn wir Hugs jetzt wieder fragen, welche Signatur für dekrementiere gegeben ist, erhalten wir dieses Mal die folgende Antwort:

```
Hugs> :type dekrementiere
dekrementiere :: Int -> Int
```

Durch die Verwendung der Methode inkrementiere, die einen Int als Eingabe erwartet, schließt Hugs, dass auch in dekrementiere dieser Parameter ein Int sein muss.

3.1.5 Pattern matching

Der Übersicht halber kann eine Funktion auch in mehrere Definitionen zerlegt werden, das nennen wir Pattern matching. Dabei können Fallunterscheidungen der Eingaben bereits auf der linken Seite der Definition vorgenommen werden.

Angenommen, wir wollen die vier Fälle der Funktion xor (s. Abschn. 2.1.4) einzeln hinschreiben, dann könnten wir das wie folgt machen:

```
xor :: Bool -> Bool -> Bool
xor True  True  = False
xor True  False = True
xor False True  = True
xor False False = False
```

Dabei wird für eine Eingabe von oben beginnend geschaut, welche der Zeilen als erste passt. Sollten wir einen Fall abfragen, den wir in der Definition vergessen haben, dann liefert Hugs einen Fehler.

Angenommen, wir lassen die vierte Zeile der xor-Funktion weg und erfragen diese in Hugs, dann erhalten wir:

```
Hugs> xor False False
Program error: pattern match failure: xor False False
```

Wir können mit dem Pattern matching die Funktion xor jetzt auch wie folgt umstellen, um Zeilen zu sparen, denn Wildcards passen immer:

```
xor True  False = True
xor False True  = True
xor _     _     = False
```

Wenn eine der ersten beiden Zeilen passt, wird True zurückgegeben und in allen anderen Fällen False. Hier haben wir auch eine sinnvolle Anwendung der Wildcards.

3.1.6 Pattern matching mit case

Manchmal ist es hilfreich ein Pattern match nicht nur am Anfang einer Funktion machen zu können, sondern auch auf der rechten Seite. Für diesen Zweck gibt es case.

Hier ein Beispiel für die Funktion not:

```
not b = case b of
    True  -> False
    False -> True
```

Die Einrückung nach der case-Anweisung ist wichtig. Durch die konstante Einrückung erkennt Haskell, dass die folgenden Zeilen zu case gehören. Sie übernimmt die Funktion der geschwungenen Klammern in vielen anderen Programmiersprachen.

Auf der linken Seite von -> können die gewohnten Pattern verwendet werden. Im weiteren Verlauf des Buches werden wir case an einigen Stellen verwenden.

3.1.7 Lokale Definitionen mit where

Eine weitere Möglichkeit, die uns Haskell bietet, sind lokale Definitionen. Angenommen, wir schreiben eine Funktion, die eine Hilfsfunktion benötigt. Wir möchten diese Hilfsfunktion aber nicht nach außen sichtbar machen, sondern nur intern verwenden und das genau in unserer Funktion. Dann können wir diese mit Hilfe des Schlüsselwortes where lokal definieren:

```
dekrementiere a = inkrementiere a -2
   where
       inkrementiere :: Int -> Int
       inkrementiere a = a + 1
```

Wird dieses Programm geladen, erkennt Hugs erfolgreich die nach außen sichtbare Funktion dekrementiere, aber inkrementiere bleibt verborgen:

```
Hugs> dekrementiere 3
2

Hugs> inkrementiere 2
ERROR - Undefined variable "inkrementiere"
```

Auch hier ist das konstante Einrücken wichtig. Dadurch erkennt Haskell, dass der nachfolgende Bereich zu dekrementiere, also zum Gültigkeitsbereich (*scope*) der Funktion gehört. An dieser Stelle sollte auch auf Tabulatoreinschübe verzichtet werden und stattdessen sollten Leerzeichen eingefügt werden. Der eingerückte Bereich muss die gleiche Anzahl an Leerzeichen aufweisen.

3.1.8 Lokale Definitionen mit let-in

Eine alternative Möglichkeit wird durch das let-in-Konstrukt angeboten. Um Formeln übersichtlicher und Hilfsfunktionen nach außen unsichtbar zu halten, können wir mit let lokale Funktionen definieren und diese in der darauf folgenden Zeile mit dem Schlüsselwort in verwenden.

Angenommen, es soll die folgende Funktion formel berechnet werden:

```
formel :: Int -> Int -> Int
formel a b = inkrementiere (2*a - 3*b) + dekrementiere (2*a - 3*b)
```

Es ist gleich zu sehen, dass eine Berechnung zweimal ausgeführt wird. Wir könnten diese durch ein h ersetzen und h lokal definieren:

```
formel a b = let h = (2*a - 3*b)
             in  inkrementiere h + dekrementiere h
```

Das erhöht neben der Lesbarkeit auch die Effizienz, denn die Berechnung für h findet jetzt nur einmal statt.

Auch unser Eingangsbeispiel können wir jetzt mit let-in angeben:

```
dekrementiere a = let inkrementiere a = a + 1
                  in  inkrementiere a - 2
```

3.1.9 Fallunterscheidungen mit Guards

Eine Möglichkeit der Fallunterscheidung haben wir über die Eingaben mittels Pattern matching kennengelernt. Es gibt auch die Möglichkeit, die Überprüfung innerhalb einer Funktionsdefinition vorzunehmen.

Wenn wir uns wieder die Funktion xor anschauen, dann wird die Überprüfung der Inhalte innerhalb der Funktion mit Hilfe der sogenannten Wächter (*guards*), symbolisiert durch |, vorgenommen:

```
xor x y
    | (x==True)  && (y==False) = True
    | (x==False) && (y==True)  = True
    | otherwise                = False
```

Auch hier werden die Fälle von oben nach unten betrachtet und der erste passende Fall genommen. Anders als beim Pattern matching haben wir hier aber die Möglichkeit, beliebig komplizierte Ausdrücke anzugeben. Mit otherwise haben wir einen Anker, der alle Fälle abfängt, die bis dorthin nicht gepasst haben. Damit haben wir wieder eine gültige Definition für xor.

Nach einem Guard steht eine Bedingung, also möglicherweise eine Formel, die entweder True oder False liefert. Wir können das Programm demnach noch etwas eleganter schreiben:

```
xor x y
    | x     && not y = True
    | not x && y     = True
    | otherwise      = False
```

Das Schlüsselwort otherwise verhält sich äquivalent zu True, denn sollten wir True als Bedingung einfügen, wird die entsprechende Zeile immer genommen. Testen wir das kurz auf der Konsole:

```
Hugs> otherwise
True
```

Für uns ist das Programm aber besser lesbar, wenn wir an dieser Stelle ein otherwise zu stehen haben.

Wir können uns auch ein eigenes Schlüsselwort ansonsten definieren

```
ansonsten :: Bool
ansonsten = True
```

und dieses statt otherwise verwenden:

```
xor x y
    | x     && not(y) = True
    | not(x) && y     = True
    | ansonsten       = False
```

3.1.10 Fallunterscheidungen mit if-then-else

In Bezug auf die Lesbarkeit hat sich bei den meisten imperativen Programmiersprachen das Konzept if-then-else durchgesetzt. Wenn (if) eine Bedingung erfüllt ist, dann (then) mache dies, ansonsten (else) mache das. Wir haben es also mit einer Fallunterscheidung zu tun, die sehr am natürlichen Sprachgebrauch angelehnt ist.

Ein Beispiel haben wir bereits kennengelernt:

```
intbool :: Int -> Bool -> Int
intbool a b = if (b==True) then a else 0
```

In der Bedingung wird überprüft, ob (b==True) wahr ist. Wenn das der Fall ist, wird a zurückgeliefert, ansonsten eine 0. Da b selbst wieder vom Typ Bool ist, können wir die Bedingung auch noch kürzer notieren:

```
intbool a b = if b then a else 0
```

Hier die gleiche Funktion mit Guards:

```
intbool a b
    | b        = a
    | otherwise = 0
```

Die Fallunterscheidungen mit if-then-else sind in Haskell zwar möglich, erinnern aber stark an imperative Programmiersprachen und werden deshalb selten gebraucht. Wer die Schönheit der Guards zu schätzen gelernt hat, wird darauf auch nicht mehr verzichten wollen.

3.1.11 Kommentare angeben

In Abschn. 1.3.5 wurden die beiden Skriptformate hs und lhs vorgestellt. Für die Angabe von Kommentaren im hs-Format gibt es zwei Möglichkeiten. Ein einzeiliger Kommentar wird mit voranstehendem -- gekennzeichnet:

```
-- Eine sehr kurze Formulierung der xor-Funktion:
xor :: Bool -> Bool -> Bool
xor x y = x /= y
```

Sollte ein größerer Kommentarbereich folgen oder beispielsweise eine Funktion auskommentiert werden, dann gibt es einen öffnenden {- und einen schließenden Kommentartag -}:

```
{- Funktion muss noch überprüft werden:
xor True  y = not y
xor False y = y
-}
```

3.2 Operatoren definieren

Die Verwendung von Operatoren erhöht die Lesbarkeit von Programmen. Wenn wir beispielsweise die Funktionen plus für Addition und minus für Subtraktion von ganzen Zahlen in Haskell anbieten, ist die Funktionsweise einer Formel teilweise schwer nachzuvollziehen.

```
plus, minus :: Int -> Int -> Int
plus  n m = n+m
minus n m = n-m
```

Der einfache Ausdruck $4 - (1 + 1) + 3$ sieht durch die entsprechende Klammerung wie folgt aus:

```
Hugs> plus (minus 4 (plus 1 1)) 3
5
```

Operatoren stellen typischerweise zweistellige Funktionen dar. In diesen Fällen können wir die Operatoren zwischen die Operanden schreiben (Infixschreibweise). In Haskell lassen sich Operatoren definieren und zweistellige Funktionen sogar als Operatoren verwenden.

3.2.1 Assoziativität und Bindungsstärke

Einige der in Tabelle 3.1 vorhandenen Operatoren haben wir bereits kennengelernt.

Tabelle 3.1 Die Assoziativitäten der Operatoren sind wichtig, um die Abarbeitungsreihenfolge zu kennen [18]

Operator	Assoziativität	Operator	Assoziativität
!!	links	'mod'	links
.	rechts	+	links
∧	rechts	-	links
**	rechts	:	rechts
*	links	++	rechts
/	links	&&	rechts
'div'	links	||	rechts

Durch die angegebene Assoziativität wissen wir nun, in welcher Reihenfolge die Operatoren abgearbeitet werden und auf welche Klammern wir verzichten können.

Neben der Assoziativität ist aber auch die Bindungsstärke (s. Tabelle 3.2) für eine bessere Lesbarkeit wichtig.

Tabelle 3.2 Benötigte und überflüssige Klammern lassen sich leicht durch die Bindungsstärke ermitteln [18]

Operator	Bindung
!!	9
.	9
^	8
**	8
*	7
/	7
'div'	7
'mod'	7

Operator	Bindung
+	6
-	6
:	5
++	5
/=	4
==	4
<	4
<=	4

Operator	Bindung
>	4
>=	4
'elem'	4
'notElem'	4
&&	3
||	3

Alle Funktionen haben dabei die Bindungsstärke 10. Schauen wir uns die folgenden Aufrufe im Vergleich an:

```
Hugs> (((4^3)+5)*(2^8))
17664

Hugs> (4^3+5)*2^8
17664
```

In beiden Fällen wird die Formel $(4^3 + 5) \cdot 2^8$ berechnet, aber aufgrund der Bindungsstärke im zweiten Beispiel auf unnötige Klammern verzichtet.

3.2.2 Präfixschreibweise – Operatoren zu Funktionen

Operatoren werden automatisch in der Infixschreibweise notiert, das Symbol wird demnach zwischen die Operanden geschrieben. Die Operation && mit zwei Operanden notieren wir beispielsweise mit x&&y.

Ein Operator lässt sich aber auch als Funktion schreiben und bei Funktionen steht der Name immer vorn. Wir bezeichnen das dann als Präfixschreibweise.

Wollen wir also den Ausdruck x&&y in Präfixschreibweise notieren, so müssen wir eine Klammer um den Operator schreiben: (&&) x y. Beide Schreibweisen sind äquivalent zu verwenden. Der Vorteil der Präfixschreibweise bei Operatoren ergibt sich bei der Signaturdefinition.

So wird beispielsweise der &&-Operator definiert mit:

```
(&&) :: Bool -> Bool -> Bool
(&&) True True = True
(&&) _    _    = False
```

Bei der Signaturdefinition verwenden wir die Präfixschreibweise, eine andere Möglichkeit gibt es nicht.

Schauen wir uns noch ein kleines Anwendungsbeispiel an:

```
Hugs> True && True == (&&) True True
True
```

3.2.3 Infixschreibweise – Funktionen zu Operatoren

Funktionen mit zwei Eingabeparametern, die immer in Präfixschreibweise notiert werden, lassen sich auch als Operatoren umfunktionieren. Dazu wird der Funktionsname func in func x y mit accent grave versehen und zwischen die Operanden geschrieben x 'func' y.

Schauen wir uns dafür ein Beispiel zu dem xor-Operator aus Abschn. 2.1.4 an:

```
Hugs> xor True False
True

Hugs> True 'xor' False
True
```

Eine weitere Umwandlung zurück zur Präfixschreibweise ist nicht möglich und führt zu einer Fehlermeldung:

```
Hugs> ('xor') True False
ERROR - Syntax error in expression ...
```

3.2.4 Eigene Operatoren definieren

In Abschn. 3.2.2 haben wir schon gesehen, wie einfach es ist, einen Operator zu definieren. Die Wahl eines Symbols oder einer Kombination aus Symbolen darf mit den bereits definierten nicht kollidieren.

Als einfaches Beispiel wollen wir einen neuen Operator für die xor-Funktion definieren. Dazu könnten wir das Symbol # verwenden:

```
(#) :: Bool -> Bool -> Bool
(#) x y = (x || y) && (not (x && y))
```

Wir können den neu definierten Operator analog zu den bereits bekannten einsetzen:

```
Hugs> True # False
True
```

Bei der Operator-Definition handelt es sich in der Regel um zweistellige Funktionen. Es ist prinzipiell auch möglich, Operatoren mit mehr Operanden zu definieren. Um diese Definitionen zu verstehen, sind allerdings Konzepte nötig, die wir an dieser Stelle noch nicht behandelt haben.

Auch für selbstdefinierte Operatoren ist es möglich, die Assoziativität sowie die Bindungsstärke festzusetzen. Hierfür dienen die Schlüsselwörter `infixl` und `infixr` für Links- bzw. Rechtsassoziativität.

Wir können so beispielsweise die Punkt-vor-Strichrechnung aufheben, indem wir eigene Operatoren für Addition und Multiplikation definieren:

```
infixr 8 .+.
infixr 7 .*.

(.+.) a b = a + b
(.*.) a b = a * b
```

Mit diesen Definitionen können wir jetzt etwas überraschende Ergebnisse bei der Termauswertungen beobachten:

```
Hugs> 3 + 5 * 7
38

Hugs> 3 .+. 5 .*. 7
56
```

Durch die neue Bindungsstärke haben wir jetzt statt der üblichen Klammerung $3 + (5 \cdot 7)$ den Term $(3 + 5) \cdot 7$ ausgewertet.

3.3 Lambda-Notation

Eine interessante Möglichkeit, namenlose Funktionen zu definieren, bietet die Lambda-Notation an. Sinnvoll ist der Einsatz dann, wenn Funktionsargumente nur in einem bestimmten Kontext verwendet werden. Eine separate Definition ist in solchen Fällen nicht notwendig.

Wenn wir beispielsweise eine Summenfunktion mit n Argumenten nehmen

```
f x1 x2 ... xn = x1+x2+...+xn
```

können wir durch die Lambda-Notation auf den Namen f verzichten und dieselbe Funktion wie folgt angeben:

```
\x1 x2 ... xn -> x1+x2+...+xn
```

Beide haben die gleiche Bedeutung. Da das Symbol λ (Lambda) in einem normalen Editor nicht so leicht verwendet werden kann, wird dieses durch das Symbol ‚\' repräsentiert.

Namenlose Funktionen dürfen wir nicht einfach in unserem Haskellskript angeben. Das würde auch nicht sinnvoll sein, da wir später nicht mehr auf sie zugreifen könnten.

Sollten wir jetzt beispielsweise das Quadrat als namenlose Funktion einbauen, könnte das so aussehen:

```
quadrat = \x -> x*x
```

Den Unterschied können wird auf der Konsole nicht sehen:

```
Hugs> quadrat 4
16
```

Später, wenn wir Funktionen als Argumente verwenden, werden wir die Einsatzmöglichkeiten der Lambda-Notation schätzen lernen.

3.4 Übungsaufgaben

Aufgabe 1) Prüfen Sie, ob die folgende Definition der Funktion xor korrekt ist:

```
xor True  y = not y
xor False y = y
```

Aufgabe 2) Schreiben Sie mit if-else eine Funktion greater a b, die a zurückliefert, wenn a>=b ist und b sonst.

Aufgabe 3) Erstellen Sie ein Skript mit allen Funktionen, die in diesem Kapitel vorgestellt wurden und überprüfen Sie die Funktionalität.

Aufgabe 4) Definieren Sie einen Operator opNAND, der die folgende Wertetabelle erfüllt:

a	b	a opNAND b
0	0	1
0	1	1
1	0	1
1	1	0

Warum besitzen NAND und NOR in der Informatik eine so große Bedeutung? Recherchieren Sie.

Kapitel 4

Rekursion als Entwurfstechnik

Der Begriff Rekursion kommt aus dem Lateinischen (*recurrere*) und bedeutet zurücklaufen. Eine rekursive Funktion ruft sich in aller Regel solange selbst wieder auf, bis ein Rekursionsanker erreicht wird.

Die Rekursion ist dabei ein natürlicher Lösungsweg, den Menschen auch im täglichen Leben verwenden. Ist das Problem leicht, kann es sofort gelöst werden. Ansonsten wird überlegt, wie das Problem vereinfacht werden kann, um anschließend das leichtere Problem zu lösen.

Schauen wir uns dazu das folgende Beispiel an, das diesen Sachverhalt etwas erläutert.

M. Block, A. Neumann, *Haskell-Intensivkurs*,
DOI 10.1007/978-3-642-04718-3, © Springer 2011

4.1 Rekursive Fakultätsfunktion

Die Fakultätsfunktion $n!$ für eine natürliche Zahl n ist definiert als:

$$0! := 1 \text{ und } n! := n \cdot (n-1) \cdot (n-2) \cdot \ldots \cdot 2 \cdot 1$$

Die Fakultät einer großen Zahl direkt auszurechnen ist schwierig. Es ist aber leicht, die Fakultät von 0 auszurechnen, da sie einfach als 1 definiert ist.

Um das Problem zu vereinfachen, müssen wir also dafür sorgen, dass wir nur die Fakultät einer kleineren Zahl berechnen müssen. Durch scharfes Hinsehen erkennen wir, dass die Fakultät von n, gerade n mal die Fakultät von $(n-1)$ ist. Mit dieser Überlegung können wir die Definition angeben, indem wir die Fakultätsfunktion durch sich selbst beschreiben:

$$n! := n \cdot (n-1)!$$

Um die Fakultät von $(n-1)$ auszurechnen, verwenden wir jetzt dasselbe Prinzip. Wenn wir schon den leichten Fall erreicht haben, kennen wir das Ergebnis sofort. Ansonsten machen wir n um eins kleiner und probieren es damit nochmal.

Der Rekursionsanker, an dem diese Kette von Vereinfachungen aufhört, ist in diesem Fall $0! := 1$.

Wollen wir beispielsweise 3! ermitteln, so erfolgt die rekursive Berechnung wie folgt:

$$
\begin{aligned}
3! &= 3 \cdot 2! \\
&= 3 \cdot (2 \cdot 1!) \\
&= 3 \cdot (2 \cdot (1 \cdot 0!)) \\
&= 3 \cdot (2 \cdot (1 \cdot 1)) \\
&= 3 \cdot (2 \cdot 1) \\
&= 3 \cdot 2 \\
&= 6
\end{aligned}
$$

Wir erhalten als korrektes Ergebnis $3! = 6$, denn es gilt ja $3! = 3 \cdot 2 \cdot 1$.

Die rekursive Fakultätsfunktion `fakultaet` lässt sich jetzt auch sehr einfach in Haskell überführen:

```
fakultaet :: Int -> Int
fakultaet 0 = 1
fakultaet n = n * fakultaet (n-1)
```

Das Pattern matching führt dazu, dass die Funktion sich selbst aufruft, wenn n ungleich 0 ist. Wenn wir jetzt allerdings eine Eingabe kleiner als 0 vornehmen, dann passiert folgendes:

```
Hugs> fakultaet (-1)
ERROR - C stack overflow
```

Da die Eingabe (-1) auf das Pattern n passt, rufen wir die Zeile `fakultaet (-2)` auf. Dann kommen wir aber wieder in denselben Fall usw. Die Rekursionskette bricht nie ab. Da wir uns aber merken müssen, dass wir noch mit einer Zahl multiplizieren, bevor wir das endgültige Ergebnis haben, benötigt jeder rekursive Aufruf ein klein wenig Speicher. Der verfügbare Speicher ist bei einer Endlosrekursion schnell erschöpft und Hugs meldet uns einen Stack Overflow, um das zu signalisieren.

Damit wir auch diesen Fall abfangen können und einen entsprechenden Fehler bei dieser Eingabe über die Funktion `error` ausgeben, genügt es, den Code wie folgt anzupassen:

```
fakultaet :: Int -> Int
fakultaet 0 = 1
fakultaet n
    | (n>0)     = n * fakultaet (n-1)
    | otherwise = error "Eingabe muss eine natürliche Zahl sein"
```

Sollten wir jetzt eine falsche Eingabe vornehmen, erhalten wir eine Fehlermeldung:

```
Hugs> fakultaet (-1)
Program error: Eingabe muss eine natürliche Zahl sein
```

Abschließend wollen wir die Fakultätsfunktion noch in der Lambda-Notation (s. Abschn. 3.3) zeigen:

```
fakultaet = \n -> (if n==1 then 1 else (n*fakultaet (n-1)))
```

Die Fakultätsfunktion ist im Übrigen ein beliebtes Beispiel das zeigt, auf welch unterschiedliche Weisen diese einfache Funktion doch darstellbar ist (einen hohen Unterhaltungswert verspricht [70]).

Es gibt verschiedene Möglichkeiten, rekursive Funktionen über die vorhandenen Eigenschaften der Funktionsaufrufe zu klassifizieren. Im Folgenden wollen wir die wichtigsten vorstellen und anhand von Beispielen kurz erläutern.

4.2 Lineare Rekursion

Für eine Funktion f ist ein Funktionsanker $f(0)$ definiert und in jedem Zweig $f(n)$ gibt es höchstens einen rekursiven Aufruf $f(k)$ mit $k < n$. Die bereits bekannte Fakultätsfunktion ist beispielsweise linear rekursiv:

```
fakultaet :: Int -> Int
fakultaet 0 = 1
fakultaet n
   | (n>0)      = n * fakultaet (n-1)
   | otherwise = error "Eingabe muss eine natürliche Zahl sein"
```

Ein weiteres Beispiel für eine lineare Rekursion ist die Definition zur Ermittlung des größten gemeinsamen Teilers zweier ganzer Zahlen n und m:

$$ggT(n,n) = n$$
$$ggT(n,0) = n$$
$$ggT(n,m) = ggT(m,n \bmod m)$$

Es wird eine Übungsaufgabe sein, diese Definition in Haskell zu implementieren.

4.3 Kaskadenförmige Rekursion

Es gelten die gleichen Bedingungen wie bei der linearen Rekursion, mit folgender Ausnahme: Sollten mehrere Funktionsaufrufe der Funktion f in einem Zweig vorkommen, sprechen wir von einer kaskadenförmigen oder baumartigen Rekursion.

Ein typisches Beispiel für eine kaskadenförmige Rekursion ist die Definition der berühmten Fibonacci-Zahlen:

$$fib(0) = 0$$
$$fib(1) = 1$$
$$fib(n) = fib(n-1) + fib(n-2) \,, \text{ für } n > 1$$

In Abb. 4.1 wird die Abarbeitung durch ein Beispiel deutlich.

Ein weiteres Beispiel für eine kaskadenförmige Rekursion ist das Spiel „Die Türme von Hanoi". Es geht darum, die vorhandenen drei Stäbe zu verwenden, um n Scheiben von der linken auf die rechte Seite zu bringen (s. Abb. 4.2).

Es dürfen dabei nur kleinere Scheiben auf größere gelegt und es darf immer nur eine Scheibe bewegt werden. Die rekursive Lösung formulieren wir jetzt ein wenig umgangssprachlich:

$$hanoi(i,a,b,c) = \begin{cases} fertig & i = 0 \\ hanoi(i-1,a,c,b), \text{ oberste Scheibe von } a \text{ nach } c, hanoi(i-1,b,a,c) & i > 0 \end{cases}$$

Gestartet wird die Funktion für n Scheiben durch $hanoi(n,A,B,C)$, wobei A der Stab mit den n Scheiben ist und B und C leer sind.

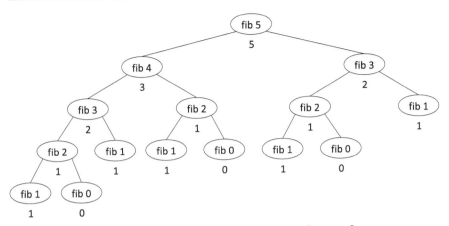

Abb. 4.1 Abarbeitung der rekursiven Fibonacci-Funktion mit dem Startwert 5

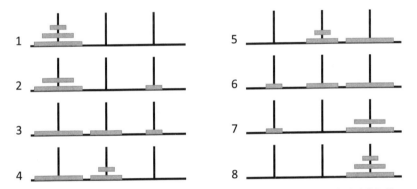

Abb. 4.2 Das Beispiel zeigt, wie in sieben Schritten, den Regeln entsprechend, drei Scheiben von links nach rechts gebracht werden können

4.4 Verschachtelte Rekursion

Bei der verschachtelten Rekursion wird das Argument für den rekursiven Aufruf selbst durch einen rekursiven Aufruf bestimmt. Die verschachtelte Rekursion tritt aber im Alltag des Programmierens so gut wie nie auf. Sie ist dennoch von Bedeutung, da einige Funktionen von großem theoretischen Interesse verschachtelt rekursiv sind.

Eine von ihnen ist die Ackermann-Funktion, die in der Berechenbarkeitstheorie eine wichtige Rolle spielt:

$$ack(x,0) = x+1$$
$$ack(0,y) = ack(1,y-1) \qquad \text{, für } y > 0$$
$$ack(x,y) = ack(ack(x-1,y),y-1) \qquad \text{, für } x > 0 \text{ und } y > 0$$

Die besondere Bedeutung der Funktion steckt in ihrem extrem schnellen Wachstum, mit dem Grenzen für die Berechenbarkeit beispielsweise von Computermodellen aufgezeigt werden können.

4.5 Wechselseitige Rekursion

Im Namen wechselseitige Rekursion ist das Konzept dieser Rekursionsvorschrift schon klar beschrieben. Eine Funktion ruft eine zweite auf, die wiederum auf die erste verweist. Schauen wir uns ein Beispiel an:

$$istGerade(x) = \begin{cases} \text{true} & , x = 0 \\ istUngerade(x-1) & , x > 0 \end{cases}$$

$$istUngerade(x) = \begin{cases} \text{false} & , x = 0 \\ istGerade(x-1) & , x > 0 \end{cases}$$

Diese Programmzeilen ermitteln, ob es sich bei der Eingabe x um eine gerade oder ungerade Zahl handelt.

4.6 Endständige Rekursion

Bei der endständigen Rekursion ist die letzte Aktion in der Funktion der rekursive Aufruf. So lässt sich beispielsweise die Summe der Zahlen von 1 bis n als endständige Rekursion notieren:

```
sumTo n    = sumTo' n 0
sumTo' 0 a = a
sumTo' n a = sumTo' (n-1) (a+n)
```

Die endständige Rekursion wird bei der Codeoptimierung eingesetzt, da sie vom Compiler besonders gut angepasst werden kann.

4.7 Übungsaufgaben

Aufgabe 1) Definieren Sie die Funktionen ggT und kgV zur Ermittlung des größten gemeinsamen Teilers bzw. des kleinsten gemeinsamen Vielfachen.

Aufgabe 2) * Eine n-stellige Zahl wird als pandigital bezeichnet, wenn sie jede Zahl von 1 bis n genau einmal enthält. Die erste Zahl darf dabei nicht 0 sein. Beispielsweise ist die 5-stellige Zahl 15234 von 1 bis 5 pandigital. Das Produkt 7254 ist ein seltener Fall, denn für die Multiplikation $39 \times 186 = 7254$ sind die Multiplikanden und das Produkt 1 bis 9 pandigital.

Finden Sie die Summe aller Produkte, deren Multiplikanden und Produkte von 1 bis 9 pandigital sind. Hinweis: Die Reihenfolge der Multiplikanden sollte keine Rolle spielen und die Lösung dann nur einmal angegeben werden.

Aufgabe 3) * Eine Palindromzahl ergibt in beide Richtungen gelesen dieselbe Zahl. Das größte Palindrom eines Produkts aus zwei 2-stelligen Zahlen ist 9009, denn $91 \cdot 99 = 9009$.

Finden Sie das größte Palindrom, das sich durch das Produkt von zwei 3-stelligen Zahlen ergibt.

Kapitel 5

Einfache Datenstrukturen

Durch geeignete Kombinationen aus den Basisdatentypen lassen sich neue, komplexere Strukturen von Daten erstellen. In diesem Kapitel werden Listen vorgestellt. Listen sind dabei geordnete Speicher für Elemente gleichen Typs.

Der Umgang mit größeren Datenmengen wird dabei erleichtert und eine höhere Datenabstraktion ist möglich.

M. Block, A. Neumann, *Haskell-Intensivkurs*,
DOI 10.1007/978-3-642-04718-3, © Springer 2011

Da bei den Listen aber die Bedingung gilt, dass alle Elemente einer Liste vom gleichen Typ sein müssen, werden in diesem Kapitel auch Tupel vorgestellt. Die Typen der Elemente dürfen sich dabei unterscheiden, aber die Anzahl der Elemente und die jeweiligen Positionen stehen fest.

5.1 Listen

Ein wichtiges Konzept zur Speicherung von mehreren Daten des gleichen Typs stellen Listen dar. Eine Liste ist dabei eine geordnete Menge von Elementen gleichen Typs. Listen werden in eckigen Klammern geschrieben und die Elemente innerhalb einer Liste mit Kommata getrennt.

Beispiel einer Liste, dessen Elemente vom Typ Int sind:

```
[1,2,3,4,5]
```

Wir können im Haskellskript eine solche Liste wie eine Funktion mit Signatur definieren. Sie ist konstant und liefert nur die Liste zurück:

```
zahlenListe :: [Int]
zahlenListe = [1,2,3,4,5]
```

Eine Liste kann auch leer sein und somit keine Elemente enthalten

```
[]
```

oder andere Elementtypen verwalten. So beispielsweise eine Liste von Zeichen:

```
['h','a','l','l','o']
```

Eine Liste von Zeichen kann auch vereinfacht in der Notation für Zeichenketten angegeben werden:

```
"hallo"
```

Ein Test auf der Eingabekonsole soll die Gleichheit beider Varianten überprüfen:

```
Hugs> "hallo" == ['h','a','l','l','o']
True
```

Wir sehen, die Bedeutung der beiden Schreibweisen ist äquivalent. Es lassen sich auch Listen von Listen definieren, falls diese Listen ebenfalls den gleichen Typ besitzen:

```
[[1,2], [5,-1], []]
```

Die folgende Liste ist demnach nicht erlaubt und führt auch prompt zu einer Fehlermeldung:

```
Hugs> [[2],['d','e']]
ERROR - Cannot infer instance
*** Instance   : Num Char
*** Expression : [[2],['d','e']]
```

Hier versucht Hugs eine Liste mit Listen von Zahlen zu erstellen, da [2] diesen Typ hat. Bei der Überprüfung des zweiten Eintrags ['d','e'] wird aber festgestellt, dass der Typ Char kein Zahlentyp ist.

5.1.1 Zerlegung in Kopf und Rest

In Haskell gibt es eigentlich nur eine Methode, um Elemente aus einer Liste herauszunehmen. Alle weiteren, die noch vorgestellt werden, lassen sich auf diese zurückführen.

Mit dem (:)-Operator wird eine Liste in Kopf (*head*) und Rest (*tail*) zerlegt. Der Kopf ist dabei das erste, ganz links stehende Element.

$$x_1 : [x_2, x_3, ..., x_n]$$

Gleichzeitig lässt sich auf diese Weise das Einfügen eines Elements in eine Liste formulieren.

Die beiden Notationen [1,2,3] und 1:[2,3] repräsentieren beide die Liste mit den Elementen 1, 2 und 3. Der Vorteil der (:)-Darstellung ist in der Manipulation von Listen begründet. So lässt sich jede n-elementige Liste als das n-fache Einfügen der Elemente in eine leere Liste darstellen:

$$x_1 : (x_2 : (x_3 : (... : (x_n : []))...)))$$

Die Klammern dürfen in diesem Fall sogar weggelassen werden, da der (:)-Operator rechtsassoziativ ist. Im Folgenden werden ein paar Beispiele vorgestellt:

```
Hugs> 'a':['b','c']
['a','b','c']

Hugs> 1:2:2:[]
[1,2,2]

Hugs> [1,2]:[]
[[1,2]]
```

Das Kopf-Rest-Prinzip ist sehr wichtig und die einzige Möglichkeit, Listen zu zerlegen und abzuarbeiten. Die Rückgabe des ersten Elements einer Liste lässt sich in einer Funktion ausdrücken:

```
erstes :: [a] -> a
erstes (x:_)  = x
```

Wir haben hier ein strukturelles Pattern match (x:_). Diese Notation bedeutet: Nimm das erste Element der Liste, nenne es x und ignoriere den Rest der Liste. Wenn statt des Symbols _ ein anderer Bezeichner gewählt wird, kann der Rest der Liste auch auf der rechten Seiten verwendet werden. Dieses Pattern passt allerdings nicht auf die leere Liste, da hier kein Element vorhanden ist, das an den Bezeichner x gebunden werden könnte.

Der (:)-Operator wird verwendet, um die Eingabeliste beliebigen Typs zu zerlegen. In der Signatur sehen wir jetzt anstelle eines Basisdatentypen ein a stehen. Das bedeutet, dass jeder beliebige Datentyp verwendet werden kann. Wir bezeichnen a als Typvariable (*type variable*).

Als Eingabe haben wir eine Liste dieses Typs und als Rückgabewert ein einzelnes Element. Der Zugriff der Funktion erstes auf eine leere Liste führt zu einem Fehler:

```
Hugs> erstes []
Program error: pattern match failure: erstes []
```

Für alle anderen Listen liefert die Funktion erfolgreich das erste Element zurück:

```
Hugs> erstes [1]
1

Hugs> erstes "hallo"
'h'
```

In Haskell gibt es bereits die vordefinierte Funktion head, die diese Funktionalität anbietet.

Da der (:)-Operator eine Liste in zwei Teile zerlegt, lässt sich auch die restliche Liste ohne das erste Element als Funktion angeben:

```
rest :: [a] -> [a]
rest (_:xs)  = xs
```

Das Pattern (_:xs) bedeutet: Ignoriere den Kopf der Liste und nenne den Rest xs.

Der Datentyp des Rückgabewerts xs ist demzufolge nicht a, sondern eine Liste vom Typ a. Ein paar kurze Beispiele zeigen die Verwendung der rest-Funktion:

```
Hugs> rest [1]
[]
```

```
Hugs> rest "hallo"
"allo"

Hugs> rest []
Program error: pattern match failure: rest []
```

Für den Rest einer leeren Liste gibt es kein Pattern, daher liefert Hugs einen Fehler.

Die in der Prelude vorhandene Standardfunktion dazu heißt `tail`.

5.1.2 Rekursive Listenfunktionen

Um die beiden umgekehrten Fälle, also das letzte Element und die Liste ohne das letzte Element, in Funktionen ausdrücken zu können, muss auf die Rekursion zurückgegriffen werden.

Für eine leere Liste sind dabei alle Probleme sofort lösbar und für längere Listen können wir das Problem vereinfachen, indem wir ein Anfangsstück behandeln und die Länge der Liste somit verringern.

Eine Funktion, die das letzte Element zurückliefern soll, kann sofort die Lösung angeben, wenn die Liste nur ein Element hat. Ansonsten verringern wir die Länge der Liste, indem wir das erste Element wegfallen lassen und das letzte Element in der restlichen Liste rekursiv suchen:

```
letztes :: [a] -> a
letztes [x]    = x
letztes (_:xs) = letztes xs
```

Wir wollen das Beispiel `letztes [1,2,3,4]` dazu nochmal kurz gemeinsam nachvollziehen:

$$
\begin{aligned}
letztes\,[1,2,3,4] &= letztes\,[2,3,4] \\
&= letztes\,[3,4] \\
&= letztes\,[4] \\
&= 4
\end{aligned}
$$

Für den anderen Fall werden die Elemente solange in einer neuen Liste gesammelt, bis die einelementige Liste erreicht ist. Diese wird dann durch eine leere Liste ersetzt und somit das letzte Element entfernt:

```
ohneletztes :: [a] -> [a]
ohneletztes [x]    = []
ohneletztes (x:xs) = x:ohneletztes xs
```

Hier ist es zunächst ungewohnt, den Rest der Liste durch einen rekursiven Aufruf anzugeben. Das ist aber korrekt, da die Funktion ohneletztes eine Liste liefert und somit x:ohneletztes xs das x vorn an das Ergebnis des rekursiven Aufrufs anhängt.

Die beiden vordefinierten Haskellfunktionen für letztes und ohneletztes heißen last und init. In Abb. 5.1 sind die vier Funktionen noch einmal zu sehen.

Abb. 5.1 Die Funktionen head, tail, last und init visualisiert.

Die Funktion enthalten überprüft, ob ein Element in einer Liste enthalten ist:

```
enthalten [] _     = False
enthalten (x:xs) y = (x==y) || enthalten xs y
```

Die Signatur dieser Funktion wird in einem der späteren Kapitel vorgestellt, da dafür ein weiteres Konzept benötigt wird. Auch diese Funktion ist bereits in Haskell mit der Bezeichnung elem definiert.

Wir haben Funktionen kennengelernt, mit denen wir den Anfang oder das Ende einer Liste entfernen können. Es kann aber auch nützlich sein, eine Funktion zu haben, die das i-te Element einer Liste zurückliefert. Dabei beginnen wir die Nummerierung mit dem Index 0, so dass das letzte Element einer n-elementige Liste den Index $n-1$ hat.

Dazu wollen wir die Funktion elementAt definieren:

```
elementAt :: Int -> [a] -> a
elementAt 0 (x:_)  = x
elementAt n (_:xs) = elementAt (n-1) xs
```

Wenn der Anfrageindex innerhalb des erlaubten Intervalls bleibt, liefert die Funktion das richtige Element. Liegt der Index allerdings außerhalb, folgt eine Fehlermeldung:

```
Hugs> elementAt 0 [1,2,3]
1

Hugs> elementAt 2 [1,2,3]
3

Hugs> elementAt 3 [1,2,3]
Program error: pattern match failure: elementAt 0 []
```

In der Prelude wird der Operator !! bereitgestellt und kann wie folgt angewendet werden:

```
Hugs> [1,2,3]!!0
1

Hugs> [1,2,3]!!3
Program error: Prelude.!!: index too large
```

5.1.3 Zusammenfassen von Listen

Zwei Listen, die den gleichen Typ aufweisen, können zu einer Liste zusammengefasst werden. Dabei stehen die Elemente der ersten Liste vor denen der zweiten. Für das Zusammenfassen (Konkatenieren) von Listen kann der (++)-Operator verwendet werden:

```
Hugs> [1,2] ++ [3,4]
[1,2,3,4]
```

Es folgen ein paar kleine Beispiele für die Anwendung der Konkatenation:

```
Hugs> [] ++ ['a','b','c']
['a','b','c']

Hugs> ['1','0'] ++ []
['1','0']

Hugs> ([1,2]++[3,4])++[5,6] == [1,2]++([3,4]++[5,6])
True
```

Eine Funktion fassezusammen, die zwei Listen analog zum (++)-Operator konkateniert, lässt sich wie folgt rekursiv über den (:)-Operator definieren:

```
fassezusammen :: [a] -> [a] -> [a]
fassezusammen []     ys = ys
fassezusammen (x:xs) ys = x:fassezusammen xs ys
```

Ein kleiner Funktionstest dazu:

```
Hugs> fassezusammen [1,2] [3,4]
[1,2,3,4]
```

Wir können den Operator (++) auch verwenden, um eine Funktion zu schreiben, die eine ganze Liste von Listen zu einer Liste zusammenfasst, also eine Verschachtelungsebene entfernt. Dazu laufen wir die Eingabeliste rekursiv entlang und ersetzen jedes Vorkommen des (:)-Operators durch einen Aufruf von (++):

```
listenZusammenfassen :: [[a]] -> [a]
listenZusammenfassen []     = []
listenZusammenfassen (x:xs) = x ++ listenZusammenfassen xs
```

Diese Funktion ist unter dem Namen concat bereits in der Prelude vordefiniert. Es lohnt sich an dieser Stelle den Typen [[a]] -> [a] genauer zu betrachten.

Es mag den Anschein haben, dass diese Funktion nur für einfach verschachtelte Listen wie etwa [[1],[2],[3]] funktioniert, das ist aber nicht der Fall. Für Listen mit einem höheren Verschachtelungsgrad schluckt das a einfach die zusätzlichen Klammern. Es steht dann nicht mehr für einen primitiven Datentypen wie zum Beispiel ein Int, sondern für einen zusammengesetzen Typen, z.B. [Int].

In der Anwendung sieht die Funktion concat so aus:

```
Hugs> concat [[1],[2],[3]]
[1,2,3]

Hugs> concat [[[1]],[[2]],[[3]]]
[[1],[2],[3]]
```

5.1.4 Automatische Erzeugung von Listen

Listen lassen sich in Haskell alternativ auch in einer kompakten Form automatisch generieren (*list comprehensions*). Eine Analogie zur mathematischen Notation von Mengen ist durchaus gegeben und gewünscht. In der Mathematik lässt sich die Menge der geraden, natürlichen Zahlen beispielsweise so beschreiben:

$$\{x \,|\, x \in \mathbb{N} \land x \text{ ist gerade Zahl}\}$$

Bei der automatischen Erzeugung von Listen in Haskell sieht der Mechanismus ähnlich aus. Zunächst ein einfaches Beispiel:

```
[a | a<-[1,2,3,4,5]]
```

Es werden dabei alle Elemente a aus der Liste [1,2,3,4,5] von links nach rechts durchgegangen und, da keine weiteren Bedingungen gelten, sofort in die neue Liste übernommen. Nach Ausführung dieser Zeile in der Haskell-Konsole ergäbe das wieder die Originalliste:

```
Hugs> [a | a<-[1,2,3,4,5]]
[1,2,3,4,5]
```

Beim Durchlaufen der Liste über den Parameter a, lassen sich Bedingungen angeben. Nur wenn diese Bedingungen erfüllt sind, wird der Inhalt von a in die neue Liste übernommen. Beispielsweise könnten nur die geraden Zahlen von Interesse sein:

```
[a | a<-[1,2,3,4,5], mod a 2==0]
```

Die Funktionsweise von Modulo kann in Abschn. 2.2.3 noch einmal nachgelesen werden.

Der folgende Aufruf würde eine neue Liste mit zwei Elementen erzeugen:

```
Hugs> [a | a<-[1,2,3,4,5], mod a 2==0]
[2,4]
```

Da eine Bedingung einen Wahrheitswert erwartet, kommen als Bedingungen nur boolesche Funktionen in Frage. Im ersten Beispiel wurde dabei keine Bedingung verwendet. Es lassen sich aber mehr als nur eine Bedingung angeben:

```
Hugs> [a | a<-[0,1,2,3,4,5], mod a 2/=0, a/=1]
[3,5]
```

Es wird die Liste der ungeraden Elemente ohne 1 aus der Liste [0,1,2,3,4,5] erzeugt.

Außerdem können beliebig komplizierte Ausdrücke verwendet werden, um die Elemente der neuen Liste zu beschreiben. Wir können zum Beispiel die ersten fünf Quadratzahlen so angeben:

```
Hugs> [a*a | a<-[1,2,3,4,5]]
[1,4,9,16,25]
```

Dieses Konzept werden wir in einem späteren Abschnitt genauer unter die Lupe nehmen.

5.1.5 Automatisches Aufzählen von Elementen

Listen lassen sich auch durch Startwert, Schrittweite und Zielwert konstruieren:

```
[s1, s2 .. sn]
```

Die ersten beiden Elemente liefern den Startwert s1 und die Schrittweite s2-s1. Das erste Element k1 der neuen Liste ist s1, das nächste Element k2 ergibt sich aus s1+(s2-s1).

Es können neue Elemente in die neue Liste eingefügt werden, bis zum letzten Element km, mit $m = 0{,}5 + \left\lfloor \frac{s_n}{Schrittweite} \right\rfloor$. An dieser Stelle müssen wir noch anmerken, dass die Konvention: das letzte Element stelle auch gleichzeitig eine obere Schranke dar, weder von Hugs noch von GHC erfüllt wird. Das letzte Element ist das größte, das $\leq s_n$ ist, wenn ganze Zahlen benutzt werden, bzw. $\leq s_n + \frac{s_2 - s_1}{2}$, wenn Gleitkommazahlen benutzt werden.

Ein kleines Beispiel dazu:

```
[1, 2 .. 10]
```

Der Startwert ist 1 und die Schrittweite $+1$. Die so erzeugte Liste hat demnach die Werte:

```
[1, 2, 3, 4, 5, 6, 7, 8, 9, 10]
```

Die folgenden beiden Darstellungen kombinieren das Kopf-Rest-Prinzip mit der Listenerzeugung und liefern ebenfalls die Elemente 1 bis 10:

```
1:[2, 3 .. 10]
```

Falls nur ein Element als Startelement angegeben wird, so wird die Schrittweite automatisch auf $+1$ gesetzt:

```
1:2:[3 .. 10]
```

Die Schrittweite lässt sich auch variieren, schauen wir uns ein paar Beispiele an:

```
Hugs> [2, 4 .. 10]
[2,4,6,8,10]

Hugs> [2,4 .. 11]
[2,4,6,8,10]

Hugs> [0,-1 .. -10]
[0,-1,-2,-3,-4,-5,-6,-7,-8,-9,-10]

Hugs> [3.1 .. 6.5]
[3.1,4.1,5.1,6.1]

Hugs> [3.1 .. 6.6]
[3.1,4.1,5.1,6.1,7.1]
```

Zu Testzwecken wollen wir die Anzahl der Elemente einer Liste durch die Funktion laengeListe rekursiv bestimmen:

```
laengeListe :: [Int] -> Int
laengeListe []     = 0
laengeListe (_:xs) = 1 + laengeListe xs
```

Testen wir die Funktion:

```
Hugs> [3 .. 6]
[3,4,5,6]

Hugs> laengeListe [3 .. 6]
4
```

In der Prelude gibt es die vordefinierte Funktion `length`, die das gleiche leistet.

5.1.6 Lazy evaluation

Die bedarfsgesteuerte Auswertung von Ausdrücken wird als Lazy evaluation be-zeichnet. Diese Verarbeitungsstrategie, die sich aus dem der Sprache Haskell zu Grunde liegenden Konzept des Lambda-Kalküls ergibt, ermöglicht die Definition theoretisch unendlicher Datenstrukturen.

In Kap. 19 werden wir das Lambda-Kalkül kennenlernen und die dahinter stehen-den Konzepte besser verstehen. Fürs Erste genügt es, die Beispiele des folgenden Abschnitts nachzuvollziehen.

5.1.6.1 Unendliche Listen

Haskell erlaubt auch das Arbeiten mit unendlichen Listen. Wenn das Intervallen-de nicht angegeben wird, erzeugt Haskell je nach Bedarf und Speicherplatz neue Elemente.

Als Beispiel wollen wir die Liste aller Quadrate aus natürlichen Zahlen definieren:

```
quadrate :: [Int]
quadrate = [n*n | n <- [0 ..]]
```

Das Ausführen führt nach der Ausgabe einer Vielzahl von Quadratzahlen zu einem Speicherfehler. Dass wir eine unendliche Liste nicht komplett anzeigen lassen kön-nen, sollte uns aber nicht entmutigen, das haben wir erwartet.

Haskell zeigt aber mit dem Einsatz von unendlichen Listen eine besondere Eigen-schaft. So werden nur die Elemente einer unendlichen Liste ausgewertet, die auch wirklich benötigt werden. Das macht Haskell zu einer mächtigen Sprache. Schauen wir uns als Beispiel die Erzeugung von Primzahlen an.

5.1.6.2 Das Sieb des Eratosthenes

Eine Primzahl ist nur durch sich selbst und durch 1 teilbar und hat genau zwei Teiler. Demzufolge ist 2 die kleinste Primzahl. Mit dem Algorithmus von Eratosthenes lassen sich Primzahlen kleiner oder gleich einer vorgegebenen Obergrenze erzeugen.

Für unser folgendes Beispiel sollen alle Primzahlen bis 40 erzeugt werden. Dazu notieren wir uns zunächst alle Elemente von 2 bis 40 in einer Liste. Die 2 als erstes Element der Liste stellt eine Primzahl dar (s. Abb. 5.2). Die grauen Zahlen sind noch Primzahlkandidaten. Wir können die 2 als Primzahl markieren und streichen alle Vielfachen von 2 aus der restlichen Liste.

1	2	3	4	5	6	7	8	9	10
11	12	13	14	15	16	17	18	19	20
21	22	23	24	25	26	27	28	29	30
31	32	33	34	35	36	37	38	39	40

1	2	3	4	5	6	7	8	9	10
11	12	13	14	15	16	17	18	19	20
21	22	23	24	25	26	27	28	29	30
31	32	33	34	35	36	37	38	39	40

1	2	3	4	5	6	7	8	9	10
11	12	13	14	15	16	17	18	19	20
21	22	23	24	25	26	27	28	29	30
31	32	33	34	35	36	37	38	39	40

1	2	3	4	5	6	7	8	9	10
11	12	13	14	15	16	17	18	19	20
21	22	23	24	25	26	27	28	29	30
31	32	33	34	35	36	37	38	39	40

Abb. 5.2 Die oberste Abbildung zeigt die Startliste, bei der die 2 als kleinste Primzahl definiert ist. Die Vielfachen der 2 werden gestrichen, was in der mittleren Abbildung zu sehen ist, und anschließend das Verfahren auf die nächste Primzahl 3 angewandt. Die vierte Abbildung zeigt das Resultat, bei dem am Ende die Primzahlen übrig bleiben

Die 3 als nächstes ungestrichenes Element erfüllt wieder die Primzahleigenschaften. Anschließend werden alle Vielfachen von 3 gestrichen. Das wird solange vorgenommen, bis die Liste der noch zur Verfügung stehenden Elemente leer ist.

Daraus ergibt sich für unser Beispiel die Liste der Primzahlen, die kleiner oder gleich 40 sind:

$$[2, 3, 5, 7, 11, 13, 17, 19, 23, 29, 31, 37]$$

In Haskell lässt sich der Algorithmus sehr einfach so notieren, dass nicht nur alle Primzahlen bis zu einer Obergrenze, sondern eine unendliche Liste von Primzahlen berechnet wird:

```
primzahlen = sieb [2 ..]
    where sieb (x:xs) = x:sieb [n|n<-xs, mod n x > 0]
```

In der lokal definierten Funktion sieb werden, auch wenn es erst mal unglaubwürdig klingt, alle Vielfachen der ersten Primzahl in einer unendlichen Liste entfernt. Da Haskell aber nur die Auswertungen ausführt, die notwendig sind, um das nächste Element der Liste zu bestimmen, lässt sich die Liste der Primzahlen ausgeben, bis der Speicherplatz nicht mehr ausreicht.

Die folgende Ausgabe wurde aufgrund der Übersichtlichkeit etwas angepasst:

```
Hugs> primzahlen
[ 2,   3,   5,   7,   11,   13,   17,   19,
  23,  29,  31,  37,  41,   43,   47,   53,
  59,  61,  67,  71,  73,   79,   83,   89,
  97,  ... usw.
```

An dieser Stelle noch eine kurze Anmerkung. Dass es sich bei dem hier vorgestellten Algorithmus nicht exakt um den Algorithmus von Eratosthenes handelt, kann der versierte Leser in dem folgenden Artikel nachlesen [6]. Aufgrund der fortgeschrittenen Konzepte eignet sich der Artikel allerdings erst als Folgelektüre zu diesem Buch.

5.1.7 Listen zerlegen

Es kann sinnvoll sein, eine Liste mit m Elementen in zwei Teillisten zu zerlegen, wobei die ersten n Elemente in der einen und die restlichen Elemente in einer anderen Funktion ermittelt werden. Um die ersten n Elemente einer Liste zu erhalten, müssen wir uns merken, wie viele Elemente wir schon eingesammelt haben. Dazu muss ein Zähler n bei jedem Rekursionsschritt dekrementiert werden.

Die Funktion nimm :: Int -> [a] -> a erzeugt eine neue Liste mit den ersten n Elementen der Eingabeliste:

```
nimm :: Int -> [a] -> [a]
nimm _ []      = []
nimm 0 _       = []
nimm n (x:xs) = x:nimm (n-1) xs
```

Sollte $m < n$ sein, so werden einfach die ersten m Elemente zurückgeliefert:

```
Hugs> nimm 2 [1,2,3,4]
[1,2]

Hugs> nimm 5 [1,2]
[1,2]
```

Um die restlichen Elemente zu erhalten, die nicht durch die Funktion nimm geliefert werden, definieren wir die Funktion nimmnicht:

```
nimmnicht :: Int -> [a] -> [a]
nimmnicht 0 xs      = xs
nimmnicht _ []      = []
nimmnicht n (_:xs) = nimmnicht (n-1) xs
```

Schauen wir uns auch dafür ein Beispiel an:

```
Hugs> nimmnicht 2 [1,2,3,4]
[3,4]
```

Beide Funktionen werden auch in der Prelude angeboten, dort heißen sie take, drop :: Int -> [a] -> [a].

5.2 Tupel

Listen ähneln eher Mengen von Elementen. Bei Tupeln allerdings sind die Anzahl der Elemente eines Tupels und deren Positionen fest vorgegeben. So notieren wir ein n-elementiges Tupel (kurz n-Tupel):

$$(x_1, x_2, x_3, ..., x_n)$$

Im Gegensatz zu Listen, lassen sich in Tupeln auch unterschiedliche Datentypen zusammenfassen. Die Datentypen der einzelnen Elemente können sich unterscheiden, dazu ein Beispiel:

```
("Peter", 44)
```

An der ersten Position des zweistelligen Tupels steht ein `String` und an der zweiten Position ein `Int`. Ein solches Tupel kann als Eingabe erwartet werden.

Das folgende Beispiel zeigt die Zerlegung eines Tupels in die einzelnen Bestandteile:

```
erstesElement :: (a, b) -> a
erstesElement (x, _) = x
```

Das Pattern (x, _) bedeutet: Nenne die erste Komponente des Tupels x und ignoriere die zweite.

Haskell erwartet jetzt für die Funktion `erstesElement` ein zweistelliges Tupel als Eingabe und liefert das erste Element zurück.

```
Hugs> erstesElement ("Hans", 1)
"Hans"
```

Analog dazu können auch die anderen Elemente zurückgeliefert werden. Im folgenden Beispiel wird ein dreistelliges Tupel in die Funktion `drittesElement` übergeben und der dritte Wert zurückgeliefert.

```
drittesElement :: (a, b, c) -> c
drittesElement (_, _, z) = z
```

Anders als bei Listen können für Tupel keine Pattern formuliert werden, bei denen nur ein Teil der Argumente angegeben wird. Um ein Pattern match auf ein Tupel mit 100 Argumenten zu machen, müssen demnach alle 100 angegeben werden.

Es gibt bereits die vordefinierten Funktionen `fst` und `snd`, die das erste bzw. zweite Element eines zweistelligen Tupels liefern.

5.2.1 Beispiel pythagoräisches Tripel

Als pythagoräisches Tripel werden drei natürliche Zahlen x, y und z bezeichnet, die die Gleichung $x^2 + y^2 = z^2$ erfüllen, mit $x < y < z$. Lösungen zu diesem Problem wurden bereits schon 1700 Jahre v. Chr. diskutiert [11].

In Haskell lässt sich das Problem direkt formulieren und damit die entsprechenden Lösungen erzeugen:

```
pyT n = [(x,y,z) | x<-[1..n-2], y<-[x+1 .. n-1],
                   z<-[y+1 .. n], x*x+y*y==z*z]
```

Hier sehen wir ein Beispiel für die automatische Listenerzeugung, bei der mehr als eine Variable verwendet wird. Die Werte für x, y und z werden dabei so erzeugt, dass die zuletzt angegebene Variable z am schnellsten hochgezählt wird. Dadurch werden die Tupel (x,y,z) lexikographisch geordnet ausgegeben.

Die Lösungen für das pythagoräische Tripel bis zu einem Maximalwert von n=10 lassen sich dann einfach berechnen:

```
Hugs> pyT 10
[(3,4,5),(6,8,10)]
```

5.2.2 Beispiel n-Dameproblem

Ein beliebtes Problem aus dem Spielebereich ist das 8-Dameproblem. Es sollen dabei acht Damen so auf ein 8×8-Brett positioniert werden, dass diese sich nicht gegenseitig schlagen können. Eine Dame zieht dabei horizontal, vertikal und diagonal bis zum letzten Feld am jeweiligen Brettrand.

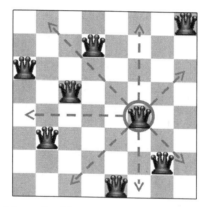

Abb. 5.3 Eine mögliche Lösung des 8-Dameproblems. Jede Dame ist so platziert, dass sie die anderen Damen weder horizontal/vertikal noch diagonal schlagen kann. Die möglichen Zugfelder sind für die Dame auf dem Feld F4 exemplarisch markiert

In Haskell lässt sich eine Lösung sehr elegant realisieren. Dabei lösen wir nicht nur das 8-Dameproblem, sondern gleichzeitig das n-Dameproblem auf einem $n \times n$ Schachbrett. Es lässt sich leicht herleiten, warum mindestens ein $n \times n$ Brett benötigt wird, um n Damen, die sich nicht schlagen können, zu beherbergen.

Wir wollen es rekursiv so lösen, dass wir alle möglichen Kombinationen erhalten. Dazu schreiben wir eine Funktion n_damen, die n Damen auf dem Brett platzieren möchte und alle Lösungen als Listen von Positionen auf dem Feld zurückliefert.

Schauen wir uns die komplette Lösung an:

```
n_damen :: Int -> [[(Int, Int)]]
n_damen max_n = damen max_n
  where damen n
    | n == 0 = [[]]
    | otherwise = [posi++[(n,m)] | posi<-damen (n-1),
                                   m<-[1..max_n],
                                   sicher posi (n,m)]

    sicher list neu = and [not(bed dame neu) | dame<-list]
    bed (i, j) (m, n) = (j==n) || (i+j==m+n) || (i-j==m-n)
```

Die rekursive Hilfsfunktion damen erhält mit max_n die maximale Anzahl Damen, die zu setzen ist. Da pro Spalte nur eine Dame vorkommen kann, wird auch nur eine platziert und rekursiv geprüft, ob für diese Position n-1 Damen in den restlichen Spalten positioniert werden können. In der Liste posi sind diese n-1 Damen korrekt gesetzt und jetzt muss geprüft werden, ob es eine Lösung in der Spalte n mit den n möglichen x-Positionen gibt. Dazu evaluiert die Funktion sicher mit den vorhandenen n-1 Damenpositionen, ob eine Bedrohung durch die neue Dame auf den Koordinaten (n,m) besteht.

5.3 Zeichenketten

Im Allgemeinen bezeichnen Zeichenketten, wie es der Name schon sagt, Ketten von Zeichen also Elemente des Datentyps Char. Das Aneinanderfügen von Symbolen erfolgt mit der Datenstruktur Liste, wie wir sie im vorhergehenden Abschnitt kennengelernt haben, so dass jede Zeichenkette $S =$"$s_1 s_2 s_3...s_n$" mit s_i vom Datentyp Char, auch als Liste von Zeichen $['s'_1, 's'_2, 's'_3, ..., 's'_n]$ geschrieben werden kann.

Beide Schreibweisen sind in Haskell äquivalent zu verwenden, also gleich bedeutend:

```
Hugs> "ABCD" == ['A','B','C','D']
True
```

Neben den bekannten Buchstaben, gibt es einige Mitglieder des Datentyps Char, die eine besondere Bedeutung haben. Sie werden durch zwei Zeichen dargestellt, einen Backslash \, gefolgt von einem anderen Buchstaben. Der Backslash kündigt dabei das Sonderzeichen an und dient der Unterscheidung von den normalen Zeichen.

Am naheliegendsten ist das Apostroph, das ja eigentlich verwendet wird, um ein Char zu umschließen. Um den Char für das Apostroph zu erzeugen, können wir nicht einfach '' schreiben. Stattdessen wird ' durch einen Backslash geschützt: \'. Gleiches gilt für die Anführungszeichen, wenn Strings erstellt werden sollen. """ ist nicht der String mit einem einzelnen Anführungszeichen, stattdessen muss \"

geschrieben werden. Da auch der Backslash eine besondere Bedeutung hat, muss er durch einen weiteren Backslash geschützt werden, wenn er in einem String vorkommen soll.

Neben diesen eher von der Syntax vorgegebenen Sonderzeichen, gibt es auch noch eine Reihe von Steuerzeichen, die bei der Ausgabe eine Rolle spielen. Die wichtigsten Steuerzeichen sind \t, um einen Tabulator einzufügen und \n, für einen Zeilenumbruch. Für eine vollständige Liste verweisen wir auf [60].

Das Einfügen dieser Steuerzeichen hat aber augenscheinlich keinen Effekt, was ein kleiner Test in Hugs verdeutlicht:

```
Hugs> "ein\n\t\"Test\""
"ein\n\t\"Test\""
```

Das liegt daran, dass Haskell an dieser Stelle den String genauso wieder ausgibt, wie dieser eingetippt wurde, Steuerzeichen werden dabei ignoriert. Das hat natürlich bei der Fehlersuche Vorteile.

Um die Steuerzeichen in Aktion zu sehen, muss explizit eine Ausgabe des Strings angefordert werden. Das geht mit der Funktion putStrLn, die wir hier nur exemplarisch verwenden und später in Kap. 17 ausführlich beschreiben werden:

```
Hugs> putStrLn "ein\n\t\"Test\""
ein
     "Test"
```

Für die Manipulation der Zeichenketten stehen in der Bibliothek Data.Char ein paar interessante Funktionen zur Verfügung. Hier eine kleine Auswahl:

```
isAscii, isDigit  :: Char -> Bool
isLower, isUpper  :: Char -> Bool
toUpper, toLower  :: Char -> Char
digitToInt, ord   :: Char -> Int
intToDigit, chr   :: Int  -> Char
```

Später in Kap. 8 werden wir genauer auf die Verwendung und Erstellung von Bibliotheken zu sprechen kommen. An dieser Stelle soll erst mal die Einbindung dieser Bibliothek mit dem Schlüsselwort import für zwei kleine Beispiele genügen:

```
import Data.Char

stringToInt :: String -> [Int]
stringToInt []     = []
stringToInt (x:xs) = (ord x):stringToInt xs
```

Der ASCII-Code jedes Zeichens der Zeichenkette wird in eine Liste überführt. Abschließend noch ein kurzer Test auf der Konsole:

```
Hugs> stringToInt "otto"
[111,116,116,111]
```

Im zweiten Beispiel schreiben wir ein Prädikat `istKlein`, das prüft, ob eine Eingabe ein Kleinbuchstabe ist. Für einen Buchstaben als Eingabe soll dieser als Großbuchstabe zurückgeliefert werden:

```
import Char

istKlein :: Char -> Bool
istKlein c = 'a'<=c && c<='z'

machGross :: Char -> Char
machGross c
    | istKlein c = chr (ord c + offset)
    | otherwise  = c
      where offset = ord 'A' - ord 'a'
```

Dieses Beispiel funktioniert aufgrund der Zeichenanordnung in der ASCII-Tabelle, die für den Unicode Standard, den Haskell intern benutzt, weiterverwendet wird (ASCII-Tabelle, s. [68]).

5.4 Übungsaufgaben

Aufgabe 1) Schreiben Sie eine rekursive Funktion, die das Skalarprodukt zweier Vektoren vom Typ `Int`, berechnet, die als Listen vorliegen.

Aufgabe 2) Definieren Sie die Funktion `letztes` mit Hilfe des `!!`-Operators. Sie soll analog zur Funktion `last` aus der Prelude arbeiten.

Aufgabe 3) Definieren Sie die rekursive Funktion `dreheUm`, die die Reihenfolge der Elemente in einer Liste umdreht.

Aufgabe 4) * Wenn wir alle natürlichen Zahlen auflisten, die kleiner als 10 und ganzzahlig durch 3 oder 5 teilbar sind, dann erhalten wir 3, 5, 6 und 9. Die Summe dieser Zahlen ist 23.

Finden Sie die Summe aller ganzzahligen Vielfachen von 3 und 5 kleiner als 1000.

Aufgabe 5) * Jedes neue Element der Fibonacci-Folge lässt sich durch die Addition der beiden Vorgänger ermitteln. Wenn wir mit 1 und 2 starten, sind die ersten 10 Elemente der Folge: $1, 2, 3, 5, 8, 13, 21, 34, 55, 89$.

Finden Sie die Summe aller geraden Elemente der Folge, die 4 Millionen nicht überschreitet.

Kapitel 6

Funktionen höherer Ordnung

Bisher haben wir Funktionen entwickelt, die entweder Basisdatentypen oder Listen von Basisdatentypen als Eingabeparameter erhalten haben. Funktionen können aber auch andere Funktionen als Argumente erhalten.

Diese Funktionen werden als Funktionen höherer Ordnung bezeichnet. Das ist nützlich, um wiederkehrende Muster im Programmcode zu vermeiden, wenn viele ähnliche Funktionen geschrieben werden. Beispielsweise sollen alle Elemente einer Liste von Int mit einer Funktion quadriert und mit einer anderen jeweils mit 42 multipliziert werden.

M. Block, A. Neumann, *Haskell-Intensivkurs*,
DOI 10.1007/978-3-642-04718-3, © Springer 2011

Die beiden Funktionen zumQuadrat und mal42 sehen fast identisch aus:

```
zumQuadrat :: [Int] -> [Int]
zumQuadrat xs = [x*x | x <- xs]

mal42 :: [Int] -> [Int]
mal42 xs   = [x*42 | x <- xs]
```

Wenn dieses Schema häufiger vorkommt, erschwert es die Lesbarkeit eines Programms und verführt den Autor dazu, durch Kopieren und Einfügen neue Funktionen zu schreiben. Das kann schnell dazu führen, dass auch Fehler kopiert werden.

Um das zu vermeiden, müssen wir versuchen, gemeinsame Muster in einer Funktion höherer Ordnung zusammenzufassen und die Unterschiede über einen Parameter für diese Funktion abzubilden.

Schauen wir uns dazu zunächst die Funktion listeUmwandeln an, die eine Funktion f mit der Signatur (Int -> Bool) und eine Liste xs von Int erhält:

```
listeUmwandeln :: (Int -> Bool) -> [Int] -> [Bool]
listeUmwandeln f xs = [f x | x <- xs]
```

Die Funktion soll auf alle Elemente der Liste xs die Funktion f anwenden und die Funktionsresultate in eine neue Liste speichern und zurückliefern. Eine Funktion, die für einen Eingabeparameter einen Bool zurückliefert, wird im Übrigen als Prädikat bezeichnet.

Schauen wir uns ein Beispiel für die Verarbeitung an:

```
Hugs> listeUmwandeln (\x -> x > 2) [1..4]
[False, False, True, True]
```

Hier sehen wir eine sinnvolle Anwendung einer anonymen Funktion (s. Abschn. 3.3). Der Test, ob ein Element größer als 2 ist, muss dabei nicht in einer separaten Definition angeben werden.

Leider ist die Funktion listeUmwandeln nur für Listen des Typs Int definiert. Es wäre an dieser Stelle komfortabler, anstatt eine neue Funktionssignatur mit gleicher Definition zu schreiben, die vorhandene etwas zu abstrahieren. Wir benötigen dazu lediglich einen Platzhalter, beispielsweise ein a, der signalisiert, dass an dieser Stelle unterschiedliche Datentypen stehen können. Wir haben diesen Sachverhalt bereits kurz in Abschn. 3.1.4 diskutiert.

Als Beispiel nehmen wir die Funktion erstesElement, die für eine beliebige Liste das erste Element zurückgibt. Für den Fall, dass die Liste leer ist, wird ein Fehler ausgegeben:

```
erstesElement :: [a] -> a
erstesElement []   = error "Liste ist leer"
erstesElement (x:_) = x
```

Wir signalisieren Haskell mit dieser Signatur, dass eine Liste mit dem Datentyp a als Eingabe erwartet wird und der Rückgabewert ebenfalls vom Typ a ist. Das ist auch korrekt, denn das erste Element einer Liste hat den gleichen Datentyp wie alle anderen Elemente dieser Liste.

So können wir auch wieder für eine unendliche Liste das erste Element angeben:

```
Hugs> erstesElement [1 ..]
1
```

Parameter, die als Platzhalter für unterschiedliche Datentypen verwendet werden, nennen sich polymorphe Datentypen oder Typvariablen und werden in einem späteren Kapitel noch ausführlich diskutiert.

Unsere Funktion listeUmwandeln können wir jetzt allgemeiner definieren:

```
listeUmwandeln :: (a -> Bool) -> [a] -> [Bool]
listeUmwandeln f xs = [f x | x <- xs]
```

Um sich nicht auf Prädikate zu beschränken, lässt sich die Signatur noch weiter verallgemeinern, was uns zu einem weiteren wichtigen Konzept bringt.

6.1 Mapping

Die Erzeugung einer Liste von Funktionswerten aus einer Eingabeliste bezeichnen wir als mapping. Dabei werden alle Elemente in eine Funktion geschickt und die Resultate als Elemente einer neuen Liste gespeichert. Die Längen von Resultatliste und Eingabeliste sind demnach gleich.

Konstruieren wir uns eine Funktion mapListe, die eine weitere Abstraktion zu der im vorhergehenden Abschnitt besprochenen Funktion listeUmwandeln darstellt:

```
mapListe :: (a -> b) -> [a] -> [b]
mapListe _ [] = []
mapListe f (x:xs) = f x:mapListe f xs
```

Um nicht aus der Übung zu kommen, geben wir hier eine rekursive Variante der aus dem vorherigen Abschnitt bekannten Funktion an.

An dieser Stelle erinnern wir uns, dass Funktionen stärker binden als Operatoren (s. Abschn. 3.2.1). Das ist auch der Grund, warum wir nicht (f x):(mapListe f xs) schreiben müssen.

Alternativ lässt sich die Funktion auch über die automatische Listenerzeugung formulieren, so wie wir es für listeUmwandeln gemacht haben:

```
mapListe f xs = [f x | x <- xs]
```

Schauen wir uns ein Beispiel mit der Funktion `mapListe` an:

```
Hugs> mapListe (\x -> x + 2) [1 .. 3]
[3,4,5]
```

Wenn wir jetzt die aus Abschn. 5.1.5 bekannte Funktion `laengeListe` mit der allgemeinen Signatur `laengeListe :: [a] -> Int` für das folgende Beispiel verwenden, tritt zunächst etwas Unerwartetes auf, wir erhalten einen Fehler:

```
Hugs> mapListe laengeListe [[1,2],['e','d'],[]]
ERROR - Cannot infer instance
*** Instance : Num Char
*** Expression : mapListe laengeListe [[1,2],['e','d'],[]]
```

In der Signatur der Funktion `laengeListe` haben wir aber angegeben, dass es sich um beliebige Listentypen handeln darf. Der Fehler tritt aber an einer anderen Stelle auf, so wird in der Funktion `mapListe` als Parameter eine Liste von Typ a erwartet. Der Typ a kann aber nur einmal ersetzt werden, in diesem Fall wird aber eine fehlerhafte Liste eingegeben, die unterschiedliche Typen von Listen enthält. Das, wie wir bereits wissen, ist nicht erlaubt (s. dazu Abschn. 5.1).

Verwenden wir eine Liste von Listen mit dem gleichen Typ, dann liefert die Funktion das Richtige:

```
Hugs> mapListe laengeListe [[1,2], [3,4],[]]
[2,3,0]

Hugs> mapListe (+2) [1,3 .. 9]
[3,5,7,9,11]
```

In Haskell gibt es bereits map als vordefinierte Funktion mit der Signatur:

```
map :: (a -> b) -> [a] -> [b]
```

6.2 Filtern

Listenelemente lassen sich auf bestimmte Eigenschaften untersuchen und danach filtern. So werden nur die Elemente in eine neue Liste übernommen, die ein oder mehrere Prädikate erfüllen (s. Abb. 6.1). Damit wir nicht für jedes Prädikat eine zusätzliche Funktion schreiben müssen, die Elemente filtert, benutzen wir wieder eine Funktion höherer Ordnung.

Die Filterfunktion `filterListe` lässt sich ohne Weiteres aus der verbalen Vorschrift in Haskell definieren:

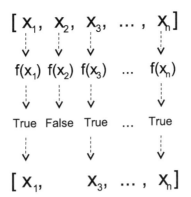

Abb. 6.1 Listenelemente werden beim Filtern nur übernommen, wenn die Prädikate erfüllt sind also True liefern

```
filterListe :: (a -> Bool) -> [a] -> [a]
filterListe p [] = []
filterListe p (x:xs)
   | p x        = x:filterListe p xs
   | otherwise  =   filterListe p xs
```

Das Element x wird nur dann in die Zielliste übernommen, wenn p x == True ist. Andernfalls werden die restlichen Listenelemente rekursiv auf die Filtereigenschaften überprüft.

Alternativ lässt sich die Funktion über die automatische Listengenerierung erzeugen:

```
filterListe :: (a -> Bool) -> [a] -> [a]
filterListe p xs = [x | x<-xs, p x]
```

Diese Darstellung ist kurz und intuitiv zu lesen.

So können wir beispielsweise alle Zahlen, die größer als 4 sind, aus einer Liste filtern:

```
Hugs> filterliste (\x -> x > 4) [1 .. 10]
[5,6,7,8,9,10]
```

6.3 Faltung

Die Faltung bildet ein Muster ab, das sehr häufig beim Programmieren vorkommt. Bei einer Faltung werden die Elemente einer Liste mit Hilfe eines Operators zusammengefasst. Ein gutes Beispiel ist die Summe einer Liste von Zahlen.

Mit der Addition werden alle Elemente der Liste zu einem neuen Ergebnis, der Summe, zusammengefasst:

$$summe\,[x_1, x_2, \ldots, x_n] = \sum_{i=1}^{n} x_i = x_1 + x_2 + \ldots + x_n$$

In Haskell können wir die Summe über der Funktion summe schnell angeben:

```
summe :: Num a => [a] -> a
summe []     = 0
summe (x:xs) = x + summe xs
```

Genau dasselbe Muster tritt auf, wenn wir das Produkt der Werte ausrechnen möchten:

$$produkt\,[x_1, x_2, \ldots, x_n] = \prod_{i=1}^{n} x_i = x_1 \cdot x_2 \cdot \ldots \cdot x_n$$

Die Funktionsdefinition von produkt unterscheidet sich zur Funktion summe lediglich durch die verwendete Operation:

```
produkt []     = 1
produkt (x:xs) = x * produkt xs
```

Anhand dieser Beispiele können wir uns die Definition der Faltung herleiten, indem wir die Teile der beiden Funktion betrachten, die sich voneinander unterscheiden und sie als neue Parameter hinzufügen.

Wir brauchen unterschiedliche Werte, die wir zurückgeben können, wenn wir mit unserer Rekursion bei der leeren Liste angekommen sind. Außerdem benötigen wir eine Funktion, die ein Element aus der Liste mit dem Ergebnis des rekursiven Aufrufs verbinden kann. Durch die Abstraktion von diesen Elementen erhalten wir die Faltung von rechts mit Startwert.

6.3.1 Faltung von rechts mit Startwert

Von rechts beginnend, mit einem Startwert s und einer zweistelligen Funktion f auf eine Liste $[x_1, x_2, \ldots, x_n]$ ist die Faltung von rechts wie folgt definiert:

$$f\,x_1\,(f\,x_2\,(\ldots (f\,x_n\,s)\ldots))$$

Wenn wir das in Haskell formulieren wollen, müssen wir uns auch im Klaren sein, wie die Signatur auszusehen hat. Die Funktion faltenRechts soll als ersten Parameter die Funktion f, als zweiten den Startwert s und zu guter Letzt eine Liste von Elementen erhalten.

Leiten wir uns einfach die polymorphe Signatur dieser Funktion Schritt für Schritt
her. Als Platzhalter haben wir erst mal die Eingaben und Ausgaben durch _ markiert
und erhalten dadurch natürlich keine reguläre Signatur:

```
faltenRechts :: (_ -> _ -> _) -> _ -> _ -> _
```

Wenn der Startwert vom Typ a ist, muss die Funktion f notwendigerweise die Signatur f::_->a->a haben. Da der Startwert auch den Rückgabewert der falten-
Rechts-Funktion darstellt, muss dieser ebenfalls a sein:

```
faltenRechts :: (_ -> a -> a) -> a -> _ -> a
```

Beim Listentyp müssen wir uns nicht auf a festlegen. Aber wenn wir den Listentyp
mit b bezeichnen, so stellt dieser Typ auch den ersten Parameter der Funktion f dar:

```
faltenRechts :: (b -> a -> a) -> a -> [b] -> a
```

Die Funktionsdefinition lässt sich rekursiv analog zur Summe definieren, nur dass
wir die zusätzlichen Parameter anstelle von 0 und + verwenden.

```
faltenRechts :: (b -> a -> a) -> a -> [b] -> a
faltenRechts _ s []     = s
faltenRechts f s (x:xs) = f x (faltenRechts f s xs)
```

Es lohnt sich an dieser Stelle, ein kleines Beispiel zu nehmen, z.B. faltenRechts
(+) 0 [1 .. 3], und den Ablauf Schritt für Schritt nachzuvollziehen. Dann wird
auch klar, warum die Funktion faltenRechts heißt. Die Liste wird vom Ende beginnend zusammengefaltet, da erst, wenn wir beim Rekursionsanker angekommen
sind, eine Auswertung von f möglich wird.

Ein kleines Beispiel zur Rechtsfaltung ist in Abb. 6.2 zu sehen.

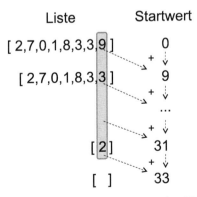

Abb. 6.2 Hier sehen wir ein Beispiel für die Faltung von rechts. Die Elemente der Liste werden von hinten beginnend mit der angegebenen Funktion (in diesem Fall die Addition) über den
Startwert gefaltet

Die bereits vordefinierte Funktion in der Prelude heißt foldr.

Ein Anwendungsbeispiel für die Aufsummierung der Listenelemente könnte wie folgt aussehen:

```
Hugs> foldr (+) 0 [1,2,3,4,5]
15
```

Das neutrale Element der Addition ist 0 und daher ergibt sich über die Funktionendefinition die Berechnung 1+(2+(3+(4+(5+0)))) = 15.

Auch das Maximum einer Liste lässt sich durch die Faltung ermitteln, dafür werden die Funktion max und der Startwert 0 verwendet:

```
Hugs> foldr max 0 [1,2,3,4,5]
5
```

In diesem Fall ergibt sich folgende Berechnung:

$$max\ 1\ (max\ 2\ (max\ 3\ (max\ 4\ (max\ 5\ 0)))) = 5$$

Die Summenfunktion durch eine Faltung ausgedrückt, wobei die Liste implizit übergeben wird:

```
summeListe :: [Int] -> Int
summeListe = foldr (+) 0
```

Normalerweise würden wir die Funktion summeListe wie folgt definieren:

```
summeListe :: [Int] -> Int
summeListe xs = foldr (+) 0 xs
```

Da beide Funktionen den gleichen Eingabenparameter am Ende erwarten, können wir bei der Definition diesen einfach weglassen. Haskell übernimmt die Verwaltung des Parameters und reicht diesen automatisch weiter.

Analog lässt sich jetzt leicht die bekannte Funktion concat durch Faltung von rechts ausdrücken:

```
concat :: [[a]] -> [a]
concat = foldr (++) []
```

Anders als bei der Summe und dem Produkt ist das Ergebnis kein einzelner Wert, sondern eine Liste. Es ist wichtig zu verstehen, dass trotzdem die Definition weiterhin gilt, denn auch eine Liste kann als einzelner Wert des Typen [a] betrachtet werden.

Wenn die Funktionsweise von faltenRechts vertrauter wird, lassen sich die Rekursionsmuster in vielen Stellen erkennen, an denen es zunächst nicht gleich erwartet wird. Zum Beispiel kann die in Abschn. 6.1 vorgestellte Funktion map durch Falten einer Liste zu einer neuen Liste ausgedrückt werden:

```
mapFaltung :: (a -> b) -> [a] -> [b]
mapFaltung f = faltenRechts ((:).f) []
```

Durch die Funktionskomposition ((:).f) wird zunächst die Funktion f auf das Listenelement angewendet und die erhaltenen Resultate anschließend mit dem Operator (:) zu einer neuen Liste zusammengefügt. In Abschn. 6.7 werden wir die Funktionskomposition noch weiter vertiefen.

Wir wollen noch als abschließendes Beispiel für die Faltung von rechts die Funktionen and und or definieren:

```
and, or :: [Bool] -> Bool
and = foldr (&&) True
or  = foldr (||) False
```

6.3.2 Faltung von rechts ohne Startwert

In einigen Fällen lässt sich die Faltung gleich mit dem ersten Listenelement als Startwert verwenden. Das ist genau dann der Fall, wenn der Datentyp des Startwertes bei der Faltung dem der Listenelemente entspricht und mindestens ein Element vorliegt.

Dazu ändern wir die Signatur und den Rekursionsaufruf entsprechend:

```
faltenRechts1 :: (a -> a -> a) -> [a] -> a
faltenRechts1 _ [x]    = x
faltenRechts1 f (x:xs) = f x (faltenRechts1 f xs)
```

Wir könnten so wieder die Summe einer Liste berechnen:

```
Hugs> faltenRechts1 (+) [1 .. 5]
15
```

Allerdings müssen wir darauf achten, dass mindestens ein Element vorhanden ist, da ansonsten ein Fehler auftritt:

```
Hugs> faltenRechts1 (+) []
Program error: pattern match failure: faltenRechts1 (+) []
```

Die Funktion faltenRechts1 ist in der Prelude unter dem Namen foldr1 zu finden.

6.3.3 Faltung von links mit Startwert

Die Faltung von links mit einem Startwert s und einer zweistelligen Funktion f auf eine Liste $[x_1, x_2, ..., x_n]$ ist wie folgt definiert:

$$f(\ldots(f(f(f\,s\,x_1)x_2)x_3)\ldots)x_n$$

Anders als bei der Faltung von rechts wird die Liste also nicht zuerst ganz bis zum Ende durchgelaufen, bevor mit der Auswertung der Funktion f begonnen wird. Stattdessen wird die Liste vom Anfang beginnend gefaltet. Ein Beispiel ist in Abb. 6.3 zu sehen.

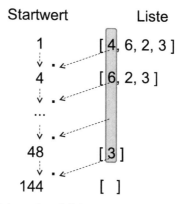

Abb. 6.3 Hier ist ein Beispiel zu sehen, bei dem die Liste von links über den Startwert gefaltet wird

Die Funktionsdefinition lässt sich rekursiv analog zur anfangs gegebenen Definition formulieren:

```
faltenLinks :: (a -> b -> a) -> a -> [b] -> a
faltenLinks _ s []     = s
faltenLinks f s (x:xs) = faltenLinks f (f s x) xs
```

Die bereits vordefinierte Funktion in der Prelude zur Faltung von links mit Startwert heißt foldl.

Die Faltung von links ist unter Haskell-Entwicklern nicht so beliebt wie die Faltung von rechts. Bei einer Faltung von links ist es nicht möglich, ein Teilergebnis zu produzieren, bevor die ganze Liste abgearbeitet ist. Dennoch hat sie ihre Berechtigung. Da f s x anders als bei der Rechtsfaltung in jedem Rekursionsschritt direkt berechnet werden kann, arbeitet die Linksfaltung mit konstantem Speicherbedarf, unabhängig von der Länge der zu verarbeitenden Liste.

Es muss also abgewogen werden, ob lieber eine Links- oder Rechtsfaltung verwendet werden soll. Linksfaltungen bieten sich immer dann an, wenn die Funktion f ohnehin keine Teilergebnisse liefern kann, wie das zum Beispiel bei allen arithmetischen Operatoren der Fall ist.

6.3.4 Faltung von links ohne Startwert

Wie auch schon bei der Faltung von rechts, kann in einigen Fällen auf den Startwert verzichtet werden. Analog zu `faltenRechts1` lässt sich die Funktion `faltenLinks1` definieren:

```
faltenLinks1 :: (a -> a -> a) -> [a] -> a
faltenLinks1 f (x:xs) = faltenLinks f x xs
```

In diesem Fall können wir die bereits vorhandene Funktion `faltenLinks` wiederverwenden.

Genau wie bei `faltenRechts1` müssen wir darauf achten, dass mindestens ein Element vorhanden ist, da ansonsten ein Fehler erzeugt wird:

```
Hugs> faltenLinks1 (+) []
Program error: pattern match failure: faltenLinks1 (+) []
```

Die Funktion `faltenLinks1` ist in der Prelude unter dem Namen `foldl1` zu finden.

6.3.5 Unterschied zwischen Links- und Rechtsfaltung

Die Faltung aus den beiden Richtungen muss nicht notwendigerweise zum gleichen Resultat führen. Schauen wir uns dazu die folgenden beiden Aufrufe an:

```
Hugs> foldl (-) 1 [1..3]
-5

Hugs> foldr (-) 1 [1..3]
1
```

Damit wir den Unterschied verstehen, sollten wir die beiden Funktionsaufrufe detailliert nachvollziehen. Für die Linksfaltung erhalten wir schrittweise:

$$\begin{aligned}
foldl\,(-)\,1\,[1..3] &= -(-(-(1\,1)\,2)\,3) \\
&= -(-0\,2)\,3 \\
&= -(-2)\,3 \\
&= -5
\end{aligned}$$

Bei der Rechtsfaltung erhalten wir:

$$foldr\,(-)\,1\,[1..3] = -1\,(-2\,(-3\,1))$$
$$= -1\,(-2\,2)$$
$$= -1\,0$$
$$= -1$$

Wir sehen an diesem Beispiel, dass die Links- und Rechtsfaltung unterschiedliche Ergebnisse liefern können.

Vielleicht etwas unerwartet ist, dass die Links- und Rechtsfaltung aber genau dieselbe Menge an Funktionen darstellen können, solange man sich auf endliche Listen beschränkt. Unendliche Listen können mit der Linksfaltung nicht sinnvoll verarbeitet werden. Die genaue Herleitung dieses Ergebnisses ist allerdings etwas umständlich und nur von theoretischem Interesse [3].

6.4 Entfaltung

Während die Faltung in der funktionalen Programmierung ein übliches und mächtiges Werkzeug ist, ist das duale Rekursionsschema, die Entfaltung, weniger bekannt.

Auch die Entfaltung verwendet die rekursive Definition der Listen, um die Rekursion in einer Funktion zu steuern. Allerdings läuft sie in die umgekehrte Richtung. Statt die Liste während der Auswertung zu konsumieren, wird bei der Entfaltung eine Liste erzeugt.

Entfaltungen sind immer dann nützlich, wenn list comprehensions nicht mächtig genug sind, um die gewünschte Liste zu erzeugen.

Wie bei der Faltung beginnen wir mit einem Startwert. Für die Erzeugung eines neuen Listenelements und eines neuen Startwerts verwenden wir eine Generatorfunktion, die ein Tupel aus Listenelement und neuem Startwert zurückgibt. Dabei erzeugen wir solange neue Element der Liste, bis ein Abbruchkriterium erfüllt ist.

6.4.1 Definition von unfold

Die Entfaltung für Listen kapselt also folgendes Schema (eine alternative Definition wird von Gibbons vorgeschlagen [24]):

```
unfold :: (a -> (b, a)) -> (a -> Bool) -> a -> [b]
unfold g p a
```

```
  | p a       = []
  | otherwise=let (element,a')=g a in element:(unfold g p a')
```

Eine typische Anwendung der Entfaltung ist das Umwandeln einer Zahl in eine Liste ihrer Ziffern: $123 \rightarrow [1,2,3]$. Diese kann unter Einsatz einer expliziten Rekursion beispielsweise so definiert werden:

```
rekConvert 0 = [0]
rekConvert n = reverse (toList n) where
  toList 0 = []
  toList n = mod n 10 : toList (div n 10)
```

Wird an dieser Stelle unfold verwendet, kommen wir ohne sichtbare Rekursion aus:

```
convert 0 = [0]
convert n = reverse(unfold(\n->(mod n 10, div n 10)) (==0) n)
```

Da die Entfaltung vom Namen her schon suggeriert, dass sie eine Umkehroperation zur Faltung ist, liegt es Nahe zu versuchen, die Effekte einer Faltung durch eine Entfaltung wieder rückgängig zu machen.

Natürlich kann das nicht in jedem Fall funktionieren, da die Funktion f, die wir der Faltung übergeben, möglicherweise Informationen weglässt. Ist dies aber nicht der Fall, also wenn eine Umkehrfunktion g zu f existiert, so dass g(f a b)=(a,b) gilt, ist es in der Tat möglich, Faltungen wieder rückgängig zu machen.

Zum Beispiel können wir die Faltung, die eine Liste von Ziffern zu einer Zahl zusammenfasst, also $[1,2,3] \rightarrow 123$, mit der zuvor angegebenen Entfaltung wieder rückgängig machen.

6.4.2 Mapping durch unfold

Wie wir bereits gesehen haben, lassen sich mit der Faltung in manchen Anwendungsfällen auch Listen erzeugen. Es gibt also Funktionen, die sich sowohl durch Faltung als auch durch Entfaltung ausdrücken lassen.

Ein Beispiel dafür ist das Mapping. Wir haben bereits gesehen, dass die Funktion map mit einer Faltung ausgedrückt werden kann:

```
mapFaltung :: (a -> b) -> [a] -> [b]
mapFaltung f = foldr ((:).f) []
```

Ebensogut können wir aber auch eine Entfaltung verwenden:

```
mapEntfaltung :: (a -> b) -> [a] -> [b]
mapEntfaltung f = unfold (\(a:as) -> (f a,as)) null
```

Die Entfaltung ist im Modul `Data.List` unter dem Namen `unfoldr` bereits vordefiniert. Unsere Definition weicht allerdings etwas davon ab, weil für das Verständnis des Typs von `unfoldr` Konzepte nötig sind, die wir erst in späteren Kapiteln kennenlernen werden.

6.5 Zip

Die Elemente zweier Listen lassen nach dem Reißverschluss-Prinzip elementeweise zu Tupeln zusammenfügen. Das erste mit dem ersten usw. Sollten die Elemente einer Liste erschöpft sein, so ist die neu erzeugte Tupelliste fertig.

```
zippe :: [t] -> [u] -> [(t,u)]
zippe (x:xs) (y:ys) = (x,y):zippe xs ys
zippe _      _      = []
```

Testen wir das mit drei Beispielen, bei denen die Listenlängen mal gleich und mal unterschiedlich sind:

```
Hugs> zippe "abcde" [1,2,3,4,5]
[('a',1),('b',2),('c',3),('d',4),('e',5)]

Hugs> zippe "abcdefghi" [1,2,3,4,5]
[('a',1),('b',2),('c',3),('d',4),('e',5)]

Hugs> zippe "abcde" [1,2]
[('a',1),('b',2)]
```

Die zugehörige Funktion in der Prelude heißt `zip`.

6.6 Unzip

Wir können den Reißverschluss auch wieder öffnen, also die zwei Elemente in separate Listen zerlegen:

```
unzippe :: [(a,b)] -> ([a],[b])
unzippe []        = ([], [])
unzippe ((a,b):xs) = (c,d)
    where
        c = [a] ++ fst (unzippe xs)
        d = [b] ++ snd (unzippe xs)
```

Schauen wir uns Beispiel an:

```
Hugs> unzippe [(1,'a'),(2,'b')]
([1,2],"ab")
```

Aber Achtung, unzippe ist nicht die Umkehrfunktion von zippe, da bei der Reißverschluss-Funktion zippe Daten aus einer der beiden Listen verloren gehen können, siehe:

```
Hugs> unzippe (zippe [1,2,3,4,5] "abc")
([1,2,3],"abc")
```

Zunächst haben wir die Listen [1,2,3,4,5] und ['a','b','c'] zusammengefügt und erhielten [(1,'a'),(2,'b'),(3,'c')]. Durch die Zerlegung der Tupelliste erhalten wir aber die Listen [1,2,3] und ['a','b','c'].

In der Prelude ist die Funktion als unzip definiert. Für den Fall, dass drei Listen zusammengefügt, bzw. eine Liste von Tripeln zerlegt werden sollen, bietet die Prelude die Funktionen zip3 und unzip3 an.

6.7 Funktionskompositionen

Wenn wir die Resultate einer Funktion als Eingabe in eine neue Funktion verwenden möchten, können wir diese beliebig verschachteln:

$$f(\dots(f(f(f(x))))\dots)$$

Alternativ können wir eine kürzere Schreibweise mit dem Punkt-Operator verwenden. Es gilt dabei $(f.g)\,x = f(g(x))$.

So lässt sich der Ausdruck $a(b(c(d(e(f(g(h(i(j(k(x))))))))))))$ übersichtlich verkürzen zu $(a.b.c.d.e.f.g.h.i.j.k)\,x$.

Der Operator (.) lässt sich in Haskell wie folgt definieren:

```
(.) :: (b->c) -> (a->b) -> a -> c
(.) f g x = f (g x)
```

Zunächst dient x mit dem Datentyp a als Eingabe für die Funktion g mit (a->b) und liefert als Ergebnis einen Wert vom Typ b. Dieser wird in eine Funktion f mit der Signatur (b->c) gegeben und wir erhalten einen Wert des Typs c.

Im Abschn. 3.1.4 haben wir die beiden Funktionen inkrementiere und dekrementiere definiert. Sollten wir beispielsweise mit dem folgenden Aufruf versuchen, eine Eingabe zunächst um 1 zu erhöhen und anschließend zu verringern, ohne dabei auf die korrekte Syntax zu achten, erhalten wir:

```
Hugs> inkrementiere.dekrementiere 5
ERROR - Type error in application
*** Expression     : inkrementiere . dekrementiere 5
*** Term           : dekrementiere 5
*** Type           : Int
*** Does not match : a -> b
```

Den Grund dafür kennen wir bereits. Funktionen binden stärker als Operatoren (s. Abschn. 3.2.1). Wir müssen daher bei der Funktionskomposition darauf achten, dass die Klammern nicht fehlen und richtig gesetzt sind:

```
Hugs> (inkrementiere.dekrementiere) 5
5
```

Betrachten wir zusätzlich noch das Beispiel aus dem vorhergehenden Abschn. 6.6. Dort haben wir mit diesem Aufruf ein zufriedenstellendes Ergebnis erhalten:

```
Hugs> unzippe (zippe [1,2,3,4,5] "abc")
```

An dieser Stelle ist es interessant, über das Ergebnis der Funktionskomposition des folgenden Aufrufes einmal nachzudenken:

```
Hugs> (unzippe.zippe) [1,2,3,4,5] "abc"
```

Wir würden das gleiche Ergebnis erwarten, aber Hugs liefert eine Fehlermeldung. Das Problem dabei ist, dass die Funktionen, die bei der Funktionskomposition verknüpft werden, jeweils Eingaben mit genau einem Argument erwarten.

Wenn wir eine Funktionskomposition (...) für zwei Eingaben selbst definieren

```
(...) :: (c->d) -> (a->b->c) -> a -> b -> d
(...) f g x y = f (g x y)
```

dann lässt sich auch die Funktion unzippe mit zippe kombinieren:

```
Hugs> (unzippe...zippe) [1,2,3,4,5] "abc"
([1,2,3],"abc")
```

Abschließend wollen wir noch einen kleinen Hinweis für eine andere Notationsform geben. Der Operator $ ist in der Prelude wie folgt definiert:

```
($) :: (a -> b) -> a -> b
($) f x = f x
```

Es scheint erst einmal merkwürdig zu sein, f $ x zu schreiben, da f x dasselbe tut. Der Vorteil ist wieder die Anwendung bei der Funktionskomposition. Möchten wir beispielsweise f(g(x)) berechnen, so ergeben sich jetzt vier Möglichkeiten:

```
Hugs> f(g(x))
...

Hugs> (f.g) x
...

Hugs> f.g $ x
...

Hugs> f $ g $ x
...
```

Wir sparen einfach die Klammern, die wir bei dem (.)-Operator noch benötigen.

6.8 Currying

Anders als unsere bisherige Intuition vermuten lässt, sind alle Funktionen in Haskell entweder konstant oder erwarten exakt ein Argument. Das steht im scheinbaren Widerspruch zu bereits bekannten Beispielen wie der XOR-Funktion:

```
xor :: Bool -> Bool -> Bool
xor x y = x /= y
```

Verwenden wir eine Funktion mit n Argumenten, so konsumiert diese zunächst nur ein einzelnes Argument. Statt des endgültigen Ergebnisses, das wir eigentlich berechnen wollen, wird dann eine Funktion zurückgeliefert, die noch $n - 1$ Argumente erwartet. Sie kann dann ein weiteres Argument konsumieren usw., bis das erwartete Ergebnis vollständig berechnet ist. Dieses Verhalten wurde nach dem Mathematiker Haskell Brooks Curry mit Currying bezeichnet.

Schauen wir uns diesen Sachverhalt am Beispiel der XOR-Funktion genauer an. Wenden wir diese Funktion auf ein Argument, z.B. True, an, so erhalten wir eine neue Funktion:

```
Hugs> :type (xor True)
(xor True) :: Bool -> Bool
```

Diese Funktion kann durch die Wahrheitstabelle von XOR beschrieben werden, indem nur die Zeilen übernommen werden, in denen in der ersten Spalte eine 1 steht:

a	b	a $\otimes$ b
1	0	1
1	1	0

Testen wir das auf der Konsole:

```
Hugs> (xor True) False
True

Hugs> (xor True) True
False
```

Das Currying ist besonders dann nützlich, wenn Argumente für Funktionen höherer Ordnung, wie z.B. map oder foldr, erzeugt werden sollen. Wir haben eine Anwendung bereits schon im Abschn. 6.1 gesehen. Dort tauchte die Funktion (+ 2) auf. Hier wurde das Prinzip des Curryings auf den Operator (+) angewendet, um eine Funktion zu erzeugen, die nur noch eine Zahl als Argument erwartet und 2 aufaddiert.

Soll das Currying unterbunden werden, muss von Anfang an dafür Sorge getragen werden, dass eine Funktion nur noch ein Argument erwartet. Dies wird erreicht, indem der Funktion ein Tupel mit allen benötigten Werten darin übergeben wird. Das Tupel zählt nur als einzelnes Argument, so dass kein Currying stattfinden kann.

Diese Änderung lässt sich leicht vornehmen, wenn die Funktion im eigenen Skript steht, ist jedoch nicht ohne weiteres für Bibliotheksfunktionen möglich. Die Lösung hierfür besteht in einer Hilfsfunktion, die diese Transformation für alle Funktionen durchführt.

Für zweistellige Funktionen gibt es diese Hilfsfunktion bereits in der Prelude mit curry vordefiniert:

```
curry :: ((a, b) -> c) -> a -> b -> c
curry f x y = f (x, y)

uncurry :: (a -> b -> c) -> ((a, b) -> c)
uncurry f p = f (fst p) (snd p)
```

Die Funktion curry wandelt Funktionen in der Weise um, dass sie Tupel erwarten, uncurry kehrt diese Transformation um.

Schauen wir uns ein Beispiel an, in dem wir zunächst f definieren und mit g die transformierte Version erhalten:

```
f :: Int -> Int -> Int
f a b = a + b

g :: (Int, Int) -> Int
g (a,b) = a + b
```

Die beiden Funktionen f und g lassen sich mit Hilfe der Funktionen curry und uncurry ineinander umwandeln, mit f = curry g und g = uncurry f. Beide Versionen sind äquivalent, es gilt also f x y = g (x, y).

Wir können das auf der Konsole testen. Angenommen wir überprüfen die Signaturen der Funktion f, die zwei Argumente erwartet, und f 4, die nur noch ein Argument erwartet:

```
Hugs> :type f
f :: Int -> Int -> Int

Hugs> :type f 4
f 4 :: Int -> Int
```

Wir sehen, dass im zweiten Fall auch eine Funktion vorliegt, die allerdings nur noch ein Argument erwartet.

Normalerweise hat das Currying keinen Einfluss auf unsere Programmentwicklung, interessant wird es eigentlich erst bei formalen Beweisen. Wir werden das Konzept das nächste Mal beim Lambda-Kalkül im letzten Kapitel antreffen.

6.9 Übungsaufgaben

Aufgabe 1) Definieren Sie die Funktionen umdrehen, summe und produkt mit

```
umdrehen []     = []
umdrehen (x:xs) = umdrehen xs ++ [x]

summe []        = 0
summe (x:xs)    = x + summe xs

produkt []      = 1
produkt (x:xs)  = x * produkt xs
```

über foldl und foldr.

Aufgabe 2) Schreiben Sie eine Funktion machStringGross :: String -> String, die eine beliebige Buchstabenfolge in eine Folge von Großbuchstaben umwandelt. Sie dürfen dabei selbstverständlich die Funktion machGross aus Abschn. 5.3 verwenden.

Aufgabe 3) Mirp-Zahlen sind Primzahlen, die rückwärts gelesen ebenfalls eine Primzahl darstellen [31]. Erzeugen Sie die unendliche Liste aller Mirp-Zahlen.

Aufgabe 4) * Die kleinste Zahl, die sich durch die Zahlen 1 bis 10 ohne Rest teilen lässt, ist 2520. Finden Sie die kleinste Zahl, die ohne Rest durch die Zahlen 1 bis 20 teilbar ist.

Aufgabe 5) * Wir erhalten für 2^{15} die Zahl 32768. Die Quersumme $3 + 2 + 7 + 6 + 8 = 26$. Wie lautet die Quersumme der Ziffern von 2^{1000}?

Kapitel 7
Eigene Typen und Typklassen definieren

Um Dinge der realen Welt in seinen Programmen abzubilden, ist es nur in den seltensten Fällen komfortabel alles als Zahlen, Strings oder Listen zu kodieren. Es ist ein höherer Abstraktionsgrad notwendig.

So können weniger Gedanken in die Eigenarten der Kodierung und mehr Energie für die Lösung des eigentlichen Problems aufgewendet werden. Zu diesem Zweck

M. Block, A. Neumann, *Haskell-Intensivkurs,*
DOI 10.1007/978-3-642-04718-3, © Springer 2011

gibt es in Haskell die Möglichkeit eigene Datentypen zu definieren, die gerade den Ansprüchen der jeweiligen Anwendung genügen.

Oft treten Gemeinsamkeiten zwischen verschiedenen Datentypen auf. Zum Beispiel können alle Zahlen sortiert werden, unabhängig davon ob sie vom Datentyp Int oder Double sind. Dieselbe Motivation, die uns dazu gebracht hat polymorphe Typen einzuführen, leitet uns jetzt dazu, Typklassen zu definieren. Diese gruppieren Typen mit gleichen Eigenschaften, damit Funktionen für die ganze Gruppe nur einmal entworfen werden müssen.

7.1 Typsynonyme mit type

In vielen Fällen ist es notwendig, verschiedene Dinge mit demselben Typ abzubilden. In einem Adressbuch bietet es sich zum Beispiel an, sowohl den Namen als auch die Adresse als String zu speichern. Das ganze Adressbuch kann dann als Liste von Tupeln mit Name und Adresse implementiert werden. Anschließend kann beispielsweise eine Funktion geschrieben werden, die eine Adresse zu einem Namen sucht:

```
eintrag :: String -> [(String, String)] -> String
eintrag name ((n,a):r)
  | name == n = a
  | otherwise = eintrag name r
eintrag _ []    = error "nicht enthalten"
```

Die Typen der Signatur sind allerdings ziemlich nichtssagend. Es ist nicht zu erkennen, ob das erste Argument des Tupels (String,String) ein Name oder eine Adresse sein soll. Um die Arbeitsweise dieser Funktion zu verstehen, muss der Programmcode an dieser Stelle genauer studiert werden.

Dieses Problem kann leicht umgangen werden, indem bereits vorhandene Typen wie der String einen neuen Namen erhalten. Wir sprechen in diesem Fall von einem Typsynonym. Das Schlüsselwort hierfür ist type. Übrigens ist String auch nur ein Typsynonym für den Listentyp [Char].

Schauen wir uns die neue Version des kleinen Adressbuches an:

```
type Name     = String
type Adresse  = String
type Adressbuch = [(Name, Adresse)]

eintrag :: Name -> Adressbuch -> Adresse
...
```

Jetzt sind die Eingaben für die eintrag-Funktion verständlicher zu lesen.

Typsynonyme müssen nicht monomorph, also von einem festen Datentyp sein. Zum Beispiel sollen nicht unbedingt Namen und Adressen in Listen gespeichert werden, sondern beliebige (Schlüssel, Wert)-Paare. Dann werden einfach zwei Typvariablen hinter dem Typsynonym aufgelistet:

```
type NachschlagListe k v = [(k,v)]
type Adressbuch          = NachschlagListe String String
```

Auf diese Weise können Typen in Programmen viel aussagekräftiger formuliert werden, was die Verständlichkeit des Programms wesentlich erhöht.

Mit `type` vereinbarte Synonyme sind allerdings nicht sicher. Der Compiler macht keinen Unterschied zwischen `Name` und `Adresse`, er sieht nur `String`. So könnte fälschlicherweise eine Adresse in die Suchfunktion eingegeben werden, ohne dass Haskell sich darüber beschwert. In den meisten Fällen bereitet das keine weiteren Probleme.

Manchmal möchte man die Typsicherheit aber nicht missen. Soll die Typsicherheit explizit gesichert werden, wird statt des Schlüsselwortes `type` das Schlüsselwort `newtype` verwendet. Die damit erzeugten Synonyme müssen dann aber explizit konvertiert werden. Dazu erhalten die Typen einen zusätzlichen Datenkonstruktor.

Schauen wir uns das an unserem Adressbuchbeispiel an:

```
newtype Name    = N String
newtype Adresse = A String
type Adressbuch = [(Name,Adresse)]

eintrag (N name) ((N n, a):r)
    | name == n = a
    | otherwise = eintrag (N name) r
eintrag _ []    = error nicht enthalten
```

Wie in diesem Beispiel zu sehen ist, müssen die Datenkonstruktoren `N` und `A` explizit über die Eingabeparameter entfernt werden, um an die Werte heranzukommen. Die mit `newtype` erzeugten Typen können wir leider nicht mehr einfach auf der Konsole ausgeben lassen, das führt zu einer Fehlermeldung. Eine Lösung für dieses Problem wird in Abschn. 7.4 beschrieben.

Auch bei der Verwendung von `newtype` ist die Benutzung von Typparametern natürlich erlaubt.

7.2 Einfache algebraische Typen mit data und newtype

Ganz neue Datentypen werden durch das Schlüsselwort `data` erzeugt. Der einfachste neue Datentyp enthält nur einen einzigen Wert. Diesen können wir beispielsweise so definieren:

```
data Einfach = Wert
```

Jetzt ist Einfach ein neuer Datentyp, den wir für die Definition von Funktionen verwenden können.

```
f :: Einfach -> String
f Wert = "Das ist ein Wert!"
```

Leider können wir uns auch diesen neu definierten Wert nicht einfach ausgeben lassen:

```
Hugs> Wert
ERROR - Cannot find "show" function for:
*** Expression : Wert
*** Of type    : Einfach
```

Dieses Problem kann zunächst dadurch umgangen werden, indem deriving Show hinter die Definition des Datentyps geschrieben wird:

```
data Einfach = Wert deriving Show
```

Jetzt können wir den Wert des Datentypen ausgeben:

```
Hugs> Wert
Wert
```

Das soll uns an dieser Stelle erst einmal genügen. In einem der nächsten Kapitel werden wir diese Thematik genau behandeln und zeigen, was es damit auf sich hat.

Selbstverständlich ist ein Datentyp mit nur einem Wert nicht sonderlich spannend. Soll ein Datentyp mehrere Werte haben, werden diese durch einen senkrechten Strich getrennt:

```
data Wochenende = Sonntag | Samstag

f :: Wochende -> Int
f Sonntag = 23
f Samstag = 42
```

Einen Datentyp, der wie in diesem Beispiel nur null-stellige Datenkonstruktoren besitzt, bezeichnen wir als Aufzählungstypen.

Mit dieser Technik können wir uns zum Beispiel unseren eigenen Datentypen für boolesche Werte definieren und ihn für ein paar Logikfunktionen verwenden:

```
data Boolean = T | F deriving Show

not :: Boolean -> Boolean
not T = F
not F = T
```

```
and :: Boolean -> Boolean -> Boolean
and T x = x
and F _ = F
```

Wie an diesem Beispiel zu sehen ist, besteht, vom Namen abgesehen, kein Unterschied zwischen dem Datentyp für das Wochenende und dem Datentyp für die booleschen Werte. Es ist wichtig zu erkennen, dass die Namen für den Computer vollkommen bedeutungslos sind. Wir könnten ebensogut Logik mit den Tagen des Wochenendes machen. Die Bedeutung der Typen liegt ganz in unseren Händen. Darum ist es wichtig, sprechende Namen zu wählen oder besser noch erläuternde Kommentare zu hinterlassen.

In den Typdefinitionen können auch bereits vorhandene Typen wiederverwendet werden. Ein einfaches Beispiel ist die Box, die einen Int speichern kann. Sie kann ganz analog auch mit newtype vereinbart werden:

```
data Box = B Int

tueRein :: Int -> Box
tueRein = B

nimmRaus :: Box -> Int
nimmRaus (B n) = n
```

An der Funktion tueRein sehen wir, dass die Datenkonstruktoren wie Funktionen verwendet werden können. Davon können wir uns auch in der Konsole überzeugen:

```
Hugs> :t B
B :: Int -> Box
```

Es gibt ein paar kleine semantische Unterschiede zwischen data und newtype. (s. [16] Abschn. 4.2.3). Anders als mit newtype können mehr als nur einstellige Datenkonstruktoren definiert werden. Eine beliebige Anzahl von Typen kann hinter einem Datenkonstruktor stehen.

Schauen wir uns ein Beispiel an, in dem ein Int, ein Float und ein String gehalten werden kann:

```
data MultiBox = B Int Float String
```

Neben den monomorphen Typen, die wir bereits verwendet haben, gibt es wie bei type und newtype die Möglichkeit, Typvariablen bei der Definition einzusetzen.

So können wir beispielsweise eine Box für einen beliebigen Datentypen definieren:

```
data Box a = B a
```

Dabei müssen alle Typvariablen, wie bereits bekannt, vor dem Gleichheitszeichen einmal aufgelistet werden.

So wie die Datenkonstruktoren Funktionen sind, sind jetzt auch die Typnamen Funktionen, allerdings arbeiten sie nicht auf den Werten eines Datentyps, sondern auf dem Datentyp selbst. Box ist in diesem Beispiel eine Abbildung von einem beliebigen Typen a zu einem Typen in einer Box. Solche Funktionen werden analog zu den Datenkonstruktoren als Typkonstruktoren bezeichnet.

Die Typen der Typkonstruktoren haben mit *kind* (engl. Art, Gattung) einen besonderen Namen. Mit dem Befehl :kind lassen sich die Typen anzeigen. Die polymorphe Box hat einen Typparameter:

```
Hugs> :kind Box
Box :: * -> *
```

Die MultiBox hat hingegen keine Typparameter, somit hat sie den Typ:

```
Hugs> :kind MultiBox
MultiBox :: *
```

Mit diesen Mitteln können wir ein paar Datentypen nachimplementieren, die es in Haskell bereits gibt. Das fördert unser Verständnis und dient gleichzeitig als Fingerübung.

7.2.1 Datentyp Tupel

Tupel haben wir bereits in Abschn. 5.2 kennengelernt. Es gibt nur einen Datenkonstruktor, nennen wir ihn P, hinter dem zwei Elemente von verschiedenen Typen stehen können.

Wir brauchen also zwei Typvariablen für den Datentyp Tupel:

```
data Tupel a b = P a b
```

Damit können wir auch ganz einfach die Funktionen fst und snd definieren, die das erste bzw. zweite Tupelelement zurückliefern:

```
fst (P a _) = a
snd (P _ a) = a
```

Tupel sind in Haskell tatsächlich so definiert. Die Schreibweise mit den Klammern ist nur syntaktischer Zucker, damit die Lesbarkeit erhöht wird.

7.2.2 Datentyp Either

Wir wissen, dass eine Funktion genau ein Ergebnis zurückliefert und dieses kann eigentlich nur von einem fest definierten Datentyp sein. Oft ist es notwendig, zwei verschiedene Datentypen als Ergebnis zu haben. Damit wir an dieser Stelle flexibel sind aber trotzdem mathematisch korrekt bleiben, definieren wir einen Datentypen Either, der entweder einen Wert von einem Typen oder einen Wert eines anderen Typen zurückgeben kann.

Angenommen, eine Berechnung kann auf mehrere Arten fehlschlagen, dann soll entweder das richtige Ergebnis oder eine Fehlermeldung eines anderen Typen zurückgegeben werden.

Für diese Anwendungen gibt es Either, das wie folgt definiert ist:

```
data Either a b = Left a | Right b
```

Als Beispiel für eine Anwendung schauen wir uns die folgende Funktion an:

```
sqrtDiv n m
  | n < 0     = Left "negative Wurzel"
  | m == 0    = Left "Division durch 0"
  | otherwise = Right (sqrt n / m)
```

Diese Funktion berechnet $\frac{\sqrt{n}}{m}$. Dabei kann es zu zwei unterschiedlichen Fehlersituationen kommen, der Division durch Null und dem Ziehen einer negativen Wurzel. Beide Fehler fangen wir über Guards ab und liefern einen Fehlerwert vom Typ String. In allen anderen Fällen wird das korrekte Ergebnis als Float zurückgegeben.

7.2.3 Datentyp Maybe

In vielen Funktionen können Fehler auftreten, die den Benutzer nicht weiter interessieren. Er möchte lediglich wissen, ob die Berechnung erfolgreich war. Es ist also unnötig Either zu verwenden, da keine zusätzliche Daten zurückgegeben werden müssen.

Zum Beispiel wurde beim Durchsuchen eines Telefonbuchs der gewünschte Eintrag nicht gefunden. In diesem Fall soll ein Sonderwert zurückgeben werden, der einen Fehlschlag signalisiert. Für diesen Zweck gibt es den Datentypen Maybe:

```
data Maybe a = Just a | Nothing
```

Mit der Funktion teilen haben wir ein kleines Anwendungsbeispiel:

```
teilen :: Int -> Int -> Maybe Int
teilen n 0 = Nothing          -- man kann nicht durch 0 teilen
teilen n m = Just (div n m)
```

Ist die Berechnung erfolgreich, wird der Wert mit Just zurückgeliefert und muss entsprechend mit Pattern matching wieder entfernt werden. Falls die Berechnung fehl schlägt, wird Nothing zurückgeliefert.

Abschließend noch ein kurzes Anwendungsbeispiel::

```
teilenMoeglich :: Int -> Int -> String
teilenMoeglich a b = case (teilen a b) of
    Just _  -> "Der Divisor war nicht 0"
    Nothing -> "Die Division ist nicht möglich"
```

Hier verwenden wir case (s. dazu Abschn. 3.1.5), um zu testen, ob Nothing zurückgegeben wurde und liefern einen entsprechenden String als Ergebnis zurück.

7.2.4 Datentypen mit mehreren Feldern

Sollte der Fall eintreten, dass Datenkonstruktoren mit mehreren Werten benötigt werden, kann es unschön sein, dieses mit Pattern matching zu verarbeiten, da viele Felder des Datentyps vielleicht gar nicht für jede Funktion interessant sind. Ein ähnliches Problem haben wir schon bei der Verwendung von Tupeln gesehen. Um ein Pattern match auf ein n-Tupel zu machen, müssen alle n Argumente aufgeschrieben werden.

Der Zugriff soll eigentlich auf ein bestimmtes Feld aus dem Datentyp erfolgen und dieses zurückgeben oder mit Funktionen ein einzelnes Feld verändern können. Hilfreich wären auch Funktionen, die bei der Eingabe nur eines der Datenfelder trotzdem ein neues Exemplar des Datentypen erzeugen können.

Schauen wir uns ein Beispiel dazu an:

```
data Eintrag = E
    String -- Vorname
    String -- Nachname
    String -- Straße
    String -- Stadt
    String -- Land

getVorname :: Eintrag -> String
getVorname (E n _ _ _ _)  = n

setVorname :: String -> Eintrag -> Eintrag
setVorname n (E _ a b c d) = E n a b c d

createVorname :: String -> Eintrag
createVorname n = E n undefined undefined undefined undefined

-- analog für die weiteren Felder
-- ...
```

An diesem schlechten Beispiel ist gut zu sehen, dass die stupide Schreibarbeit schnell außer Kontrolle geraten kann. Eigentlich kann diese Schreibarbeit genauso gut vom Compiler übernommen werden.

Dafür gibt es die sogenannte Recordsyntax:

```
data Eintrag = E {
    vorname   :: String,
    nachname  :: String,
    strasse   :: String,
    stadt     :: String,
    land      :: String }
```

Da in diesem Fall alle Typen gleich sind, können wir sie weiter kürzen zu:

```
data Eintrag = E {
    vorname,
    nachname,
    strasse,
    stadt,
    land :: String }
```

Nicht nur die Felder sind mit dieser Syntax jetzt selbstdokumentierend, es werden auch alle Hilfsfunktionen vom Compiler automatisch generiert. Jetzt können wir die benannten Felder in typischer Pattern matching-Manier verwenden.

Um die verschiedenen syntaktischen Möglichkeiten zu beleuchten, definieren wir die Funktion vollerName auf drei verschiedene aber äquivalente Weisen. Außerdem zeigen wir, wie die Zugriffsfunktionen verwendet werden können, um einen existierenden Wert zu verändern bzw. einen neuen Wert zu erzeugen. Da wir bei der Funktion eintragMitNamen nur zwei der Felder explizit setzen, bleiben die anderen undefined:

```
-- drei äquivalente Funktionen
vollerName (E n nn _ _ _)                       = n ++ nn
vollerName' x                                   = vorname x ++ nachname x
vollerName''(E {vorname=n, nachname=nn})        = n ++ nn

setzeNamen vn nm x      = x {vorname = vn, nachname = nm}

eintragMitNamen vn nm = E {vorname = vn, nachname = nm}
-- die weiteren Felder sind automatisch undefined
```

Die Namen dürfen im selben Datentypen wiederverwendet werden, solange sich der Typ nicht ändert. Das gilt aber nicht bei verschiedenen Datentypen. Wir könnten beispielsweise einen alternativen Datenkonstruktor für kurze Einträge einführen, der keine Adresse enthält:

```
data Eintrag = E {
    vorname,
    nachname,
    strasse,
    stadt,
    land :: String} |
    K {
    vorname,
```

```
nachname :: String }
```

Für diesen Datentypen können wir jetzt Funktionen definieren, die sowohl für Exemplare von langen als auch für kurze Einträge funktionieren, indem wir nur vorname und nachname einsetzen.

Das wäre mit reinem Pattern matching nicht so komfortabel zu realisieren:

```
vollerName x = vorname x ++ nachname x
```

7.3 Rekursive Algebraische Typen

Wir haben bereits gesehen, dass Typkonstruktoren auf gewisse Weise als Funktionen über Typen interpretiert werden können. Rekursion lässt sich nicht nur als Entwurfstechnik für Funktionen verwenden, sondern auch für die Definition von Datentypen.

Die Liste haben wir bereits als rekursiven Datentypen kennengelernt. Eine Liste ist entweder leer oder sie besteht aus einem Kopfelement und einer Restliste. Als algebraischen Datentypen können wir das beispielsweise wie folgt definieren:

```
data List a = Nil | Cons a (List a)
```

Mit dieser Definition einer Liste können wir jetzt genauso arbeiten, wie mit den bekannten Listen. Im Folgenden werden beispielhaft ein paar uns bekannte Listenfunktionen für unseren Typen neu implementiert:

```
-- prüft, ob die Liste leer ist
null :: List a -> Bool
null Nil = True
null _   = False

-- liefert das erste Element der Liste
head :: List a -> a
head (Cons a _)   = a
head _            = error "head auf leerer Liste"

-- liefert den Rest der Liste ohne erstes Element
tail :: List a -> List a
tail (Cons _ r)   = r
tail Nil          = error "tail auf leerer Liste"

-- konkateniert zwei Listen
concat :: List a -> List a -> List a
concat Nil x       = x
concat (Cons a r) x = Cons a (concat r x)
```

```
-- führt eine Funktion f auf alle Listenelemente aus
map :: (a -> b) -> List a -> List b
map _ Nil           = Nil
map f (Cons a r)     = Cons (f a) (map f r)
```

Natürlich lassen sich auch kompliziertere Rekursionsmuster angeben. Beispielsweise könnten wir eine wechselseitige Rekursion zwischen zwei Datentypen definieren:

```
data A = Cons Int B
data B = Cons String A
```

Das genügt erst einmal, um in die Thematik einzusteigen. In einem späteren Kapitel werden wir uns mit komplizierteren Datentypen genauer beschäftigen.

7.4 Automatische Instanzen von Typklassen

Wir haben schon das Problem gesehen, dass selbstdefinierte Datentypen nicht ohne weiteres auf der Konsole angezeigt werden können. Beispielsweise können wir einen Datentypen Saison für die vier Jahreszeiten definieren:

```
data Saison = Fruehling | Sommer | Herbst | Winter
```

Anschließend können wir den neuen Datentypen verwenden und beispielsweise s1 und s2 definieren:

```
s1, s2 :: Saison
s1 = Fruehling
s2 = Sommer
```

Versuchen wir an dieser Stelle allerdings s1 auf der Konsole anzuzeigen, erhalten wir die folgende Fehlermeldung:

```
Hugs> s1
ERROR - Cannot find "show" function for:
*** Expression : s1
*** Of type    : Saison
```

Der Grund für den Fehler ist, dass Haskell noch nicht weiß, wie der neue Datentyp auf der Konsole ausgeben werden soll. Wie wir bereits gesagt haben, besitzen neue Typen keinerlei Semantik für den Interpreter. Ebensowenig weiß er, wie zwei Jahreszeiten auf Gleichheit getestet werden sollen:

```
Hugs> s1 == s2
ERROR - Cannot infer instance
*** Instance   : Eq Saison
*** Expression : s1 == s2
```

In Haskell wird diese Problematik über sogenannte Typklassen gelöst. Eine Typklasse ist eine Menge von Typen, die bestimmte Eigenschaften erfüllen. Beispielsweise gibt es eine Typklasse für alle Typen, die sich in Strings konvertieren lassen und damit auf der Konsole ausgegeben werden können. Diese Klasse heißt Show und einmal haben wir sie bereits verwendet (s. Abschn. 7.2).

Es existiert mit Eq (von *equality*) eine Typklasse für alle Typen die sich auf Gleichheit testen lassen. Damit Haskell weiß, dass ein Typ die von einer Typklasse geforderten Eigenschaften hat, müssen wir den Typen zu einer Instanz dieser Typklasse machen und die benötigten Funktionen implementieren.

Um beispielsweise einen neuen Datentypen zu einer Instanz der Klasse Show zu machen, müssen wir eine Funktion schreiben, die die Werte dieses Typen in Strings umwandelt.

Es gibt einige Typklassen, bei denen Haskell automatisch diese Funktionen generieren kann. Für Show haben wir das bereits gesehen. Um automatisch eine Instanz erzeugen zu lassen, wird das Schlüsselwort deriving verwendet.

Im Folgenden werden sechs Typklassen vorgestellt, für die wir auf diese Weise automatische Instanzen erzeugen können. Wir wollen dazu unseren neuen Datentyp Saison zu diesen sechs Klassen hinzufügen. Dazu erweitern wir die Definition um das Schlüsselwort deriving:

```
data Saison = Fruehling | Sommer | Herbst | Winter
            deriving(Eq, Ord, Enum, Show, Read, Bounded)
```

Dabei ist es eigentlich redundant Eq und Ord zu nennen, da Ord die Klasse Eq impliziert. Jetzt erhalten wir für s1 und s2 alle Funktionen aus diesen Typklassen.

7.4.1 Typklasse Show

Die Typen in dieser Klasse können mit der Funktion show zu Strings konvertiert und auf der Konsole ausgegeben werden:

```
Hugs> (s1,s2)
(Fruehling,Sommer)
```

7.4.2 Typklasse Read

Die Typen dieser Typklasse besitzen mit der read-Funktion eine Umkehrfunktion zu show. Aus einem String kann wieder ein Wert des Typen erzeugt werden:

```
Hugs> (read "Sommer")==s2
True
```

7.4.3 Typklasse Eq

Alle Typen in Eq unterstützen die Funktionen (==) und (/=). Jetzt können wir s1 und s2 vergleichen:

```
Hugs> s1 == s2
False

Hugs> s1 /= s2
True
```

Manche Typen lassen sich auch inherent nicht auf Gleichheit testen, darum kann keine automatische Instanz erstellt werden. Typen, die Funktionen enthalten, sind ein gutes Beispiel dafür.

7.4.4 Typklasse Ord

Alle Typen in Ord haben eine (<=) Relation auf ihren Typen und unterstützen alle weiteren Vergleichsoperatoren:

```
Hugs> s1 <= s2
True
```

Wenn eine Instanz für Ord existiert, ist dadurch automatisch auch eine Instanz für Eq gegeben. Sollte eine Instanz dieser Klasse automatisch generiert werden, so sind Datenkonstruktoren die in der Definition weiter links stehen kleiner. Bei rekursiven Datentypen wird eine lexikographische Ordnung erstellt. Werte mit einem niedrigeren Rekursionsgrad stehen dabei in der Ordnung weiter vorn. Beispielsweise steht die leere Liste in der Ordnung der Listen ganz vorn.

7.4.5 Typklasse Enum

Wenn ein Typ eine Instanz der Klasse Enum ist, lassen sich automatisch Listen mit Elementen dieses Typs generieren:

```
Hugs> [Fruehling .. Herbst]
[Fruehling,Sommer,Herbst]
```

Automatische Instanzen können nur für Aufzählungstypen erstellt werden.

7.4.6 Typklasse Bounded

Diese Klasse `Bounded` verlangt die Definition zweier Konstanten `minBound` und `maxBound`, die den kleinsten bzw. größten Wert diesen Typen liefern:

```
Hugs> (minBound)::Saison
Fruehling
```

Bei automatisch erzeugten Instanzen, entspricht der ganz links stehende Datenkonstruktur dem `minBound` und entsprechend der ganz rechts stehende dem `maxBound`. Automatische Instanzen können nur für Aufzählungstypen erstellt werden.

7.5 Eingeschränkte Polymorphie

Mit unserem Wissen zu den Typklassen können wir jetzt ein paar neue Funktionssignaturen schreiben. Bisher haben wir entweder nur monomorphe Funktionen, die ausschließlich mit einem Typen arbeiten und polymorphe Funktionen kennengelernt, die auf allen Typen arbeiten.

In vielen Fällen ist es allerdings wünschenswert, Funktionen nur für Typen zu definieren, die einer bestimmten Klasse angehören.

So können wir beispielsweise nicht das Minimum jeder Liste bestimmen, aber auch nicht für jeden Typen eine neue Funktion zum Finden des Minimums schreiben.

Stattdessen können wir die Funktion auf solche Typen einschränken, die sich miteinander vergleichen lassen. Solche also, die der Typklasse `Ord` angehören:

```
minimum :: Ord a => [a] -> a
minimum = foldl1 min
```

Das `Ord a =>` teilt dem Compiler mit, dass diese Funktion auf die Typen aus `Ord` eingeschränkt wird. Wenn mehr als eine Klasse angegeben werden soll, müssen diese in Klammern gesetzt und durch Kommata getrennt sein, z.B. `(Ord a, Show a, Num b) => ...`.

7.6 Manuelles Instanziieren

Alternativ zur automatischen Instanziierung von Typen zu Klassen lassen sich diese auch manuell vornehmen. Das ist in den Fällen erforderlich, wenn entweder eine automatische Instanz für den Typen nicht erzeugt werden kann oder die erzeugte Instanz nicht das Gewünschte leistet.

Wollen wir beispielsweise einen anderen String mit der `show`-Funktion generieren, als den Namen des Datenkonstruktors selbst, dann muss eine Instanz für den Datentypen manuell erzeugt werden. Dazu wird das Schlüsselwort `instance` verwendet:

```
instance <Klasse> <Datentyp> where
  ...
```

In `<Klasse>` steht die Typklasse, der dem Typ `<Datentyp>` angehören soll. Zuletzt müssen noch die von der Typklasse geforderten Funktionen angeben werden.

Ein kleines Beispiel wird den Sachverhalt besser beleuchten. Wir wollen einen Datentypen für boolesche Werte zur Typklasse `Show` hinzufügen. Um einen Typ der Klasse `Show` hinzuzufügen, müssen wir die Methode `show` implementieren, die einen Wert des Datentyps in einen String umwandelt.

Der Programmcode könnte beispielsweise wie folgt aussehen:

```
data Boolean = T | F

instance Show Boolean where
  show T = "Wahr"
  show F = "Falsch"
```

Bevor wir mit der Instanziierung beginnen können, müssen wir wissen, welche Funktionen für die jeweiligen Typklassen gefordert sind. Ein Blick in die Dokumentation hilft (Hugs [56], GHC [57]).

Oft ist es so, dass nicht alle Funktionen implementiert werden müssen, da es schon Defaultimplementierungen gibt. Deswegen ist es ratsam erst mal nach der „minimal complete definition" zu suchen. So muss beispielsweise für Eq entweder (`==`) oder (`/=`) implementiert werden.

Um unseren Datentypen `Boolean` aus dem vorhergehenden Abschnitt manuell als Instanz der Klasse Eq zu setzen, haben wir jetzt drei Möglichkeiten zur Verfügung.

In Variante 1 überschreiben wir nur (`==`):

```
instance Eq Boolean where
  T == T = True
  F == F = True
  _ == _ = False
```

In der zweiten Variante könnten wir den Operator (`/=`) überschreiben:

```
instance Eq Boolean where
  T /= F = True
  F /= T = True
  _ /= _ = True
```

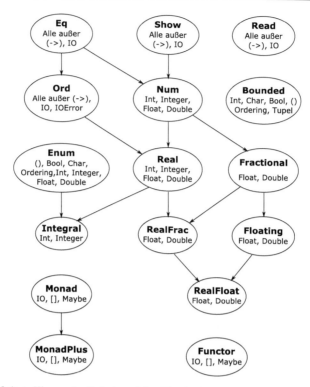

Abb. 7.1 Definierte Klassen der Prelude und ihre Zugehörigkeiten (s. [58])

Alternativ können wir auch beide Operatoren überschreiben:

```
instance Eq Boolean where
    T == T = True
    F == F = True
    _ == _ = False
    T /= F = True
    F /= T = True
    _ /= _ = False
```

In einigen Fällen gibt es auch Vorbedingungen für die Instanziierung. So muss eine Klasse bereits Instanz der Klasse Eq sein, bevor wir sie der Klasse Ord hinzufügen können. Für Instanzen der Klasse Ord müssen wir entweder (<=) oder compare angeben. Eine von beiden genügt, obwohl noch weitere Funktionen von Ord bereitgestellt werden. Für alle anderen gibt es bereits Defaultimplementierungen, die uns das Leben sehr erleichtern.

Da wir den Datentyp Boolean bereits zur Instanz der Klasse Eq hinzugefügt haben, können wir Boolean jetzt auch als Instanz der Klasse Ord vereinbaren:

```
instance Ord Boolean where
  F <= T = True
  x <= y = x == y
```

Es gibt eine ganze Reihe von Typklassen mit Abhängigkeiten, die in der Prelude definiert werden (s. dazu Abb. 7.1).

Die vorgestellten Beispiele sollten ausreichend sein, um mit Hilfe dieser Abbildung und der Dokumentation von Haskell alle eigenen Instanziierungen vornehmen zu können.

7.7 Projekt: Symbolische Differentiation

Im folgenden Projekt wollen wir die in diesem Kapitel bereits gewonnenen Fähigkeiten zur Instanziierung von Datentypen zu Typklassen anwenden und weiter vertiefen. Dazu ist etwas Schulmathematik notwendig, aber ein wenig Wiederholung schadet sicher nicht.

Wenn wir eine Funktion definiert haben, die polymorph auf den Typen einer Typklasse C ist, sagt das bereits eine Menge über den Aufbau der Funktion aus. Zunächst scheint das nicht ganz intuitiv zu sein. Dadurch, dass nur die in der Typklasse vereinbarten Funktionen verwendet werden können, lassen sich aber einige interessante Dinge anstellen. Beispielsweise können wir für viele Funktionen automatisch die entsprechenden Umkehrfunktionen finden.

Wir wollen in diesem Abschnitt eine Funktion schreiben, die automatisch die Ableitung von Funktionen des Typs Num a => a -> a bestimmt. Dabei wollen wir keine numerische Differentiation durchführen, sondern symbolisch ableiten, wie es aus der Schule bekannt sein sollte. Um es uns etwas einfacher zu halten, werden wir nur solche Ableitungen generieren, die überall definiert sind. Fallunterscheidungen, wie etwa beim Absolutwert, nehmen wir nicht vor.

Durch Num werden die Operationen +, *, - sowie negate, abs und signum bereitgestellt. Die letzten beiden werden wir aber aus den zuvor genannten Gründen ignorieren.

Damit wir eine Funktion ableiten können, müssen wir zunächst herausfinden, welche Operationen die Funktion anwendet. Wenn wir einen Wert an die Funktion übergeben und untersuchen, was diese zurückgibt, können wir nicht ableiten, um welche Funktion es sich handelt. Gibt uns die Funktion beispielsweise für $f\,2$ den Wert 4 zurück, gibt es unendlich viele Möglichkeiten, wie die Funktion aussehen kann. Hier nur eine kleine Auswahl:

$$f\ x = 2x, \quad f\ x = x^2, \quad f\ x = x^3 - 2x, \quad \dots$$

7.7.1 Operatorbaum

Aus diesem Grund wenden wir einen Trick an. Wir wissen aufgrund der Polymorphie der Funktion, dass sie nur eine kleine Menge von Funktionen verwenden kann, um ihr Ergebnis zu berechnen. Außerdem arbeitet die Funktion auf allen Werten aus der Klasse Num. Wir können uns also einen neuen Datentypen schreiben, der alle möglichen Funktionen als Operatorbaum abbilden kann und ihn zu einer Instanz der Klasse Num machen. Das können wir machen, obwohl der Typ eigentlich keine Zahl ist, denn die Semantik der Operationen wird von uns bestimmt.

Wenn wir ein Exemplar dieses Typs in die Funktion stecken, gehen keine Informationen mehr verloren. Die Funktionsweise der Funktion wird greifbar als Operatorbaum abgebildet, auf dem wir dann die nötigen Transformationen durchführen können, um die Ableitung zu bilden.

Der Datentyp benötigt einen Konstruktor für Konstanten, einen für Variablen und je einen für jede Operation, die von der Klasse Num zur Verfügung gestellt wird.

Unser Datentyp könnte also beispielsweise so aussehen:

```
data Comp a =
  X |          -- Variablen
  Z a |        -- Konstanten
  (Comp a) :+: (Comp a) |
  (Comp a) :*: (Comp a) |
  (Comp a) :-: (Comp a)
  deriving (Show, Eq)
```

An diesem Beispiel sehen wir im Übrigen auch, dass Datenkonstruktoren, wenn diese aus Symbolen bestehen, auch wie Operatoren infix geschrieben werden können. Durch Umschließen mit accent grave können, analog zu Funktionen, beliebige Datenkonstruktoren in Infixschreibweise angegeben werden.

Diesen Datentypen können wir jetzt ganz einfach zu einer Instanz der Klasse Num machen. Funktionen, die sich nicht ableiten lassen, bleiben dabei undefiniert:

```
instance Num a => Num (Comp a) where
  (+) = (:+:)
  (*) = (:*:)
  (-) = (:-:)
  fromInteger = Z . fromInteger
```

Bisher noch unbekannt ist die Funktion fromInteger. Sie dient dazu, eine Instanz eines Zahlentypen aus einem Integer heraus zu erzeugen und hat den Typ:

```
fromInteger :: (Num a) => Integer -> a
```

Um zu verstehen, was die Zeile fromInteger = Z . fromInteger macht, müssen wir uns bewusst werden, dass fromInteger, je nachdem in welchem Typkontext es aufgerufen wird, unterschiedlich arbeitet.

Schreiben wir zum Beispiel `fromInteger 5` in einem Kontext, der einen `Double` Wert erwartet, wird 5 zu einem `Double` umgewandelt. In einem Kontext, der einen `Int` erwartet, erhalten wir hingegen eine Ganzzahl:

```
Hugs> (fromInteger 5)::Double
5.0

Hugs> (fromInteger 5)::Int
5
```

In unserem Fall wollen wir sagen, dass unser Typ `Comp` a immer dann zu einer Instanz von `Num` gemacht werden kann, wenn a etwas aus `Num` ist. Das verwenden wir um `fromInteger` zu definieren. Da a aus der Klasse `Num` ist, muss es eine `fromInteger` Funktion für a geben. Die wenden wir einfach auf den `Integer` an, den wir als Eingabe bekommen und schreiben das Ergebnis hinter den Konstruktor `Z`. So haben wir dann ein Exemplar eines `Comp` a aus einem `Integer` erstellt und die Funktionalität von `fromInteger` abgebildet.

7.7.2 Polynome berechnen

Jetzt definieren wir uns eine Funktion `f`, die Polynome ausrechnet, um unseren neuen Datentypen gleich auszuprobieren. Sie ist wie folgt definiert:

```
-- in c sind die Koeffizienten aufsteigend angegeben
-- f = c_0 * x^0+ c_1 * x^1 + ... + c_n * x^n
f c x =
  sum $
  zipWith (*) c $
  zipWith (^) (repeat x) [0..length c]
```

Das wollen wir gleich mal auf der Konsole testen:

```
Hugs> :t f [1,2,3]
f [1,2,3] :: Num a => a -> a

Hugs> f [1,2,3] X
((Z 0 :+: (Z 1 :*: Z 1)) :+: (Z 2 :*: X)) :+: (Z 3 :*: (X :*: X))
```

Wie erwartet ist $f\,[1,2,3] = 0 + 1 \cdot x^0 + 2 \cdot x^1 + 3 \cdot x^2$.

7.7.3 Ableitungsregeln

Jetzt haben wir die Funktion konkret als Wert vom Typen `Comp` a vorliegen und können damit machen, was wir wollen. Insbesondere können wir die bekannten Ableitungsregel darauf anwenden.

Eine kleine Übersicht zur Erinnerung:

$$\frac{\mathrm{d}c}{\mathrm{d}x} = 0$$

$$\frac{\mathrm{d}x}{\mathrm{d}x} = 1$$

$$\frac{\mathrm{d}f(x) + g(x)}{\mathrm{d}x} = \frac{\mathrm{d}f(x)}{\mathrm{d}x} + \frac{\mathrm{d}g(x)}{\mathrm{d}x}$$

$$\frac{\mathrm{d}f(x) - g(x)}{\mathrm{d}x} = \frac{\mathrm{d}f(x)}{\mathrm{d}x} - \frac{\mathrm{d}g(x)}{\mathrm{d}x}$$

$$\frac{\mathrm{d}f(x) * g(x)}{\mathrm{d}x} = \frac{\mathrm{d}f(x)}{\mathrm{d}x} * g(x) + \frac{\mathrm{d}g(x)}{\mathrm{d}x} * f(x)$$

Das können wir einfach abschreiben und schnell in Haskell übertragen:

```
diff' (Z n)     = Z 0
diff' X         = Z 1
diff' (c :+: c2) = diff' c :+: diff' c2
diff' (c :-: c2) = diff' c :-: diff' c2
diff' (u :*: v) = (diff' u  :*: v) :+: (u * diff' v)
```

7.7.4 Automatisches Auswerten

Jetzt müssen wir nur noch den konkreten Operatorbaum wieder zurücktransformieren. Dazu schreiben wir uns eine `eval`-Funktion, die den Ausdruck wieder auswertet. Dann können wir die Ableitung auch gleich hinschreiben:

```
eval (Z n) _    = n
eval X x        = x
eval (c :+: c2) x = eval c x + eval c2 x
eval (c :-: c2) x = eval c x - eval c2 x
eval (c :*: c2) x = eval c x * eval c2 x

diff f = eval (diff' (f X))
```

Die Funktionen `diff'` und `eval` hätten auch in eine Funktion zusammengeführt werden können. Mit der getrennten Definition können wir aber dazwischen noch symbolische Vereinfachungen des entstehenden Terms vornehmen. Das wird Teil einer Übungsaufgabe sein.

Um uns zu überzeugen, dass alles korrekt funktioniert, können wir uns die entstehenden Funktionen ja nochmal als Operatorbaum ansehen:

```
Hugs> let f x = 2*x in diff f X
(Z 0 :*: X) :+: (Z 2 :*: Z 1)
```

```
Hugs> let f x = 2*x*x in diff f X
(((Z 0 :*: X) :+: (Z 2 :*: Z 1)) :*: X) :+: ((Z 2 :*: X) :*: Z 1)

Hugs> let f x = 2*x*x+3*x+2 in diff f X
(((((Z 0 :*: X) :+: (Z 2 :*: Z 1)) :*: X) :+: ((Z 2 :*: X) :*: Z 1))
:+: ((Z 0 :*: X) :+: (Z 3 :*: Z 1))) :+: Z 0
```

Die entstehenden Ausdrücke sind kompliziert, aber richtig. Es lohnt sich an dieser Stelle innezuhalten und die Ergebnisse selbst nachzuvollziehen.

7.8 Eigene Klassen definieren

Jetzt können wir unsere Datentypen zu Instanzen von vordefinierten Klassen machen. Natürlich können Typklassen auch selbst definiert werden, wenn die vorhandenen nicht das Benötigte abdecken.

Glücklicherweise ist es ganz leicht, Typklassen in Haskell zu vereinbaren. Dazu verwenden wir das Schlüsselwort class. Es folgt der Name der Typklasse und ein Platzhalter für den Typen. Dann werden die Typen der geforderten Funktionen und falls gewünscht noch Defaultimplementierungen angegeben. Bei der Definition der Defaultimplementierungen können bereits alle Funktionen der Klasse verwendet werden. Dadurch ist es etwa in der Typklasse Eq möglich (==) mit (/=) und (/=) mit (==) zu definieren.

Optional können vor dem Klassennamen noch andere Klassen stehen. Die Typen, die zu einer Instanz der neuen Klasse gemacht werden sollen, müssen bereits Instanzen dieser Klassen sein:

```
class (B,C) => Name platzhalter where
  funktion1 :: a -> platzhalter
  funktion2 :: platzhalter -> Bool
  funktion3 :: platzhalter -> platzhalter -> Int

  -- Defaultimplementierungen
  funktion2 _ = False
  funktion3 _ _ = 42
```

Eigene Typklassen zu schreiben, ist eine gute Möglichkeit, um zwischen der Implementierung eines Datentyps und seiner Verwendung zu unterscheiden. Die Repräsentation des Datentyps kann leicht geändert werden, ohne dass der gesamte Code der ihn verwendet mitgeändert werden muss. Das ist sehr wichtig, da in den seltensten Fällen zu Beginn alle Anforderungen für ein Programm bekannt sind.

7.9 Übungsaufgaben

Aufgabe 1) Eine natürliche Zahl ist entweder 0 oder der Nachfolger einer natürlichen Zahl. Definieren Sie einen rekursiven Datentypen, der natürliche Zahlen abbildet. Machen Sie ihn zu einer Instanz der Klasse Num.

Aufgabe 2) In Abschn. 7.7 haben wir die Implementierung einer Funktion zur Vereinfachung arithmetischer Ausdrücke offen gelassen. Schreiben Sie eine Funktion simplify, die einen Ausdruck möglichst weit vereinfacht.

Beispielsweise soll aus Z 0 :+: X einfach X werden.

Hinweis: Das kann bis hin zu einem vollständigen Computeralgebrasystem getrieben werden. Entscheiden Sie selbst, was dafür noch sinnvoll sein kann.

Aufgabe 3) * Die Primfaktoren von 13195 sind 5, 7, 13 und 29. Wie lautet der größte Primfaktor der Zahl 600851475143?

Aufgabe 4) * Finden Sie das größte Produkt von fünf aufeinanderfolgenden Zahlen dieser 1000-stelligen Zahl:

```
73167176531330624919225119674426574742355349194934
96983520312774506326239578318016984801869478851843
85861560789112949495459501737958331952853208805511
12540698747158523863050715693290963295227443043557
66896648950445244523161731856403098711121722383113
62229893423380308135336276614282806444486645238749
30358907296290491560440772390713810515859307960866
70172427121883998797908792274921901699720888093776
65727333001053367881220235421809751254540594752243
52584907711670556013604839586446706324415722155397
53697817977846174064955149290862569321978468622482
83972241375657056057490261407972968652414535100474
82166370484403199890008895243450658541227588666881
16427171479924442928230863465674813919123162824586
17866458359124566529476545682848912883142607690042
24219022671055626321111109370544217506941658960408
07198403850962455444362981230987879927244284909188
84580156166097919133875499200524063689912560717606
05886116467109405077541002256983155200055935729725
71636269561882670428252483600823257530420752963450
```

Hinweis: Tippen Sie bitte diese Zahlenfolge nicht ab, sondern gebrauchen Sie die copy&paste-Technik der Aufgabe 8 aus dem Eulerprojekt (s. [38]). Spätestens jetzt sollten Sie die Webseite besuchen.

Kapitel 8

Modularisierung und Schnittstellen

Um erfolgreich größere Projekte zu realisieren, Programmcode übersichtlich zu gestalten und die Interaktion der Methoden untereinander transparent zu halten, ist die Modularisierung ein wichtiges Werkzeug.

Auch aus Gründen der Wiederverwendbarkeit, Wartung und Fehlerlokalisierung ist es ratsam, Programme in Teile zu zerlegen und durch diese Modularisierung das Abstraktionsniveau zu erhöhen. Auch gerade bei Projekten mit mehreren Programmierern ist es ratsam, Aufgaben in mehrere Bereiche aufzuteilen, die dann parallel bewältigt werden.

Ein wichtiges Konzept für große Softwareprojekte stellt die Definition von Schnittstellen (Interfaces) dar. Heutzutage sind keine großen Projekte ohne klare Schnitt-

M. Block, A. Neumann, *Haskell-Intensivkurs*,
DOI 10.1007/978-3-642-04718-3, © Springer 2011

stellendefinitionen vorstellbar. Haskell bietet in diesem Zusammenhang die Definition von Modulen an.

8.1 Module definieren

Ein Modul wird in Haskell mit dem Schlüsselwort `module` definiert. Höchstens ein Modul pro Datei ist dabei erlaubt. Als Konvention gilt, dass der Name eines Moduls identisch mit dem Dateinamen ist. Wird kein `module` in der Datei gefunden, wird das Standardmodul `Main` angenommen.

Legen wir dazu die Datei `A.hs`, mit dem folgenden Inhalt an:

```
module A (funktion1,      -- String
          funktion2       -- String
          ) where

funktion1 :: String
funktion1 = "Modul A - Funktion1"

funktion2 :: String
funktion2 = "Modul A - Funktion2"
```

Das Modul kann genau wie alle anderen Haskellskripte in Winhugs z.B. mit `load` geladen werden. Nach dem Laden des Moduls `A`, können wir die beiden Funktionen `funktion1` und `funktion2` verwenden und erhalten beispielsweise für `funktion1` auf der Konsole die folgende, erwartete Ausgabe:

```
Hugs> funktion1
"Modul A - Funktion1"
```

Momentan unterscheidet sich der Aufruf und die Anwendung der Funktionen noch nicht von denen, die wir in den vorhergehenden Abschnitten hatten. Den Unterschied und die sich daraus ergebenden Möglichkeiten werden wir aber gleich verstehen.

8.2 Sichtbarkeit von Funktionen

Angenommen wir haben ein weiteres Modul `B` mit der folgenden Beschreibung angelegt:

```
module B (funktion1,      -- String
          ) where
```

```
funktion1 :: String
funktion1 = "Modul B - Funktion1"
```

Die Module A und B stellen beide eine Funktion mit dem Namen funktion1 zur
Verfügung. Das könnte theoretisch zu Namenskonflikten führen, tut es aber nicht,
da sie in unterschiedlichen Modulen definiert sind.

Wir wollen ein weiteres Modul C schreiben, dass die beiden Module A und B verwendet und ebenfalls eine zusätzliche Funktion f1 bereitstellt um das zu testen:

```
module C (f1) where

import A (funktion1, funktion2)
import B (funktion1)

f1 :: String
f1 = "Modul C - F1"
```

Durch import geben wir in Modul C an, welche der zur Verfügung stehenden Funktionen wir aus den Modulen A und B verwenden wollen. In diesem Fall importieren
wir die Funktionen funktion1 und funktion2 aus Modul A sowie funktion1 aus
Modul B.

Nachdem wir das Modul C in Haskell geladen haben, können wir versuchen auf die
verschiedenen, sichtbaren Funktionen zuzugreifen:

```
Hugs> f1
"Modul C - Funktion1"

Hugs> funktion1
"Modul B - Funktion1"
```

Was geschieht eigentlich, wenn wir auf Funktionen der anderen Module zugreifen?
Versuchen wir zunächst funktion2 und anschließend funktion1:

```
Hugs> funktion2
"Modul A - Funktion2"

Hugs> funktion1
"Modul B - Funktion1"
```

Die Funktion von Modul B wird ausgeführt. Die Reihenfolge der Importierung ist
an dieser Stelle wichtig. Hätten wir die import-Zeilen 3 und 4 vertauscht, würde
die Funktion aus Modul A ausgeführt werden.

Um aber explizit anzugeben, aus welchem Modul die Funktion funktion1 verwendet werden soll, können wir das über die Punktnotation Modul.Funktion direkt
vornehmen:

```
Hugs> A.funktion1
"Modul A - Funktion1"
```

Diese Notation kann zu Schwierigkeiten bei der Funktionkomposition führen, die ebenfalls den Punkt als Operator verwendet. Es ist nicht erlaubt direkt hinter eine mit der Punktnotation aufgerufene Funktion, einen Punkt zur Funktionskomposition zu schreiben. Stattdessen muss zuerst ein Leerzeichen folgen.

8.3 Qualified imports

In vielen Fällen gibt es zahlreiche Funktionen, die denselben oder einen sehr ähnlichen Namen haben, wie bereits definierte. Hier wäre es lästig bei jedem Aufruf die Punktnotation zu verwenden und den gesamten Modulnamen anzugeben. Um dieses Problem zu umgehen, gibt es in Haskell die Möglichkeit, ein Synonym für den Modulnamen anzugeben, das dann mit der Punktnotation verwendet werden kann.

Hierzu wird das Schlüsselwort `qualified` verwendet:

```
import qualified Modulname as Synonym
```

Danach lässt sich über `Synonym.f` auf die Funktion `f` aus dem importierten Modul zugreifen. Mit dieser Technik können lange Modulnamen abgekürzt und so die Lesbarkeit erheblich erhöht werden.

8.4 Projekt: Adressbuch

Wir wollen jetzt ein kleines Adressbuch entwickeln und die dafür notwendigen Module Schritt für Schritt erarbeiten. Zunächst beginnen wir mit einem allgemeinen Wörterbuch, denn für ein Adressbuch ist es charakteristisch, dass wir einen Namen als Schlüssel haben und die dazugehörige Adresse als Wert.

8.4.1 Modul Woerterbuch

Um das Beispiel möglichst klein und einfach zu halten, verwenden wir eine Liste von (Schlüssel, Wert)-Tupeln.

Die Operationen sollten an dieser Stelle für den Leser bereits leicht zu verstehen sein. Wichtig ist, dass wir in der Exportliste des Moduls nur den Typen des Wörterbuchs `WBuch` angeben, nicht aber den Typkonstruktor `D`. So ist es den Anwendern nicht möglich eigene Wörterbücher zu erstellen.

Die einzige Methode, ein leeres Wörterbuch anzulegen, liefert `leeresWBuch`. So ist sichergestellt, dass Invarianten für die Datentypen erhalten bleiben und kein ungültiger Wert des Datentypen erstellt werden kann:

```
1   module Woerterbuch (
2       WBuch,
3       leeresWBuch,
4       einfuegen,
5       finde,
6       loesche) where
7
8   newtype WBuch k v = D [(k,v)] deriving Show
9
10  leeresWBuch :: Eq k=> WBuch k v
11  leeresWBuch      = D []
12
13  einfuegen :: (k, v) -> WBuch k v -> WBuch k v
14  einfuegen x (D l) = D (x:l)
15
16  finde :: Eq k => k -> WBuch k v -> Maybe v
17  finde k (D l)     = lookup k l
18
19  loesche :: Eq k => k -> WBuch k v -> WBuch k v
20  loesche key (D l) = D [(k,v) | (k,v) <- l, k/=key]
```

Als eine Variante könnten wir verlangen, dass die Werte im Wörterbuch stets einzigartig sind, um etwa bei der `loesche`-Funktion nach dem ersten Treffer die Suche abbrechen zu können.

8.4.2 Modul Adressbuch

Das zweite Modul `Adressbuch` verwendet das Modul `Woerterbuch`, um ein spezielles Wörterbuch zu verwalten. Nach außen sind dabei die Hilfsfunktionen `toWBuch` und `fromWBuch` nicht sichtbar, da diese Implementierungsdetails preisgeben.

Einfach mit der Begründung, dass wir Adressen niemals vergessen wollen, stellen wir keine `delete`-Funktion zur Verfügung. Wohl aber sollen manchmal Adressen geändert werden können, deswegen bieten wir eine neue Funktion `aktualisiere` an, die mit den Funktionen `loesche` und `einfügen` aus dem Wörterbuch ihre Funktionalität bereitstellt.

```
1   module Adressbuch (
2       Name,
3       Adresse,
4       Adressbuch,
5       leeresAdressbuch,
6       einfuegen,
7       finde,
```

```
 8        aktualisiere) where
 9
10   import qualified Woerterbuch as W
11
12   type     Name      = String
13   type     Adresse   = String
14   newtype Adressbuch = A (W.WBuch Name Adresse) deriving Show
15
16   toWBuch (A d) = d
17   fromWBuch  d  = A d
18
19   leeresAdressbuch :: Adressbuch
20   leeresAdressbuch = fromWBuch W.leeresWBuch
21
22   einfuegen :: (Name, Adresse) -> Adressbuch -> Adressbuch
23   einfuegen x = fromWBuch . W.einfuegen x . toWBuch
24
25   finde :: Name -> Adressbuch -> Maybe Adresse
26   finde n = W.finde n.toWBuch
27
28   aktualisiere :: (Name, Adresse) -> Adressbuch -> Adressbuch
29   aktualisiere (name, newAdress) (A dic) =
30       let dic' = W.loesche name dic in
31                   einfuegen (name, newAdress)  (fromWBuch dic')
```

8.4.3 Modul TestAdressbuch

Im Prinzip sind wir fertig und wollen das Adressbuch testen und mit Daten füllen.
Dazu schreiben wir ein Modul TestAdressbuch, das die Funktionalität unseres
Adressbuches testet.

```
 1   module TestAdressbuch where
 2
 3   import Adressbuch
 4
 5   names     = ["Fanny","Elinor","Emma","Elizabeth"]
 6   adresses = ["Mansfield Park","Norland Park","Hartfield",
 7               "Longbourn"]
 8
 9   test :: Adressbuch
10   test = foldr einfuegen leeresAdressbuch (zip names adresses)
11
12   -- Auftritt Mr Darcy
13   test2 = einfuegen ("Fitzwilliam","Pemberley") test
14
15   -- Elizabeth heiratet Mr Darcy
16   test3 = aktualisiere ("Elizabeth", "Pemberley") test2
```

Wir vereinbaren ein paar Namen und Adressen und fügen diese in ein leeren Adress-buch ein. Anschließend fügen wir einen weiteren Eintrag ein und aktualisieren einen bereits vorhandenen.

Wir können nach dem Laden der Module die einzelnen Tests überprüfen:

```
Hugs> test
A (D [("Fanny","Mansfield Park"),("Elinor","Norland Park"),
("Emma","Hartfield"),("Elizabeth","Longbourn")])

Hugs> test2
A (D [("Fitzwilliam","Pemberley"),("Fanny","Mansfield Park"),
("Elinor","Norland Park"),("Emma","Hartfield"),
("Elizabeth","Longbourn")])

Hugs> test3
A (D [("Elizabeth","Pemberley"),("Fitzwilliam","Pemberley"),
("Fanny","Mansfield Park"),("Elinor","Norland Park"),
("Emma","Hartfield")])
```

Mit den ersten acht Kapiteln haben wir die grundlegenden Haskell-Konzepte mit vielen Beispielen Schritt für Schritt erarbeitet. Im zweiten Teil des Buches wollen wir diese gewonnenen Erkenntnisse einsetzen und anhand von größeren Projekts vertiefen. Wir werden den Entwurf und die Analyse von Algorithmen lernen und anwenden.

Wir lernen fortgeschrittene Konzepte kennen und werden verstehen, warum es die Besonderheiten von Haskell gibt und wie diese funktionieren.

8.5 Übungsaufgaben

Aufgabe 1) Schreiben Sie das Modul `EulerLoesungen`, das Ihre Lösungen der in diesem Buch bisher gestellten Euler-Aufgaben enthält.

Aufgabe 2) * Eine Dreieckszahl ist eine Zahl, die der Summe der Zahlen von 1 bis n entspricht. So ist beispielsweise die siebente Dreieckszahl $1+2+3+4+5+6+7 = 28$. Die ersten 10 Dreieckszahlen sind demzufolge: 1, 3, 6, 10, 15, 21, 28, 36, 45, 55.

Wenn wir uns die Listen der enthaltenen Faktoren der ersten 7 Dreieckszahlen an-schauen

1: 1
3: 1, 3
6: 1, 2, 3, 6
10: 1, 2, 5, 10

15: 1, 3, 5, 15
21: 1, 3, 7, 21
28: 1, 2, 4, 7, 14, 28

sehen wir, dass 28 die erste Zahl ist, die 5 Teiler hat. Wie lautet die erste Dreiecks-zahl mit über 500 Teilern?

Aufgabe 3) * Beginnend in der linken oberen Ecke eines 2×2-Gitters gibt es 6 We-ge (ohne Zurücklaufen) zur rechten, unteren Ecke.

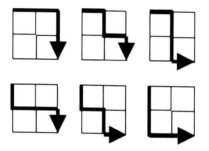

Wie viele Wege gibt es für ein 20×20-Gitter?

Teil II
Fortgeschrittene Haskell-Konzepte

Kapitel 9

Laufzeitanalyse von Algorithmen

In diesem Kapitel untersuchen wir, wie lange unsere Programme für die Lösung eines Problems benötigen.

Dabei messen wir nicht experimentell die Zeit, da diese von Computer zu Computer unterschiedlich ist, sondern wir versuchen analytisch festzustellen, wie viele primitive Operationen ein Prozessor durchführen muss.

M. Block, A. Neumann, *Haskell-Intensivkurs,*
DOI 10.1007/978-3-642-04718-3, © Springer 2011

Was genau als primitive Operation festgelegt wird, ist im Allgemeinen nicht so wichtig. Ob eine Addition eine oder fünf Zeiteinheiten dauert, macht für unsere Zwecke keinen Unterschied.

In der Regel wird die Anzahl der ausgeführten Operationen abhängig von der Größe der Eingabe sein. Wir verwenden mehr Zeit, um eine Liste mit einer Million Elementen zu sortieren als für eine mit hundert Elementen. Diese Problemgröße werden wir im Folgenden durch die natürliche Zahl n charakterisieren.

Da Laufzeiten immer positiv sind, betrachten wir in diesem Kapitel auch nur positive Funktionen und lassen eventuell nötige Betragsstriche weg. Außer der Eingabegröße kann auch die Art der Eingabe Einfluss auf die Laufzeit haben. Wir werden in der Regel den schlechtesten Fall betrachten, also die Eingabe, die die längste Laufzeit zur Folge hat.

9.1 Motivation

Die Laufzeitanalyse ist wichtig, um möglichst effiziente Lösungen zu finden. Das ist trotz der immer schneller werdenden Computer sehr wichtig. Vergleichen wir einmal, wie lange ein Computer, der 100,000 Operationen pro Sekunde schafft, braucht, um verschiedene Algorithmen mit stetig wachsender Laufzeit auszuführen (s. Tabelle 9.1).

Tabelle 9.1 Exemplarische Laufzeiten unterschiedlich schneller Algorithmen bei jeweils 10^5 Operationen pro Sekunde

Laufzeit	$n = 5$	$n = 10$	$n = 10^2$	$n = 10^3$	$n = 10^6$
$\log n$	20 µs	30 µs	60 µs	100 µs	200 µs
n	50 µs	100 µs	1 ms	10 ms	10 s
$n \cdot \log n$	120 µs	330 µs	7 ms	100 ms	200 s
n^2	250 µs	1 ms	100 ms	10 s	116 d
$n!$	1 ms	36 s	$3 \cdot 10^{145}$ a		

Zunächst fällt auf, dass die letzten beiden Zellen in der Tabelle 9.1 nicht ausgefüllt sind. Die entsprechenden Werte wären zu groß, selbst wenn wir das Alter des Universums als Zeiteinheit verwenden würden.

Eine weitere wichtige Beobachtung ist, dass eine gute Laufzeit wichtiger ist als ein schneller Computer. Veranstalten wir zum Beispiel einen Sortierwettbewerb zwischen einem langsamen Computer, der ein gutes Sortierverfahren mit einer Laufzeit von ungefähr $n \cdot \log n$ hat, und einem hundert Mal schnelleren Computer, der ein langsames Sortierverfahren mit Laufzeit ungefähr n^2 verwendet, so wird der schnelle Computer für ausreichend große Listen vom langsamen Computer überholt. Beim

Zahlenbeispiel aus unserer Tabelle tritt das schon bei einer Listenlänge von nur 1000 Elementen ein.

Wir können uns momentan noch nicht viel unter dem Begriff „Laufzeit von n^2" vorstellen, aber die folgenden Kapitel werden eine kurze Zusammenfassung der wichtigsten Fakten liefern, damit wir ein klares Verständnis für Laufzeitunterschiede von Algorithmen entwickeln.

Für das Verständnis dieses Abschnitts ist eine Kenntnis von mathematischer Notation sehr hilfreich. Insbesondere sollten die Summen- und Produktnotation bekannt sein.

9.2 Landau-Symbole

In diesem Abschnitt werden wir die Landausymbole O, Ω, Θ, o und ω kennenlernen, die uns dabei helfen, die sich bei den Algorithmen ergebenden unterschiedlichen Laufzeiten besser miteinander zu vergleichen.

Tabelle 9.2 In einer Stunde lösbare Problemgrößen bei unterschiedlichen Laufzeiten und 10^5 Operationen pro Sekunde

Laufzeit	Lösbare Problemgröße in 1 h
$\log n$	$10^{120000000}$
n	$3,6 \cdot 10^8$
$n \cdot \log n$	$1,5 \cdot 10^7$
n^2	19000
$n!$	11

Wir sehen in der Tabelle 9.2, dass es Funktionen gibt, die schneller wachsen als andere. Dabei sind konstante Faktoren, die an die Terme multipliziert werden, nicht relevant. Beispielsweise wird $1000 \cdot n$ irgendwann für ein großes n von $0,1 \cdot n^2$ überholt. Diese Intuition lässt sich mathematisch genau fassen. Im Folgenden werden wir, wie schon erwähnt, nur positive Funktionen verwenden.

9.2.1 Obere Schranken O

Eine Funktion f ist eine asymptotische obere Schranke einer Funktion g, wenn es eine Stelle n_0 und eine Konstante $c > 0$ gibt, so dass für alle natürlichen Zahlen $n > n_0$ stets $g(n) \leq c \cdot f(n)$ gilt.

Mit Quantorennotation schreiben wir:

$$\exists n_0, \exists c, \forall n > n_0 : \quad g(n) \leq c \cdot f(n)$$

Das bedeutet, dass ab dem Wert n_0 für alle folgenden n gilt: $g(n)$ ist immer kleiner/gleich $c \cdot f(n)$.

Nun gibt es für ein $f(n)$ eine sehr große Menge von Funktionen $g(n)$, die diese Bedingung erfüllen. Daher sprechen wir bei einer asymptotischen oberen Schranke von einer Menge $O(f)$.

Die abkürzende Schreibweise dafür, dass eine Funktion $f(n)$ eine Funktion $g(n)$ asymptotisch nach oben beschränkt, ist $g \in O(f)$. In vielen Büchern zu diesem Thema findet sich auch die folgende Schreibweise: $g = O(f)$, das ist zwar eine mathematisch unsaubere Schreibweise, hat sich aber durchaus etabliert [21].

Da wir die Konstante c laut der Definition beliebig groß machen können, ist f natürlich auch eine obere Schranke von sich selbst, wenn wir $c \geq 1$ wählen.

9.2.2 Starke obere Schranken o

Deutlich seltener werden starke obere Schranken verwendet. Auch hier definieren wir mit $o(f)$ wieder eine Menge von Funktionen, die dieses Mal f als starke obere Schranke haben.

Die Definition ist ganz ähnlich, lediglich die Konstante c kann nun nicht mehr frei gewählt werden. Die Ungleichung muss für alle c gelten:

$$g \in o(f) \iff \forall c, \exists n_0, \forall n > n_0 > 0 : \quad g(n) \leq c \cdot f(n)$$

Auch für eine ganz kleine (positive) Konstante muss es also noch eine Stelle geben, ab der die Ungleichung erfüllt ist. Damit ist eine Funktion f keine starke obere Schranke von sich selbst.

9.2.3 Untere Schranken Ω

Im umgekehrten Fall sprechen wir von einer asymptotischen unteren Schranke. Wir schreiben $g \in \Omega(f)$, wenn es eine Stelle n_0 und eine Konstante $c > 0$ gibt, so dass gilt:

$$g \in \Omega(f) \iff \exists c, \exists n_0, \forall n \geq n_0 : \quad g(n) \geq c \cdot f(n)$$

9.2.4 Starke untere Schranken ω

Analog zur starken oberen Schranke gibt es auch die starke untere Schranke, mit:

$$g \in \omega(f) \Longleftrightarrow \forall n > n_0, \forall c > 0: \quad g(n) \geq c \cdot f(n)$$

9.2.5 Asymptotisch gleiches Wachstum Θ

Natürlich gibt es auch eine Notation, um auszudrücken, dass zwei Funktionen asymptotisch gleich schnell wachsen. Das ist genau dann der Fall, wenn sie sowohl obere als auch untere Schranke voneinander sind:

$$g \in O(f) \wedge g \in \Omega(f) \Longleftrightarrow g \in \Theta(f)$$

9.2.6 Definition über Grenzwerte von Quotientenfolgen

Neben den zuvor angegebenen Definitionen gibt es noch weitere Varianten, Schranken zu beschreiben. Wir können beispielsweise Grenzwerte von Quotientenfolgen verwenden:

$$g \in O(f) \Longleftrightarrow \overline{\lim}_{n \to \infty} \frac{g(n)}{f(n)} = c \Longleftrightarrow f \in \Omega(g)$$

$$g \in o(f) \Longleftrightarrow \lim_{n \to \infty} \frac{g(n)}{f(n)} = 0 \Longleftrightarrow f \in \omega(g)$$

Im ersten Fall verwenden wir den Limes superior, da der Grenzwert im Allgemeinen nicht existiert.

9.3 Umgang mit Schranken und Regeln

Für den Umgang mit Schranken bei der Laufzeitanalyse gibt es einige wichtige Regeln, die wir hier jeweils mit einer kurzen Begründung einführen wollen:

1. *Multiplikation mit Konstanten:* Für alle $k > 0$ gilt:

$$k \cdot f(n) \in \Theta(f(n))$$

Das ist leicht mit dem Quotientenkriterium zu beweisen.

2. *Summen und Produkte:* Es gilt:

$$f_1(n) \in O(g_1(n)) \land f_2(n) \in O(g_2(n)) \Rightarrow f_1(n) + f_2(n) \in O(g_1(n) + g_2(n))$$

Das Gleiche gilt für Multiplikation statt Addition und für Ω, ω und o. Es lässt sich ebenfalls mit dem Quotientenkriterium nachweisen.

3. *Potenzen:* Größere Potenzen sind starke obere Schranken von kleineren Potenzen:

$$a < b \Rightarrow n^a \in o\left(n^b\right)$$

Auch das folgt aus dem Quotientenkriterium.

4. *Polynome:* Es gilt:

$$(n+a)^b \in \Theta\left(n^b\right)$$

Das ist etwas überraschend. Es lässt sich aber überlegen, dass die Ungleichung gilt, wenn $c = 2^b$ und $n_0 = |a|$ für die obere Schranke und $c = 2^{-b}$ und $n_0 = 2 \cdot |a|$ für die untere Schranke gewählt werden. Aus dieser Regel folgt, dass in Polynomen das Wachstum immer durch die größte Potenz bestimmt wird.

5. *Logarithmen:* Alle Logarithmen (mit einer Basis > 1) unterscheiden sich nur um eine Konstante, daher gilt:

$$\log_a n \in \Theta(\log_b n)$$

Das folgt direkt aus den Umwandlungsregeln für Logarithmen.

6. *Logarithmen gegen Potenzen:* Potenzen von Logarithmen wachsen langsamer als normale Potenzen:

$$(\log n)^a \in o(n^b)$$

Das lässt sich mit vollständiger Induktion beweisen.

7. *Potenzen gegen Exponentialfunktionen:* Potenzen wachsen immer langsamer als Exponentialfunktionen:

$$n^a \in o\left(b^n\right)$$

Auch das lässt sich mit vollständiger Induktion beweisen.

8. *Fakultäten:* Fakultäten lassen sich asymptotisch mit der Stirling Formel abschätzen. Es gilt dabei:

$$\log n! \in \Theta(n \log n)$$

Das ist leicht zu sehen, wenn $n!$ durch n^n abgeschätzt wird.

9.4 Übersicht wichtiger Laufzeiten

Es gibt eine Reihe von Funktionen, die bei der Analyse von Algorithmen immer wieder auftauchen. In der Tabelle 9.3 sind einige Funktionen aufsteigend nach Wachstum sortiert zu sehen.

Tabelle 9.3 Häufig vorkommende Laufzeiten und deren Bezeichnungen

Funktion	Beispiel	Typische Bezeichnung
1	Nachsehen in einem Array	konstant
$\log n$	Teile-und-Herrsche	logarithmisch
$\log \log n$	Suche in sortierten Arrays	-
$\log^k n$	-	polylogarithmisch
$\sqrt{n}$	Naiver Primzahltest	-
n	Maximum einer Liste bestimmen	linear
$n \log n$	Vergleichsbasiertes Sortieren	-
n^2	Alle Paare einer Grundmenge ansehen	quadratisch
n^3	Lineare Gleichungssysteme lösen	kubisch
n^k	-	polynomiell
2^n	Alle Teilmengen untersuchen	exponentiell
$n!$	Alle Permutationen untersuchen	faktoriell

9.5 Best, Worst und Average Case

Bei der Analyse von Algorithmen wird zwischen verschiedenen Fällen unterschieden. So dauert beispielsweise das Durchsuchen einer Liste nach einem bestimmen Element, abhängig von dessen Position, unterschiedlich lange.

Befindet dich das Element gleich am Anfang, dann haben wir Glück, wir sprechen in diesem Fall von einer best-case-Eingabe. Im schlechtesten Fall, dem worst-case, steht es ganz am Ende und wir müssen die ganze Liste durchlaufen, bevor es gefunden wird. Im Mittel müssen ungefähr die Hälfte der Elemente angesehen werden, das ist der average-case.

Wenn wir also die Laufzeit im worst-case eines Algorithmus ermitteln wollen, gehen wir immer von der schlechtesten Ausgangsbedingung aus.

9.6 Analysieren der Laufzeit

Wenn wir analysieren wollen, wie die Laufzeit einer Funktion in Abhängigkeit ihrer Eingabe ist, gibt es in Haskell das Problem, dass die Laufzeit nicht ausschließlich von der Funktion abhängt, sondern auch vom Kontext in dem sie aufgerufen wird.

Die Funktion `f n = [1..n]` scheint $\Theta(n)$ viele Schritte zu benötigen. Benutzen wir sie aber im Kontext `g n = head (f n)`, wird sie in $\Theta(1)$ abgearbeitet, weil wir uns nur das erste Element ansehen und die restliche Liste gar nicht erst produziert wird.

Lazy evaluation (s. Abschn. 5.1.6) macht die Analyse etwas schwieriger. Was wir deswegen machen werden, ist die Analyse von Funktionen unter der Annahme einer strikten Auswertung zu üben. Das liefert uns mit weitaus weniger Aufwand eine obere Schranke für die Laufzeit der Funktion im Fall von Lazy evaluation. Wenn wir eine Funktion nur zum Teil auswerten, kann es ja unmöglich länger dauern, als wenn wir sie vollständig auswerten. Ein Beispiel für die Analyse unter Beachtung von Lazy evaluation werden wir in einem späteren Abschnitt geben.

Des Weiteren werden wir meist durch scharfes Hinsehen die Laufzeit bestimmen. Formal korrekt ist das zwar nicht, in der Praxis wird aber sehr oft auf diese Weise gearbeitet. Tatsächlich müssten in vielen Fällen entweder ausgefeiltere Analysemethoden angewendet oder aber das „gesehene" Ergebnis beispielsweise mit einer vollständigen Induktion bestätigt werden.

In diesem Kapitel geben wir nur eine kurze Einführung in das Thema. Weitere, anspruchsvollere Beispiele werden wir in den nächsten Kapiteln kennenlernen, wenn wir mehr Algorithmen studieren und deren Laufzeiten analysieren.

Die Idee bei den meisten Laufzeitanalysen ist es, in einer Funktion Blöcke von Anweisungen mit konstanter Laufzeit zu finden und dann zu zählen, wie oft sie ausgeführt werden. Bei uns heißt das meist, festzustellen wie lang ein Rekursionsschritt dauert und dann zu bestimmen, wie tief die Rekursion geht. Am schnellsten wird das Prinzip anhand einiger Beispiele deutlich.

9.6.1 Fakultätsfunktion

Das einfachste Beispiel ist wie so oft die Fakultätsfunktion:

```
fakul 0 = 1
fakul n = n * fakul (n-1)
```

Der Rekursionsanker benötigt nur konstante Zeit. Wenn wir davon ausgehen, dass Multiplikationen und Subtraktionen primitive Operationen sind und auch nur konstante Zeit benötigen, was natürlich bei großen `Integer` nicht mehr der Fall ist, können wir die Laufzeit $T(n)$ der Fakultätsfunktion als Rekursionsgleichung aufschreiben:

$$T(0) = \Theta(1)$$
$$T(n) = \Theta(1) + T(n-1)$$

Hier mag die Notation $T(0) = \Theta(1)$ etwas seltsam erscheinen, da $T(0)$ ja eine Zahl ist und asymptotische Aussagen über Zahlen wenig sinnvoll sind. Diese Schreibweise ist allerdings gemeinhin üblich, weswegen auch wir sie an dieser Stelle verwenden.

Nun müssten wir die Rekursionsgleichung formal korrekt in eine geschlossene Form bringen. Wir sehen stattdessen scharf hin und erkennen, dass der Aufwand $(n+1) \cdot \Theta(1)$ ist. Nach der Regel 2 lässt sich das zu $\Theta(n+1) \in \Theta(n)$ umformen. In Zukunft werden wir in Anbetracht dieser Regel in den Rekursionsgleichungen statt $\Theta(f)$ einfach f schreiben.

9.6.2 Elemente in Listen finden

Ein häufig auftretendes Problem ist das Finden eines Elements in einer Liste. Die Funktion ist einfach zu schreiben, es gibt sie aber auch schon vordefiniert unter dem Namen `elem`. Unsere Definition mit dem Synonym `istDrin` könnte beispielhaft so aussehen:

```
istDrin :: Eq a => a -> [a] -> Bool
istDrin _ [] = False
istDrin a (x:xs)
    | a == x    = True
    | otherwise = istDrin a xs
```

Wir verwenden hier absichtlich eine etwas umständlichere Definition ohne (||), um nicht auch noch die Definition von (||) betrachten zu müssen. Am Ergebnis ändert sich dadurch jedenfalls nichts.

Bei dieser Funktion hängt die Laufzeit stark von der Art der Eingabe ab. Wenn das gesuchte Element ganz am Anfang der Liste steht, sind wir schon mit nur einem Vergleich fertig. Die best-case Laufzeit ist also $\Theta(1)$.

Ist es gar nicht vorhanden oder das letzte Element in der Liste, müssen wir uns alle anderen Elemente einmal ansehen. Im worst-case ist das recht offensichtlich eine lineare Laufzeit $\Theta(n)$.

Wie viele Elemente müssen wir uns im Mittel ansehen - was ist also die Laufzeit im average-case?

Der Leser kann leicht feststellen, dass $\Theta(k)$ Operationen benötigt werden, wenn sich das gesuchte Element an der k-ten Stelle befindet. Gehen wir davon aus, dass ein Vorkommen an jeder Stelle gleich wahrscheinlich ist, ist die mittlere Laufzeit gerade der Mittelwert aller möglichen Laufzeiten, also:

$$T(n) = \frac{1}{n+1} \sum_{i=0}^{n} \Theta(i) = \frac{1}{n+1} \cdot \Theta\left(\frac{n(n+1)}{2}\right) = \Theta\left(\frac{n}{2}\right) = \Theta(n)$$

Wie wir sehen, müssen wir uns im mittleren Fall die Hälfte der Elemente ansehen, bis das gesuchte Element gefunden wird. Das ist aber immer noch eine lineare Laufzeit. Später werden wir lernen, wie die Elemente einer Menge in einem sogenannten Suchbaum angeordnet werden können. In einem Suchbaum lassen sich die Elemente schneller wiederfinden.

9.6.3 Listen umdrehen

Wir kennen bereits zwei Möglichkeiten, um Listen umzudrehen. Variante 1 war eine Übungsaufgabe und basiert direkt auf einer rekursiven Definition (s. Abschn. 5.4):

```
reverse :: [a] -> [a]
reverse [] = []
reverse (x:xs) = reverse xs ++ [x]
```

Variante 2 war ebenfalls eine Übungsaufgabe (Funktion umdrehen, s. Abschn. 6.9) und wird durch die Faltung von links ausgedrückt:

```
reverse = foldl (flip (:)) []
```

Jetzt wollen wir feststellen, ob eine Variante vielleicht besser ist als die andere.

In Übung 9.7 wird gezeigt, dass die Zeit für das Zusammenfassen von zwei Listen proportional zur Länge der ersten Liste ist. Im Rekursionsschritt der Variante 1 wird daher der Aufwand proportional zu n sein.

Die Rekursionsgleichung sieht damit wie folgt aus:

$$T(0) = 1$$
$$T(n) = n + T(n-1)$$

Daraus ergibt sich hier eine Gauß-Summe:

$$T(n) = n + (n-1) + (n-2) + \ldots + 1 = \sum_{i=0}^{n} i = \frac{n \cdot (n+1)}{2} \in \Theta(n^2)$$

Variante 1 benötigt also eine quadratische Laufzeit, um die Liste umzudrehen. Das ist nicht sehr befriedigend. Vielleicht ist Variante 2 schneller.

Es gibt verschiedene Möglichkeiten, die Laufzeit von Variante 2 zu bestimmen. Beispielsweise könnten wir diese Instanz der Faltung spezialisieren und stattdessen schreiben:

```
reverse = h [] where
  h s []     = s
  h s (x:xs) = h (x:s) xs
```

Wir werden aber ein viel allgemeineres Ergebnis zeigen. Die Laufzeit einer Faltung `foldl f s` ist $\Theta(n) \cdot \Theta(f) + \Theta(s)$. Das können wir sehr leicht aus der Definition der Linksfaltung ableiten:

$$f(\ldots(f(f(f\, s\, x_1)x_2)x_3)\ldots)x_n$$

Eine Faltung auszuwerten dauert so lange, wie es braucht, um die Faltungsoperation f genau n-mal anzuwenden, plus der Zeit, die die Berechnung des Startwerts s benötigt.

Wir erinnern uns an die Definition der Faltung von links mit Startwert (s. Abschn. 6.3.3):

```
foldl :: (a -> b -> a) -> a -> [b] -> a
foldl _ s [] = s
foldl f s (x:xs) = foldl f (f s x) xs
```

Der Rekursionsanker benötigt die Laufzeit $\Theta(s)$. Im rekursiven Aufruf wenden wir f einmal an und machen die Liste um 1 kleiner. Die Rekursionsgleichung ergibt sich damit zu:

$$T(0) = s$$
$$T(n) = f + T(n-1)$$

Das vereinfacht sich tatsächlich zu $\Theta(n \cdot f) + \Theta(s)$. Damit wissen wir aber sofort, dass das Umdrehen der Liste mit einer Faltung nur lineare Zeit braucht, denn ein Element vorn an eine Liste anzuhängen und die Konstruktion der leeren Liste benötigen nur konstante Zeit.

9.6.4 Potenzen

Nach ähnlichen Überlegungen wie im ersten Beispiel (s. Abschn. 9.6.1) lässt sich feststellen, dass die naive Art Potenzen $x^n = x \cdot x \cdot x \ldots$ auszurechnen $\Theta(n)$ viele Multiplikationen benötigt.

Probieren wir stattdessen, zwei rekursive Aufrufe mit der halben Arbeit zu machen, dann gilt:

$$x^n = \begin{cases} x^{n/2} \cdot x^{n/2} & \text{, für } n \text{ gerade} \\ x \cdot x^{(n-1)/2} \cdot x^{(n-1)/2} & \text{, sonst} \end{cases}$$

Die Funktion in Haskell könnte daraus abgeleitet, wie folgt aussehen:

```
pot :: (Num a, Integral b) => a -> b -> a
pot x 0 = 1
pot x 1 = x
pot x n
  | even n     = (pot x n')^2
  | otherwise  = x * (pot x n')^2
  where
    n' = n 'div' 2
```

In dieser Funktion gibt es zwei Fälle, in denen unterschiedlich viel Arbeit geleistet werden muss. Wenn n gerade ist, wird eine Multiplikation weniger ausgeführt. Das ist aber nur ein konstanter Unterschied, es ergibt sich also asymptotisch die gleiche Laufzeit.

Wir betrachten daher den einfacheren Fall, dass n eine Zweierpotenz ist:

$$T(0) = 1$$
$$T(1) = 1$$
$$T(n) = 1 + T\left(\frac{n}{2}\right)$$

In diesem Fall ist es nicht so ohne weiteres zu sehen, wie die geschlossene Form für diese Rekursionsgleichung aussehen könnte. Oft hilft es ein paar zusätzliche Rekursionsschritte einzusetzen, um sich einen besseren Überblick zu verschaffen:

$$
\begin{aligned}
T(n) &= 1 + T\left(\frac{n}{2}\right) \\
     &= 2 + T\left(\frac{n}{4}\right) \\
     &= 3 + T\left(\frac{n}{8}\right) \\
     &\;\;\vdots \\
     &= k + T\left(\frac{n}{2^k}\right)
\end{aligned}
$$

Wie groß kann k werden, bevor wir den Rekursionsanker erreichen? Es muss gerade $n = 2^k$ gelten, damit ist $k = \log n$ und wir erhalten:

$$T(n) = \log n + 1 \in \Theta(\log n)$$

Das ist eine phantastische Verbesserung im Vergleich zum naiven Ansatz.

Dieses Prinzip, Probleme in zwei oder sogar mehrere Teile zu zerlegen, die rekursiv gelöst werden, ist nach der Militärstrategie „Teile-und-Herrsche" (*divide-and-conquer*) benannt. Oftmals ergeben sich durch den Einsatz dieser Entwurfstechnik Algorithmen mit einem Logarithmusanteil in der Laufzeit.

Dieses Entwurfsmuster für Algorithmen ist sehr wichtig. Wir werden es im Abschnitt zum Thema effiziente Sortierverfahren wiedertreffen.

9.6.5 Minimum einer Liste

Das Minimum einer gegebenen Liste kann leicht durch die folgende Funktion `minimum` bestimmt werden:

```
minimum :: Ord a => [a] -> a
minimum [x]      = x
minimum (a:b:xs) = minimum (min a b:xs)
```

Wieder kann die Laufzeit in Form einer Rekursionsgleichung aufgeschrieben werden. Die wichtige Beobachtung dabei ist, dass die Länge der Liste in jedem Rekursionsschritt um 1 kleiner wird, da die Funktion `min` nur eines der beiden Argumente zurückliefert.

Es ergibt sich folglich dieselbe Rekursionsgleichung wie bei der Fakultätsfunktion:

$$T(1) = 1$$
$$T(n) = 1 + T(n-1)$$

Eine alternative Möglichkeit, das Minimum zu ermitteln, ist die Liste in zwei Hälften zu zerlegen und in beiden jeweils rekursiv das Minimum zu bestimmen. Dieser Teile-und-Herrsche-Ansatz hat ja bei der Berechnung der Potenzen einen großen Vorteil gebracht.

Unsere Definition könnten wir beispielsweise so vornehmen:

```
minimum [x] = [x]
minimum xs  = min (minimum a) (minimum b)
  where (a,b) = splitAt (length xs 'div' 2) xs
```

Wir betreiben jetzt zwar einen Mehraufwand in jedem Rekursionsschritt, aber die Rekursionstiefe ist dafür sehr viel geringer. Die Rekursionsgleichung für diesen Fall ergibt:

$$T(1) = 1$$
$$T(n) = n + 1 + \frac{n}{2} + 2 \cdot T\left(\frac{n}{2}\right) + 1$$

Denn die Länge einer Liste zu bestimmen geht in $\Theta(n)$. Die Division durch 2 ist in konstanter Zeit machbar und die Liste zu halbieren benötigt wieder lineare Zeit.

Nachdem wir das alles erledigt haben, müssen wir zwei rekursive Aufrufe mit den Hälften abarbeiten und in konstanter Zeit das kleinere der beiden Minima bestimmen.

Versuchen wir die Gleichung ersteinmal etwas zu vereinfachen. Wir wissen, dass $2 \cdot \Theta(n) \in \Theta(n)$ ist, so dass wir n und $n/2$ zusammenziehen können. Gleiches gilt für die beiden Konstanten. Außerdem ist $\Theta(n) + \Theta(1) \in \Theta(n)$, da die größte Potenz (in diesem Fall n^1) das Wachstum bestimmt. Wir können also vereinfacht schreiben:

$$T(1) = 1$$
$$T(n) = n + 2 \cdot T\left(\frac{n}{2}\right)$$

Das ist schon viel besser, aber das ungeübte Auge erkennt die Laufzeit auch in dieser Form nicht sofort. Ziehen wir die Rekursion wieder auseinander, um besser zu sehen, was genau passiert:

$$T(1) = 1$$
$$T(n) = n + 2 \cdot T\left(\frac{n}{2}\right)$$
$$= n + 2\left(\frac{n}{2} + 2 \cdot T\left(\frac{n}{4}\right)\right) = 2n + 4T\left(\frac{n}{4}\right)$$
$$= 2n + 4\left(\frac{n}{4} + 2T\left(\frac{n}{8}\right)\right)$$
$$= 3n + 8T\left(\frac{n}{8}\right)$$
$$\vdots$$

Jetzt lässt sich schon ein Muster identifizieren. Nach k Rekursionsschritten ergibt sich:

$$T(n) = kn + 2^k T\left(\frac{n}{2^k}\right)$$

Damit erhalten wir eine logarithmische Rekursionstiefe:

$$T(n) = \log n \cdot n + n \cdot T(1) = (1 + \log n) \cdot n \in \Theta(n \log n)$$

Das ist allerdings deutlich schlechter als die erste Variante. Tatsächlich ist es nicht möglich, das Minimum einer Liste zu bestimmen, ohne sich jedes Element wenigstens einmal angesehen zu haben. Es ist also unmöglich besser als $\Theta(n)$ zu werden, somit ist die erste Variante bereits optimal.

Dem aufmerksamen Leser wird aufgefallen sein, dass wir bei dieser Analyse davon ausgegangen sind, dass n in jedem Schritt ohne Rest durch zwei teilbar ist. Das hat die Analyse viel leichter gemacht, weil wir uns nicht mit Rundungen beschäftigen mussten. Die Korrektheit ist in diesem Fall dadurch aber nicht verloren gegangen.

Offensichtlich korrekt ist die Analyse für $n = 2^k$. Wir können aber auch eine beliebige Liste mit $2^l < h < 2^k$ Elementen mit Sonderelementen auffüllen (z.B. ∞), so dass sie die gewünschte Form hat. Da Zweierpotenzen höchstens um den Faktor zwei voneinander entfernt sind, haben wir dann statt $(1 + \log n) \cdot n$:

$$(1 + \log(2n)) \cdot 2n = (1 + \log 2 + \log n) \cdot 2n = \Theta(n \log n)$$

An der Laufzeit ändert sich also nichts. Diese Konstruktion erlaubt es uns in den meisten Fällen bei der asymptotischen Abschätzung der Laufzeit die Rundungen außer acht zu lassen.

9.7 Übungsaufgaben

Aufgabe 1) Algorithmus A hat eine Laufzeit von $100 \cdot \log_2 n$, Algorithmus B hat eine Laufzeit von $0{,}5 \cdot n^2$, Algorithmus C hat eine Laufzeit von $10 \cdot n \cdot \log_2 n$. Bestimmen Sie die Stellen n_0, an denen die Algorithmen einander dauerhaft überholen.

Aufgabe 2) Beweisen oder widerlegen Sie folgende Aussagen:

$$f(n) + g(n) \in O(\max(g(n), f(n)))$$
$$f(n) \in \Theta(f(2n))$$
$$f(n) + \omega(f(n)) \subseteq \Theta(f(n))$$

Bei der letzten Formel bedeutet das $+$ eine Addition des Wertes $f(n)$ elementweise mit allen Werten aus der Menge $\omega(f(n))$, das Ergebnis ist also wieder eine Menge.

Aufgabe 3) Zeigen Sie, dass as++bs genau $\Theta(\text{length } as)$ Operationen benötigt.

Aufgabe 4) Wie ist die Laufzeit, wenn wir beim schnellen Potenzieren statt (pot x n')^2 den Term (pot x n')*(pot x n') schreiben?

Aufgabe 5) * Die Zahl 145 ist schon eine besondere Zahl, denn $1! + 4! + 5! = 1 + 24 + 120 = 145$. Finden Sie die Summe aller Zahlen, die diese Eigenschaft erfüllen. Hinweis: $1! = 1$ und $2! = 2$ zählen zu dieser Summe nicht dazu.

Kapitel 10
Arrays, Listen und Stacks

In den folgenden Kapiteln werden wir uns mit verschiedenen Möglichkeiten beschäftigen, wie sich Daten organisieren lassen. Die Operationen sollen möglichst effizient realisiert und die jeweiligen Vor- und Nachteile besprochen werden.

Die Menge der gewünschten Operationen beschreibt einen sogenannten abstrakten Datentypen, der mit ADT abgekürzt wird. Wie allerdings die konkrete Umsetzung aussieht, entscheidet der Programmierer. Das gibt dem Nutzer die Möglichkeit, sich darauf verlassen zu können, dass die Operationen vorhanden sind, hat aber den Nachteil, dass sich eine ineffiziente Implementierung direkt auf die Geschwindigkeit auswirkt und der Nutzer keine Möglichkeit hat einzugreifen.

M. Block, A. Neumann, *Haskell-Intensivkurs,*
DOI 10.1007/978-3-642-04718-3, © Springer 2011

Da abstrakte Datentypen über die Operationen definiert sind, ist es sinnvoll, sie als Typklassen abzubilden. So bleibt die eigentliche Implementierung als Datenstruktur flexibel und austauschbar.

Für viele der vorgestellten abstrakten Datentypen geben wir ein paar typische Algorithmen an, die von ihnen Gebrauch machen.

10.1 Arrays

Anders als Listen sind Arrays feste Blöcke im Speicher eines Computers. Analog zu den Listen lassen sich viele Elemente desselben Datentyps in einem Array speichern. Arrays lassen sich nicht vergrößern oder verkleinern, ohne sie neu anzulegen. Daher muss zu Beginn bekannt sein, wie viele Elemente maximal gespeichert werden sollen.

Dieser Nachteil führt dazu, dass Arrays in Haskell seltener zum Einsatz kommen als Listen. Sie haben allerdings einen entscheidenden Vorteil: Die Zugriffszeit auf ein Array-Element ist immer konstant. Um auf das k-te Element zuzugreifen, müssen nicht die ersten $k-1$ Elemente entlanggelaufen werden, wie wir es bei einer Liste tun mussten (s. Abschn. 5.1.2).

Es gibt in Haskell verschiedene Arten von Arrays, die zwar anwendungstechnisch sehr ähnlich sind, sich aber für verschiedene Aufgaben unterschiedlich gut eignen. Es wird zwischen statischen und dynamischen Arrays sowie normalen und monadischen Arrays unterschieden. Letztere werden wir hier außen vor lassen.

10.1.1 Statische Arrays

Statische Arrays lassen sich durch das Modul `Data.Array.IArray` importieren. Dadurch steht uns ein neuer Datentyp mit dem Namen `Array` zur Verfügung.

Auf die einzelnen Elemente eines Arrays kann durch den `(!)`-Operator zugegriffen werden. Wir erhalten demnach durch `a!5` das Element mit dem Index 5 aus dem Array `a`.

Erstellung eines Arrays

Es gibt verschiedene Möglichkeiten, wie sich ein neues Array erstellen lässt. Eine Möglichkeit besteht darin, alle Elemente anzugeben, mit denen das Array gefüllt werden soll. Die Funktion `listArray` erhält ein Tupel mit den Grenzen des Arrays und eine Liste mit Elementen:

```
Hugs>:load Data.Array.IArray

Hugs> (listArray (1,5) [1..5])::Array Int Int
array (1,5) [(1,1),(2,2),(3,3),(4,4),(5,5)]
```

Die Grenzen eines Arrays sind nicht wie in vielen anderen Sprachen auf den Datentyp `Int` beschränkt. Alle Typen aus der Typklasse `Ix`, insbesondere auch Tupel, können als Arraygrenzen verwendet werden. So können problemlos mehrdimensionale Arrays verwaltet werden, beispielsweise um zweidimensionale Spielfelder wie beim Schach abzubilden.

Damit Hugs weiß, welchen der vielen Array-Typen er jetzt erzeugen soll, müssen wir den Typ explizit angeben. Die abstrakten Datentypen haben alle dasselbe Interface.

Eine zweite Möglichkeit besteht darin, eine Liste von (Index, Element)-Paaren zu erzeugen. Die Funktion `array` erhält dabei wieder ein Tupel mit den Grenzen des Arrays und eine Liste solcher Paare:

```
Hugs> (array (1,5) [(i,2*i) | i <- [3,5,1,4,2]])::Array Int Int
array (1,5) [(1,2),(2,4),(3,6),(4,8),(5,10)]
```

Dieses Beispiel zeigt, dass die Reihenfolge der angegebenen Elemente dabei nicht relevant ist. Es müssen auch nicht alle Elemente angegeben werden, die fehlenden Stellen bleiben dann undefiniert. Allerdings sollte darauf geachtet werden, keinen Index doppelt anzugeben.

Letztere Einschränkung lässt sich mit der Funktion `accumArray` umgehen. Sie funktioniert prinzipiell gleich, nur dass es noch eine weitere Funktion als Argument gibt, die entscheidet, wie mit doppelten Elementen verfahren werden soll. Zusätzlich wird ein default-Element angegeben, das im Array steht, wenn ein Index nicht vergeben wurde.

Hier ein Beispiel für die Erstellung eines Histogramms:

```
Hugs> (accumArray (+) 0 (0,4) [(i 'mod' 5, 1) | i<-[1..123]])
       ::Array Int Int
array (0,4) [(0,24),(1,25),(2,25),(3,25),(4,24)]
```

Das folgende Beispiel zur effizienten Berechnung der ersten n Fibonacci-Zahlen zeigt, dass wir Arrays auch rekursiv definieren und während der Konstruktion auf die Elemente zugreifen können:

```
import Data.Array.IArray

fibs n=a where
    a=array (1,n) ((1,1):(2,1):[(i,a!(i-1)+a!(i-2))|i<-[3..n]])
```

Hier ist darauf zu achten, dass a in einer where-Klausel vereinbart wird, da wir ansonsten immer ein neues Array erzeugen würden. Der folgende Aufruf für die Rekursion wäre demnach ineffizient: fibs n!(i-1)+fibs n!(i-2). Es lohnt sich, die Geschwindigkeitsunterschiede praktisch anzuschauen.

Es gibt weitere wichtige Funktionen, so z.B. amap die analog zu map auf Listen eine Funktion auf alle Elemente des Arrays anwendet:

```
Hugs> amap (\x -> x*x) (fibs 5)
array (1,5) [(1,1),(2,1),(3,4),(4,9),(5,25)]
```

Lambda-Ausdrücke haben wir bereits in Abschn. 3.3 kennengelernt.

Die Funktion elems liefert die Elemente des Arrays als Liste zurück:

```
Hugs> elems (fibs 5)
[1,1,2,3,5]
```

Eine Liste mit den Tupeln (Index, Element) wird mit der Funktion assocs erzeugt:

```
Hugs> assocs (fibs 5)
[(1,1),(2,1),(3,2),(4,3),(5,5)]
```

Um einzelne Positionen im Array zu verändern, lässt sich der //-Operator verwenden, der ein Array und eine Liste von (Index, Element)-Tupeln erhält und die entsprechenden Elemente des Arrays durch die angegebenen Tupel ersetzt:

```
Hugs> fibs 5//[(1,999),(4,4242)]
array (1,5) [(1,999),(2,1),(3,2),(4,4242),(5,5)]
```

Hierbei unterscheiden sich die statischen von den dynamischen Arrays. Bei ersteren muss eine Kopie des gesamten Arrayinhalts erstellt werden. Ein Update mit dem //-Operator (update-Operator) dauert also umso länger je größer das Array ist.

10.1.2 Dynamische Arrays

Im Gegensatz zu den statischen können wir auch dynamische Arrays verwenden. Bei den dynamischen Arrays muss beim Update keine Kopie erstellt werden. Die update-Operation benötigt pro verändertem Index nur konstante Zeit. Sie ist also unabhängig von der Länge des zu verändernden Arrays.

Wir importieren statt Data.Array.IArray das Modul Data.Array.Diff. Die Funktionen bleiben gleich, lediglich der Typ der Funktionen ändert sich. Statt Array schreiben wir jetzt DiffArray.

Die Vorteile des schnellen `update`-Operators `//` erhalten wir natürlich nicht kostenlos. DiffArrays können in bestimmten Situationen längere Lesezugriffszeiten haben als die normalen, statischen Arrays. Sie sollten daher wirklich nur dann eingesetzt werden, wenn es auf das zeitlich konstante Update ankommt. Oft lässt sich das durch geschickt formulierte, rekursive Arraykonstruktion vollständig vermeiden.

Das Sieb des Eratosthenes (s. Abschn. 5.1.6.1) kann beispielsweise für Arrays ohne Updates formuliert werden, indem ein geeignetes `accumArray` verwendet wird:

```
import Data.Array.IArray

primes :: Int -> Array Int Bool
primes n = accumArray (\e e' -> False) True (2,n) l where
  l = concat [map (flip (,) ()) (takeWhile (<=n) [k*i|k<-[2..]])
    | i<-[2..n 'div' 2]]
```

Wenn wir eine Zahl gar nicht sehen, ist es eine Primzahl, ansonsten ist es keine. Daraus ergibt sich die konstante `False` Funktion als Akkumulator. In der Liste `l` stehen die Vielfachen der Zahlen von 2 bis $n/2$ und das sind gerade die Zahlen, die wir streichen.

10.2 Liste und Stack

Listen haben wir nicht ohne Grund bereits sehr früh kennengelernt, denn sie sind vermutlich der am häufigsten verwendete Datentyp in der funktionalen Programmierung. Als abstrakter Datentyp ist eine Liste ein Containerdatentyp `List a`, der mehrere Elemente eines Typs a beinhaltet.

Die folgenden Funktionen sollen dabei effizient durchgeführt werden können:

```
class List a where
  -- Test auf leere Liste
  null :: a b -> Bool

  -- Anfügen eines Elements
  cons :: b -> a b -> a b

  -- Zugriff auf das erste Element
  kopf :: a b -> b

  -- Bilden der Restliste
  rest :: a b -> a b

  -- Konkatenation
  cat :: a b -> a b -> a b
```

Listen sind in Haskell natürlich bereits vordefiniert und in Abschn. 7.3 haben wir auch schon selbst Listen implementiert. An dieser Stelle gehen wir daher auf die Implementierung nicht weiter ein. In Kap. 15 werden wir eine alternative Implementierung kennenlernen, die neben diesen Operationen auch Zugriff und Modifikation eines beliebigen Elements effizient erlaubt.

Ein Stack, oft auch als Stapel oder Kellerspeicher bezeichnet, ist mit einer Liste eng verwandt. Im Prinzip lassen sich beide austauschen. Der einzige Unterschied besteht darin, dass ein Stack keine Konkatenation unterstützt. Elemente können nur an den Anfang angefügt und vom Anfang entfernt werden (FIFO-Prinzip, first-in-first-out), so wie sich Bücher von einem Bücherstapel nehmen lassen.

10.3 Listen sortieren

Sortieren ist in der Praxis ein sehr wichtiges Problem, das schon seit den Anfängen der Informatik untersucht wird. Obwohl das Problem sehr leicht zu beschreiben ist, hat es sich als nicht trivial herausgestellt, eine effiziente Lösung zu finden. Anhand dieses Problems lassen sich unterschiedliche Entwurfstechniken für Algorithmen untersuchen und vergleichen.

Wir wollen in diesem Abschnitt verschiedene Verfahren vorstellen und ihre Laufzeiten untersuchen. Die ersten Verfahren dienen dabei nur der Einführung in das Thema und sollten in der Praxis wegen ihrer schlechten Laufzeit nur in Spezialfällen benutzt werden.

10.3.1 SelectionSort

Der vermutlich einfachste Ansatz, eine Liste mit Elementen zu sortieren, ist das kleinste Element aus der Liste zu entfernen, es an die Ergebnisliste zu hängen und rekursiv fortzufahren bis keine Elemente mehr übrig sind. Dieser Algorithmus wird als SelectionSort oder Sortieren durch Auswahl bezeichnet.

Iterativ können wir den Algorithmus in etwa so angeben:

```
for (i=0 to n-1)
    for (j=n-1 to i+1)
        if (x[j-1] > x[j])
            vertausche x[j-1] und x[j]
```

In der äußeren Schleife werden alle Position des Arrays einmal durchlaufen. Abbildung 10.1 zeigt den Übergang von Zeitpunkt $i - 1$ zu i.

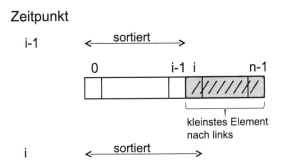

Abb. 10.1 Der Übergang von Zeitpunkt $i-1$ zu i im SelectionSort-Algorithmus und die daraus resultierende erweiterte, sortiere Liste

In Haskell bietet es sich an, die Formulierung rekursiv mit den uns bekannten Funktionen `delete` und `minimum` anzugeben:

```haskell
import Data.List

sSort :: (Ord a) => [a] -> [a]
sSort [] = []
sSort xs = m : sSort (delete m xs) where
  m = minimum xs
```

Wir haben im Abschn. 9.6.5 gezeigt, dass das Finden des Minimums einer Liste in linearer Zeit zu schaffen ist. Außerdem haben wir gesehen, dass das Finden und damit auch das Löschen eines beliebigen Elements ebenfalls lineare Zeit benötigt.

Damit ergibt sich für die Laufzeit des SelectionSort-Algorithmus folgende Rekursionsgleichung:

$$T(0) = 1$$
$$T(n) = n + T(n-1)$$

Sie ist identisch zur Rekursionsgleichung, die beim naiven Umdrehen einer Liste entsteht. Folglich hat dieser Algorithmus eine quadratische Laufzeit $\Theta(n^2)$.

10.3.2 InsertionSort

Ein weiterer Sortieralgorithmus ist das „Sortieren durch Einfügen" oder kurz InsertionSort. Mit dieser Methode sortieren beispielsweise viele Menschen die Karten, die sie zu Beginn eines Kartenspiels auf die Hand nehmen. Die neue Karte wird an die richtige Stelle in der bereits sortierten Hand eingefügt.

Angenommen, eine Liste liegt bereits aufsteigend sortiert vor, dann ist das Einordnen eines neuen Elements einfach. Es wird solange von links beginnend überprüft, ob das aktuelle Element kleiner oder gleich dem Einzufügenden ist, bis die korrekte Position ermittelt ist. An diese Stelle wird das Element eingefügt und die Liste bleibt sortiert (s. Abb. 10.2).

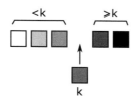

Abb. 10.2 Einfügen in eine sortierte Liste

Damit erhöht sich die Anzahl der bereits sortierten Elemente um eins. Genau das macht die Funktion einfuegen:

```
einfuegen :: Ord a => a -> [a] -> [a]
einfuegen x [] = [x]
einfuegen x (y:ys)
          | x<=y        = x:y:ys
          | otherwise = y:einfuegen x ys
```

Die Sortierung mit InsertionSort beginnt mit einer leeren Liste und fügt mit der Funktion einfuegen nacheinander alle Elemente aus der zu sortierenden Liste ein:

```
iSort :: Ord a => [a] -> [a]
iSort []     = []
iSort (x:xs) = einfuegen x (iSort xs)
```

Im schlechtesten Fall benötigt dieses Verfahren ebenfalls eine quadratische Laufzeit, da das Auffinden der richtigen Stelle zum Einfügen im schlechtesten Fall lineare Zeit benötigt und die Liste für die Rekursion nur um eins verkürzt wird.

Im besten Fall ist InsertionSort, anders als bei SelectionSort, allerdings sehr viel schneller. Der best-case tritt ein, wenn die Startliste umgekehrt sortiert vorliegt. Dann ist die richtige Stelle zum Einfügen immer ganz vorn zu finden und das benötigt konstante Zeit. Es wird also n-mal ein konstanter Aufwand betrieben, so dass $\Theta(n)$ Operationen gebraucht werden.

10.3.3 BubbleSort

Ein sehr bekanntes Sortierverfahren ist der BubbleSort-Algorithmus. Schauen wir uns diesen zunächst einmal in Pseudocode an:

```
for (i=1 to n-1)
    for (j=0 to n-i-1)
        if (x[j] > x[j+1])
            vertausche x[j] und x[j+1]
```

Wenn wir uns die innere Schleife für i=1 anschauen, wird schnell klar, was der Algorithmus macht.

Angenommen, in der vorliegenden Liste steht das Maximum der Elemente am Anfang und es gibt nur eins. Es wird jetzt überprüft, ob das erste Element größer als das zweite ist. Da das Maximum auf jeden Fall größer als das zweite Element ist, werden diese beiden Elemente vertauscht.

Am Ende der inneren Schleife, wenn das Element $x[n-2]$ mit $x[n-1]$ verglichen wird, landet das Maximum ganz hinten und die Schleife ist abgearbeitet (s. Abb. 10.3).

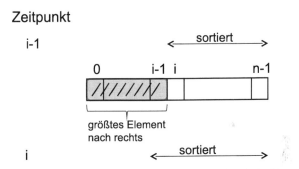

Abb. 10.3 Am Ende der inneren Schleife ist das Maximum ganz rechts in der Liste zu finden

Sollte das Maximum irgendwo in der Mitte liegen, wird es auch von dort nach hinten getragen. Die Analogie der Luftblasen, die im Wasser nach oben blubbern, verleiht dem Algorithmus dabei seinen Namen.

Die innere Schleife wird jetzt durch die Funktion bubble übernommen:

```
bubble :: Ord a => [a] -> [a]
bubble []       = []
bubble [x]      = [x]
bubble (x:y:xs)
        | x>y       = y : bubble (x:xs)
        | otherwise = x : bubble (y:xs)
```

Nach der Ausführung der bubble-Funktion auf eine Liste xs ist gewährleistet, dass das größte Element an der letzten Stelle steht. Das können wir uns zu Nutze machen, um die äußere for-Schleife in Haskell durch Rekursion über die Größe der Liste zu realisieren.

Jetzt kann BubbleSort mit Hilfe der `bubble`-Funktion definiert werden:

```
bSort :: Ord a => [a] -> [a]
bSort []   = []
bSort xs   = bSort (init ys) ++ [last ys]
       where ys = bubble xs
```

Zusammenfassend können wir sagen: Das Prinzip „sortiere die Liste der Länge n durch die Funktion `bubble`", lässt das größte Element am Ende der Liste stehen. Die Position dieses Elements ist bereits richtig, also sortieren wir analog die übrige Liste ohne das letzte Element, usw.

Wir sehen hier auch die auffallende Ähnlichkeit zu SelectionSort. Während dieser Algorithmus immer das kleinste Element der noch verbleibenden Liste nach vorn ordnet, wird beim BubbleSort-Algorithmus aus der verbleibenden Liste das größte Element an das Ende gebracht.

10.3.4 QuickSort

Der QuickSort-Algorithmus ist ein typisches Beispiel für Algorithmen die auf dem Teile-und-Herrsche-Prinzip basieren. Wir haben dieses Prinzip schon beim schnellen Potenzieren im Abschn. 9.6.4 kennengelernt. In jedem Schritt, beginnend mit der gesamten Liste, wird ein Element ausgewählt (Pivotelement) und die Liste zweigeteilt. In der linken Liste sind die Elemente enthalten, die kleiner oder gleich dem Pivotelement sind und in der rechten die größeren Elemente. Das Pivotelement verbleibt dabei in der Mitte und hat seinen endgültigen Platz in der sortierten Liste bereits eingenommen.

Es gibt verschiedene Strategien das Pivotelement zu wählen. In Abb. 10.4 ist ein Beispiel zu sehen, bei dem immer das erste Element als Pivotelement ausgewählt wird.

Nach der Aufspaltung und lokalen Sortierung in größere und kleinere Elemente müssen die resultierenden einelementigen Listen nur noch zusammengefügt werden. Die Liste ist dann aufsteigend sortiert.

In Haskell lässt sich der QuickSort-Algorithmus, dank der automatischen Erzeugung von Listen (s. Abschn. 5.1.4), sehr elegant formulieren:

```
qSort :: Ord a => [a] -> [a]
qSort []    = []
qSort (x:xs) = qSort [y | y<-xs, y<=x] ++ [x] ++
               qSort [y | y<-xs, y> x]
```

Die Laufzeit hängt dabei stark davon ab, wie das Pivotelement gewählt wird. Im besten Fall wird die Liste in jedem Rekursionsschritt halbiert. Die automatische

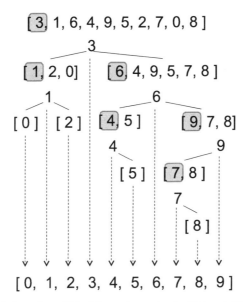

Abb. 10.4 Hier ist ein komplettes Beispiel zu sehen, wie eine Liste schrittweise sortiert wird, in dem das erste Element als Pivotelement gewählt und die Liste jeweils zweigeteilt wird

Listenerzeugung benötigt jeweils eine lineare Laufzeit, da sie jedes Listenelement einmal ansehen muss, um zu entscheiden, ob es in die linke oder rechte Liste gehört.

Es ergibt sich die Rekursionsgleichung, die wir schon vom umständlichen Bestimmen des Minimums her kennen:

$$T(0) = 1$$
$$T(n) = n + 2T\left(\frac{n}{2}\right)$$

Im besten Fall brauchen wir also $\Theta(n \cdot \log n)$ Operationen. Damit ist die Laufzeit für QuickSort besser als bei den quadratischen Sortierverfahren, wie SelectionSort, InsertionSort und BubbleSort.

Im schlechtesten Fall gehört das Pivotelement nicht in die Mitte der sortierten Liste, sondern an einen der Ränder. Wenn wir immer das erste Element zum Pivotelement machen, tritt dieser Fall beispielsweise dann ein, wenn die Liste bereits sortiert vorliegt. Dann benötigen wir zwar in jedem Rekursionsschritt weiterhin einen linearen Aufwand, aber die Größe des rekursiven Aufrufs wird nur um eins reduziert, genau wie bei Selection- und InsertionSort. Im schlechtesten Fall fällt die Laufzeit von QuickSort also auf $\Theta(n^2)$.

Die Analyse des mittleren Falls bei zufällig angeordneten Listen ist relativ aufwändig, läuft aber im Prinzip genauso ab, wie die Analyse des mittleren Falls von istDrin (s. Abschn. 9.6.2).

Es stellt sich heraus, dass im mittleren Fall das Pivotelement „ungefähr" in der Mitte liegt und die Laufzeit bei $\Theta(n \cdot \log n)$ bleibt.

Hier sei nur am Rande erwähnt, dass der Median einer Liste, also das Element, das in der sortierten Liste in der Mitte steht, in linearer Zeit ermittelt werden kann [23]. Wenn wir dieses Verfahren bei der Wahl des Pivotelements einsetzen, erhalten wir immer eine Laufzeit von $\Theta(n \cdot \log n)$. Der Median würde dafür sorgen, dass wir die Liste immer in zwei etwa gleich große Listen zerlegen könnten. In der Praxis hat dieses Verfahren aufgrund der sehr großen Konstanten allerdings keine Relevanz.

10.3.5 MergeSort

QuickSort ist ein sehr gutes Sortierverfahren, das seinem Namen in der Praxis meist alle Ehre macht. Es ist allerdings sehr unglücklich, dass das Sortieren im schlechtesten Fall sehr lange dauern kann.

MergeSort ist ein weiteres Sortierverfahren, das durch das Teile-und-Herrsche-Prinzip geprägt ist. Es basiert auf der Beobachtung, dass es leicht ist, aus zwei sortierten Listen eine neue sortierte Liste zu erzeugen. Dazu werden nur die jeweils ersten Elemente der beiden sortierten Listen verglichen und das kleinere von beiden in die Ergebnisliste geschrieben.

Ein Beispiel ist in Abb. 10.5 zu sehen.

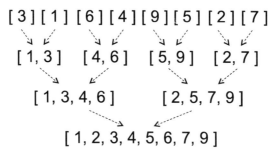

Abb. 10.5 Beim MergeSort-Algorithmus werden zunächst einelementige Listen rekursiv erzeugt und diese sortierten Listen anschließend mit merge zusammengefasst, bis nur noch eine Liste vorhanden ist

In Haskell lässt sich die Funktion merge beispielsweise so definieren:

```
merge [] ys = ys
merge xs [] = xs
merge (x:xs) (y:ys)
    | x <= y      = x:merge xs (y:ys)
    | otherwise   = y:merge (x:xs) ys
```

Da in jedem Rekursionsschritt nur konstanter Aufwand betrieben wird, um eine der beiden Listen um eins zu verkürzen, ist die Laufzeit dieser Funktion linear zu der Länge der beiden Listen. Wenn die Listen die Längen m und n haben, ist die Laufzeit $\Theta(m+n)$.

Die Idee von MergeSort ist jetzt, die zu sortierende Liste zu halbieren, die beiden Hälften rekursiv zu sortieren und die sortierten Teile wieder zusammenzufügen:

```
mSort :: Ord a => [a] -> [a]
mSort [] = []
mSort [x] = [x]
mSort xs = merge (mSort erste) (mSort zweite)
    where
          (erste, zweite) = splitAt haelfte xs
          haelfte         = div (length xs) 2
```

Da bei diesem Verfahren die Listen garantiert halbiert werden und in einem Rekursionsschritt nur linearer Aufwand betrieben wird, ist die Laufzeit auf jeden Fall $\Theta(n \cdot \log n)$.

10.3.6 BucketSort

Mit MergeSort haben wir ein Verfahren kennengelernt, um beliebige Listen mit Hilfe von Vergleichen in $\Theta(n \cdot \log n)$ Operationen zu sortieren. Es lässt sich beweisen, dass es nicht möglich ist, ein vergleichsbasiertes Sortierverfahren zu entwickeln, das eine asymptotisch schnellere Laufzeit als $O(n \cdot \log n)$ hat [21, 23].

Was passiert aber, wenn wir nicht mit Vergleichen arbeiten? Angenommen wir haben eine Liste, in der nur Nullen und Einsen stehen. Niemand würde ein vergleichsbasiertes Sortierverfahren anwenden, um die Nullen von den Einsen zu trennen. Stattdessen lassen sich zwei Listen anlegen. Eine für die Einsen und eine für die Nullen. Dann wird die zu sortierende Liste sequentiell durchgelaufen und die Elemente werden in ihre passenden Listen geschrieben.

Dieses Verfahren hat offensichtlich nur eine lineare Laufzeit, da wir für jeden Schritt nur eine konstante Laufzeit benötigen und die Anzahl der Schritte der Länge der Liste entspricht.

Dieses Verfahren lässt sich für alle Listen verallgemeinern, deren Elemente aus einem endlichen Wertebereich stammen. Wenn k Werte möglich sind, müssen k Listen oder Eimer (*buckets*) angelegt werden, um die Elemente in linearer Zeit zu sortieren.

Es ist allerdings im Prinzip nicht nötig, vorher zu wissen, wie viele Buckets benötigt werden. Der folgende Haskellcode erstellt seine Buckets dynamisch:

```
buSort :: Eq a => [a] -> [a]
buSort = buSort' [] where
```

```
buSort' buckets []     = concat buckets
buSort' buckets (x:xs) = buSort' (insert x buckets) xs
insert x [] = [[x]]
insert x ((e:b):bs)
    | x==e      = (x:e:b) : bs
    | otherwise = (e:b) : (insert x bs)
```

In dieser Version von BucketSort ähnelt die Funktion insert sehr dem Einfügen von InsertionSort. Es hat den Anschein, dass das Einfügen auch hier nur eine lineare Laufzeit hat, das ist aber nicht der Fall. Da wir gesagt haben, dass die Elemente aus einem endlichen Wertebereich kommen, wird die Länge der Bucketliste durch eine Konstante beschränkt, daher benötigt insert nur konstante Zeit.

Bei dieser Implementierung ist es etwas unangenehm, dass nicht im eigentlichen Sinne sortiert wird, sondern die gleichen Elemente nur gruppiert werden. Dafür lässt sich diese Funktion aber auch auf alle Elemente aus der Klasse Eq anwenden, eine Vergleichsrelation wird nicht gebraucht. Eine Übungsaufgabe befasst sich mit dieser Problematik, ohne dabei die lineare Laufzeit zu verlieren.

10.3.7 RadixSort

RadixSort erweitert den BucketSort-Algorithmus in der Weise, dass nicht nur einzelne Elemente einer endlichen Menge zu sortieren sind, sondern auch Listen dieser Elemente. Die Idee ist dabei jede Stelle in der Liste separat zu sortieren. Zunächst gehen wir davon aus, dass alle zu sortierenden Listen gleich lang sind. Wie diese Einschränkung umgangen werden kann, bleibt als Übungsaufgabe offen.

Dadurch ergibt sich eine lexikographische Sortierung der ganzen Listen (Beispiel s. Abb. 10.6).

Wenn eine funktionierende Version von BucketSort vorliegt, ist es nicht allzu schwierig, diese zum RadixSort-Algorithmus zu erweitern. Sie muss derart abgewandelt werden, dass eine eigene <=-Funktion übergeben und eine Liste von Buckets zurückgeliefert wird:

```
buSort :: Ord a => (a -> a -> Bool) -> [a]->[[a]]
buSort = ... -- Übung

rSort :: Ord a=> Int -> [[a]] -> [[a]]
rSort maxLength xs = rSort' 0 xs where
    rSort' _ [] = []
    rSort' _ [x] = [x]
    rSort' n xs
        | n>maxLength = xs
        | otherwise   = concatMap (rSort' (n+1)).buSort
                            (\l r->(l!!n)<=(r!!n)) $ xs
```

erster Buchstabe   zweiter Buchstabe

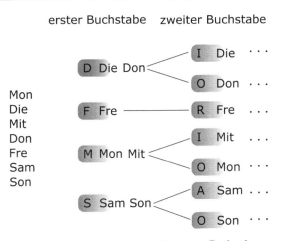

Abb. 10.6 Sortieren der Wochentage, beginnend mit dem ersten Buchstaben

Die Funktion `rSort'` arbeitet wie zuvor beschrieben. Stelle für Stelle werden die Listen mit BucketSort sortiert. Dabei werden in jedem Schritt die Buckets weiter aufgespalten, bis entweder die maximale Stellenzahl erreicht wurde oder nur noch ein Element in den Buckets verbleibt.

```
Hugs> rSort 3 ["zza", "zbz", "zba", "zzb","bca", "cab","abc"]
["abc","bca","cab","zba","zbz","zza","zzb"]
```

Wie in Abb. 10.6 zu sehen ist, werden viele Buckets erzeugt, bevor die Liste vollständig sortiert ist. Das liegt daran, dass wir mit dem ersten Zeichen in der Liste anfangen zu sortieren. Wenn wir von hinten anfangen würden, könnten wir mit deutlich weniger Buckets sortieren (s. Abb. 10.7).

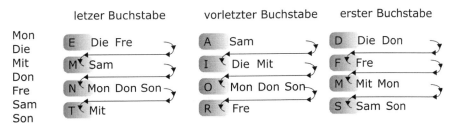

Abb. 10.7 Sortieren der Wochentage, beginnend mit dem letzten Buchstaben

Eine Beobachtung hier ist, dass Bucketsort ein stabiler Sortieralgorithmus ist. Das heißt, dass zwei Elemente, die für den Sortieralgorithmus „gleich" sind, ihre ursprüngliche relative Position in der unsortierten Liste behalten. Beispielsweise werden im ersten Schritt die Elemente Mon, Don, Son alle auf dieselbe Stelle sortiert, aber Mon steht wie in der unsortierten Liste vor Don und Son.

Jetzt wird beginnend mit dem letzten Zeichen *k*-mal Bucketsort angewendet, wobei *k* die Länge der Wörter ist. Nach jedem Durchlauf werden Buckets in der Art zusammengefasst, wie es die Pfeile in Abb. 10.7 vorgeben.

Die Korrektheit lässt sich relativ leicht induktiv beweisen. Die Idee dabei ist, dass nach der *i*-ten Iteration die Wörter bezüglich ihrer Suffixe der Länge *i* sortiert sind.

Auch diese Variante von RadixSort ist leicht aufzuschreiben, wenn ein bereits funktionierender BucketSort vorliegt:

```
rSort :: Ord a => Int -> [[a]] -> [[a]]
rSort maxLength xs = rSort' maxLength xs where
 rSort' n xs
   | n == 0    = xs
   | otherwise =
     rSort' (n-1).concat.buSort (\l r->(l!!(n-1))<=(r!!(n-1)))xs
```

Hier gehen wir die Stellen der Listen von hinten beginnend durch und wenden BucketSort an. Dabei bleibt die Anzahl der Buckets klein, da wir die Rekursion nicht mit einem `concatMap` vornehmen. Stattdessen wird nach jedem Durchlauf von BucketSort einmal `concat` aufgerufen. Das Ergebnis ändert sich dadurch nicht.

In einer Übungsaufgabe werden Sie zeigen, dass beide Varianten von RadixSort eine lineare Laufzeit haben, wenn die Länge der Wörter beschränkt ist.

10.4 Algorithmen auf Stacks

Stacks haben gerade in der funktionalen Programmierung eine große Bedeutung, weil sie verwendet werden um Rekursion zu implementieren. Immer wenn wir Rekursion einsetzen, verwenden wir also implizit einen Stack.

10.4.1 Umgekehrte Polnische Notation

Die umgekehrte polnische Notation ist eine Möglichkeit, um arithmetische Ausdrücke ohne Klammern zu notieren. Dabei werden die Operationen hinter die Operanden geschrieben. Es ist ein wenig so, als erhielten wir die Anweisungen von Jedimeister Yoda. Anstatt „a wird addiert zu b", sagen wir „a und b addieren du musst".

Das funktioniert auch für verschachtelte Ausdrücke. Die Operation, die zuletzt ausgeführt wird, muss ganz am Ende stehen:

$$(a+b)*(c/d) \equiv ab+cd/*$$

Um einen solchen Ausdruck auszuwerten, wird dieser von links nach rechts durchlaufen. Jede Zahl wird auf einen Stack gelegt. Bei einem Operationszeichen werden zwei Argumente vom Stack geholt und das Ergebnis wieder zurück auf den Stack gelegt. Wenn auf diese Weise der komplette Ausdruck durchlaufen wurde, steht am Ende das Ergebnis auf dem Stack.

In Haskell können wir das zum Beispiel wie folgt formulieren. Zunächst definieren wir uns eine geeignete Darstellung für eine Formel, die eine Liste aus Zahlen und gültigen, zweistelligen Operatoren ist:

```haskell
data FormelElement = Zahl Int | Operator (Int -> Int -> Int)
type Formel         = [FormelElement]
```

Anschließend können wir eine Funktion `eval` definieren, die einen gültigen Ausdruck auswertet. Dabei wird eine Liste als Stack verwendet:

```haskell
eval :: Formel -> Int
eval = eval' [] where
    eval' s []                    = head s
    eval' s (Zahl n:xs)           = eval' (n:s) xs
    eval' (a:b:s) (Operator f:xs) = eval' (f a b:s) xs
```

Im ersten Fall ist die Formel leer und daher die Auswertung mit dem hoffentlich einzigen Element des Stacks s abgeschlossen. Die beiden anderen Fälle arbeiten eine auftretende Zahl und einen Operator rekursiv ab.

Als abschließenden Test wollen wir den Ausdruck `div (13*7) (12+2)` auswerten. Dazu wandeln wir ihn zunächst in die korrekte Notation um:

$$2\ 12 + 7\ 13 * \text{div}$$

Jetzt können wir die `eval`-Funktion verwenden, um das Ergebnis zu berechnen:

```
Hugs> eval [Zahl 2, Zahl 12, Operator (+), Zahl 7, Zahl 13,
            Operator (*), Operator (div)]
6

Hugs> div (13*7) (12+2)
6
```

10.4.2 Projekt: Klammertest

In dem folgenden kleinen Projekt, wollen wir für einen String aus verschiedenen Klammern testen, ob dieser korrekt geklammert ist. Wenige Beispiele genügen um festzustellen, dass es nicht ausreicht, die Klammern durchzuzählen. Die korrekte Reihenfolge ist ebenfalls zu beachten, siehe z.B. „([)]".

Für das Testen auf Korrektheit eines Klammerausdrucks werden wir eine Liste als Stack verwenden. Damit ein Klammerausdruck korrekt ist, muss eine schließende

Klammer immer zu der letzten öffnenden passen. Wir definieren uns also erst mal eine Funktion `passt`, die feststellt, ob zwei Klammern zueinander passen:

```
passt ']' '[' = True
passt ')' '(' = True
passt '}' '{' = True
passt _   _   = False
```

Damit wir wissen, welche die letzte öffnende Klammer war, verwenden wir einen Stack. Dieser wird im Argument einer Hilfsfunktion mitgeführt:

```
klammerTest :: String -> Bool
klammerTest s = klammertest' s [] where
```

Öffnende Klammern werden auf den Stack abgelegt, d.h. wir hängen sie vorne an die Liste an. Treffen wir auf eine schließende Klammer, wird überprüft, ob sie mit dem Kopf des Stacks übereinstimmt. Bei einer positiven Übereinstimmung arbeiten wir die Formel rekursiv weiter ab, ansonsten geben wir ein `False` zurück.

Dazu bedienen wir uns der Evaluationsreihenfolge des `&&`-Operators. Ist sein erstes Argument `False`, so wird das zweite gar nicht weiter ausgewertet:

```
klammertest' (a:s) l@(e:rest)
  | a 'elem' "])}" = passt a e && klammertest' s rest
  | otherwise      = klammertest' s (a:l)
```

An dieser Stelle verwenden wir erstmalig ein `@` in einem Pattern. Es ermöglicht uns ein ganzes Subpattern an einen Bezeichner zu binden. Beispielsweise bedeutet `l@(e:rest)`: Zerlege die Liste in den Kopf `e` und den Rest `rest` und vermerke die ganze Liste in `l`.

Das Muster passt nur auf einen nicht-leeren Stack, deswegen benötigen wir einen weiteren Fall. Ist der Stack leer, darf keine schließende Klammer gelesen werden, da es keine dazu passende öffnende gibt. Öffnende Klammern hingegen werden wieder oben auf den Stack gelegt:

```
klammertest' (a:s) []
  | a 'elem' "])}" = False
  | otherwise      = klammertest' s (a:[])
```

Bisher hatten wir nur Rekursionsabbrüche, bei denen ein `False` zurückgegeben wurde. Der einzige Fall, bei dem wir ein `True` zurückgeben können, tritt ein, wenn wir den String vollständig abgearbeitet haben und der Stack am Ende leer ist. Bei einem leeren String und nicht-leerem Stack hätten wir zu wenig schließende Klammern:

```
klammertest' [] l = l == []
```

Abschließend wollen wir unsere Funktion `klammerTest` noch ausprobieren, um sicherzustellen, dass wir diese auch korrekt implementiert haben:

```
Hugs> klammerTest "([{}][]())"
True

Hugs> klammerTest "([{}][](])"
False

Hugs> klammerTest "([{}][]()))"
False
```

10.5 Übungsaufgaben

Aufgabe 1) Schreiben Sie SelectionSort als Entfaltung und InsertionSort als Faltung.

Aufgabe 2) Analysieren Sie die Laufzeit unserer BubbleSort-Implementierung.

Aufgabe 3) Analysieren Sie die Laufzeit von QuickSort für zufällig sortierte Listen ohne doppelte Elemente.

Aufgabe 4) In der Variante von MergeSort, die wir angegeben haben, wird viel gearbeitet, um die Liste so lange zu zerlegen, bis nur noch einelementige Listen übrig sind. Bestimmen Sie, wie lange allein schon dieser Prozess dauert und überlegen Sie sich eine Variante, die damit beginnt, jedes Element der Liste in eine einelementige Liste zu stecken und diese Listen dann zu verschmelzen.

Aufgabe 5) Die Variante von BucketSort, die wir angegeben haben, gruppiert nur, sie sortiert nicht. Wandeln Sie sie leicht ab, um dem Benutzer zu ermöglichen, den Buckets vorzugeben, Elemente aus Ord tatsächlich zu sortieren. Achten Sie darauf, dass die lineare Laufzeit dabei nicht verloren geht! Was ist die Laufzeit dieser Variante, wenn die Elemente der Eingabeliste nicht aus einem endlichen Bereich kommen?

Aufgabe 6) Wandeln Sie BucketSort so ab, dass ein Array für die Buckets verwendet wird. Dabei sollen alle Elemente aus der Typklasse der Array Indizes Ix sortiert werden können. Verbessert sich durch diese Änderung die Laufzeit?

Aufgabe 7) Wir sind bei unseren Definitionen von RadixSort davon ausgegangen, dass alle Wörter dieselbe Länge haben. Zeigen Sie, dass diese Einschränkung umgangen werden kann, ohne die Laufzeit dabei asymptotisch zu verschlechtern.

Aufgabe 8) Zeigen Sie, dass beide Varianten von RadixSort eine lineare Laufzeit haben, wenn die Länge der zu sortierenden Wörter beschränkt ist.

Kapitel 11

Warteschlangen

Eine Warteschlange (*queue*) als Datenstruktur verhält sich im Prinzip nicht anders, als die bekannte Personenkette an den Kassen von Supermärkten. Es gibt die Möglichkeit, sich hinten anzustellen, aber die Bedienung der Personen beginnt vorn.

Als abstrakter Datentyp ist eine Warteschlange ein Containertyp Queue a, der mehrere Elemente des Typs a enthalten kann.

Wir möchten dabei folgende Operationen möglichst effizient durchführen können:

```
class Queue a where
```

M. Block, A. Neumann, *Haskell-Intensivkurs*,
DOI 10.1007/978-3-642-04718-3, © Springer 2011

```
-- Test auf leere Warteschlange
null    :: a b -> Bool

-- Einreihen eines Objekts am Ende
enqueue :: b -> a b -> a b

-- Entfernen des Kopfes
dequeue :: a b -> (b,a b)
```

Warteschlangen sind für viele bekannte Algorithmen wichtig. In einem späteren Abschnitt geben wir mit der Breitensuche ein Beispiel aus der Graphentheorie. Weil die Datenstrukturen zum aktuellen Zeitpunkt noch recht einfach sind, werden wir die Warteschlangen als Beispiel für eine Analyse unter Beachtung von Lazy evaluation verwenden.

11.1 Implementierung über Listen

Als erste Idee für die Implementierung einer Warteschlange könnte der Datentyp Liste angedacht werden [27]. Der Test auf eine leere Liste und das Entfernen des ersten Elements funktionieren bei Listen schnell. Um ein Element an eine Liste anzuhängen, benötigen wir allerdings eine Laufzeit von $\Theta(n)$ (s. Abschn. 9.6.5). Daher ist die Verwendung einer Liste für die Funktion enqueue und damit für die Implementierung einer Warteschlange weniger geeignet.

Alternativ könnten wir versuchen zwei Listen einzusetzen. Diese Idee ist wesentlich besser, wie sich später noch herausstellen wird. Eine Liste bildet dabei den Anfang einer Warteschlange ab und ermöglicht so eine effiziente Entfernung eines Elements. Durch die zweite Liste wird das effiziente Anhängen eines Elements realisiert.

Wenn wir ein Element aus der Warteschlange herausnehmen, kann es passieren, dass es das letzte Element der ersten Liste war. In diesem Fall müssen wir die Elemente aus der zweiten Liste umgekehrt an die Stelle der ersten Liste schreiben.

Schauen wir uns den entsprechenden Haskellcode dazu an:

```
data Queue a = Q [a] [a]

leer :: Queue a -> Bool
leer (Q [] []) = True
leer _         = False

enqueue :: a -> Queue a -> Queue a
enqueue a (Q x y)    = Q x (a:y)

dequeue :: Queue a -> (a, Queue a)
dequeue (Q [x]  y) = (x, Q (reverse y) [])
dequeue (Q (x:xs) y) = (x, Q xs y)
```

Wir haben zu Beginn behauptet, dass die Implementierung mit zwei Listen effizienter ist, als die mit einer. Ganz offensichtlich scheint dies zunächst nicht zu sein, denn im schlechtesten Fall hat dequeue einen linearen Aufwand, um die zweite Liste umzudrehen.

Anschließend können wir dequeue allerdings n-mal mit konstantem Aufwand aufrufen. Es scheint als würde der gelegentlich auftretende, höhere Aufwand damit ausgeglichen.

11.2 Amortisierte Laufzeitanalyse

Wir können die Laufzeit einer Sequenz der Länge n von enqueue und dequeue Funktionsaufrufen betrachten. Wenn die Gesamtlaufzeit $O(f(n))$ ist, dann ist es sinnvoll, die amortisierte Laufzeit der einzelnen Aufrufe als $O(f(n)/n)$ anzugeben.

Formal definiert ist die Summe der amortisierten Kosten a_i eine obere Schranke der Summe der tatsächlichen Kosten t_i:

$$\sum_{i=0}^{n} a_i \geq \sum_{i=0}^{n} t_i$$

Hier kommt es nicht auf die Werte der einzelnen Summanden an, solange die Summe der amortisierten Kosten mindestens so groß ist wie die Summe der tatsächlichen Kosten. Gelegentlich auftretende höhere Kosten können auf diese Weise wieder ausgeglichen werden.

11.2.1 Bankiermethode

Eine Möglichkeit die amortisierten Laufzeiten zu bestimmen, ist die sogenannte Bankiermethode (*banker's method*) [32]. Dabei werden den Operationen nicht nur die tatsächlichen Kosten zugewiesen, wie es bei der normalen Laufzeitanalyse gemacht wird. Es werden zusätzlich noch Kredite hinterlassen oder vorhandene Kredite konsumiert.

Die amortisierten Kosten einer Operation sind dann die tatsächlichen Kosten und die Differenz aus den hinterlassenen und den verbrauchten Krediten:

$$a_i = t_i + c_i - \overline{c_i}$$

Natürlich dürfen nicht mehr Kredite verbraucht werden, als vorhanden sind. Dadurch ist automatisch die Bedingung $\sum_{i=0}^{n} a_i \geq \sum_{i=0}^{n} t_i$ gesichert, da $c_i - \overline{c_i}$ größer oder gleich 0 ist.

11.2.2 Analyse der Warteschlange

Bei einer amortisierten Analyse unserer Warteschlange, wollen wir zeigen, dass
enqueue und dequeue amortisiert konstante Laufzeit also $O(1)$ benötigen.

Wir haben aber gesehen, dass in einigen Fällen bei dequeue linearer Aufwand
betrieben werden muss. Demnach müssen wir dafür sorgen, dass genug Kredite
vorhanden sind, um diese Operation bezahlen zu können. Das bringt uns zu dem
Schluss, dass wir so viele Kredite zur Verfügung haben müssen, wie die zweite Liste lang ist. Das können wir erreichen, indem wir mit jedem enqueue-Aufruf noch
einen Kredit hinterlassen. Die tatsächlichen Kosten für diese Operation sind 1, so
dass mit dem hinterlassenen Kredit die amortisierten Kosten von 2 entstehen.

Wenn wir jetzt ein dequeue machen, in dem die hintere Liste mit Länge m umgedreht werden muss, so benötigt das $O(1)$ um das erste Element zu entfernen und
$O(m)$ um die Liste umzudrehen. Für die teure Operation verbrauchen wir alle ge-
sammelten Kredite aus der zweiten Liste, so dass amortisiert konstante Kosten übrig
bleiben. Wenn wir die zweite Liste nicht umdrehen müssen, verbrauchen wir keine
Kredite, sondern entfernen einfach in $O(1)$ das erste Element.

Diese Analyse lässt allerdings außer acht, dass Datenstrukturen in Haskell persistent
sind, sie also nicht verändert werden können. Das hat zur Folge, dass beliebig oft
ein dequeue in $O(n)$ ausgeführt werden kann, ohne dass dieses durch n Aufrufe
von dequeue in $O(1)$ wieder ausgeglichen wird. Die Laufzeit kann also in realen
Anwendungen durchaus schlechter sein. Die Bankiermethode, die wir angewendet
haben schlägt fehl, da in diesem Szenario nicht mehr sichergestellt ist, dass die
Kredite die wir hinterlassen haben auch nur einmal ausgegeben werden.

11.3 Erweiterung um Lazy Evaluation

In Hinblick auf den Einsatz von Lazy evaluation können wir unsere Datenstruktur
etwas abwandeln und damit auch bei einem persistenten Gebrauch die amortisierte
Laufzeit konstant halten. Die kritische Beobachtung ist hierbei, dass es bereits zu
spät ist, die zweite Liste erst dann umzudrehen, wenn die erste Liste bereits leer ist.
Es besteht dann die Möglichkeit, beliebig viele teure Operationen zu machen.

Stattdessen müssen wir dafür sorgen, dass in der ersten Liste immer genügend Elemente vorhanden sind. Dazu führen wir zwei Zähler ein, die die Länge der beiden
Listen beinhalten. Wann immer die zweite Liste länger wird als die erste, drehen
wir sie um und hängen sie hinten an die erste Liste an.

Dabei spielt es keine Rolle, ob diese leer ist oder nicht. Da diese Bedingung öfter
getestet werden muss, führen wir dafür eine zusätzliche Funktion ein. Ansonsten
wird die Implementierung der Warteschlange nicht viel umfangreicher:

```
data Queue a = Q Int [a] Int [a]

null :: Queue a -> Bool
null (Q 0 _ _ _) = True
null _ = False

queue n x m y
    | n > m     = Q n x m y
    | otherwise = Q (n+m) (x++reverse y) 0 []

enqueue :: a -> Queue a -> Queue a
enqueue a (Q n x m y)    = queue n x (m+1) (a:y)

dequeue :: Queue a -> (a, Queue a)
dequeue (Q n (x:xs) m y) = (x, queue (n-1) xs m y)
```

Es kann durchaus noch passieren, dass wir auf unterschiedlichen Versionen einer Warteschlange mehrfach die eine Operation ausführen, die zu einem Umdrehen der zweiten Liste führt. Der wichtige Unterschied dabei ist aber, dass die Liste nicht sofort umgedreht wird, sondern wegen der Lazy evaluation erst dann, wenn diese wirklich benötigt wird. Das Speichern für eine spätere Rotation benötigt nur eine konstante Zeit.

Bevor die Rotation dann tatsächlich durchgeführt wird, wurde in jeder Version der Warteschlange die Funktion dequeue ausreichend oft aufgerufen, um die Kosten des Umdrehens verteilen zu können.

Natürlich kann eine Warteschlange soweit geleert werden, dass die nächste Operation die Rotation evaluiert. Werden viele Kopien der Datenstruktur vor dieser Operation erstellt, greifen sie aber alle auf denselben Aufruf zur Rotation zu. Wird er einmal evaluiert, steht das Ergebnis in allen Versionen zur Verfügung. Es ist also nicht möglich, die teure Operation mehrfach auszuführen.

11.4 Angepasste amortisierte Analyse

Für eine formalere Analyse passen wir die Bankiermethode etwas an. Operationen hinterlassen keine Kredite, sondern nehmen Schulden auf. Schulden entstehen, wenn wir Operationen aufgrund von Lazy evaluation nicht sofort auswerten, sondern uns die dafür benötigte Zeit borgen. Auf die Ergebnisse von solchen Berechnungen dürfen wir erst zugreifen, wenn alle Schulden abbezahlt sind. Dabei können wir die Schulden bei inkrementell abarbeitenden Funktionen wie beispielsweise map auf die einzelnen Berechnungsschritte verteilen.

Die amortisierten Kosten einer Funktion sind in diesem Kontext die tatsächlich benötigten Kosten plus die abbezahlten Schulden. Anders als bei hinterlassenen Kre-

diten ist es nicht schlimm, wenn wir Schulden mehrfach abbezahlen. Dadurch über-
schätzen wir lediglich die benötigte Laufzeit.

Wenn wir jetzt zeigen wollen, dass die Laufzeiten der Funktionen konstant sind,
müssen wir beweisen, dass die tatsächlichen Kosten konstant sind und bei jeder
Operation höchstens eine konstante Schuldenmenge abbezahlt wird.

Durch scharfes Hinsehen auf den Programmcode sehen wir, dass die tatsächlichen
Kosten konstant sind. Betrachten wir also die zu bezahlenden Schulden. Wir zeigen, dass alle, bis einschließlich dem i-ten Element aus der ersten Liste, zusammen
höchstens folgende Schulden tragen:

$$S(i) \leq \min(2i, L_a - L_e)$$

Dabei sind L_a die Länge der erste und L_e die Länge der zweiten Liste.

Der $2i$-Term stellt sicher, dass das vorderste Element keine Schulden trägt und darauf zugegriffen werden kann. Der zweite Term $L_a - L_e$ garantiert, dass kurz vor
einer Rotation kein Element mehr Schulden hat, also beide Listen sind gleich lang
sind und damit genug Schulden für die Rotation aufgenommen werden.

Jetzt gibt es ein paar Fälle, die wir betrachten müssen. Zum Einen der enqueue-
Aufruf, der keine Rotation zur Folge hat. Dieser veringert $L_a - L_e$ um eins. Dadurch
könnte es beim k-ten Knoten dazu kommen, dass $S(k)$ und alle darauffolgenden
zu groß werden. Deswegen müssen wir bei diesem Knoten eine Schuldeneinheit
abbezahlen, wodurch die Eigenschaft auch bei allen darauffolgenden Knoten wiederhergestellt wird.

Auch bei einer dequeue-Operation, die ohne Rotation abläuft wird $L_a - L_e$ um eins
kleiner, darüber hinaus wird aber der Index aller Elemente aus der ersten Liste um
eins verringert. Dadurch kann es dazu kommen, dass das k-te Element wegen des
$2i$-Terms zwei Schuldeneinheiten zu viel trägt und alle darauffolgenden ebenfalls.
Diese müssen wir abbezahlen.

Zum Anderen gibt es die Operationen, die Rotationen verursachen. Wir haben sichergestellt, dass kurz vor der Rotation alle Schulden abbezahlt sind. Rotationen
finden statt, wenn $L_a = L_e = m$ ist. Um die zweite Liste umzudrehen benötigen wir
lineare Zeit, wir müssen also m Schulden aufnehmen.

Da reverse nicht inkrementell evaluierbar ist, müssen wir alle Schulden dem m-ten
Element zuweisen. Anschließend müssen wir die beiden Listen noch konkatenieren,
was weiteren m Schulden entspricht. Diese können wir allerdings auf die ersten m
Elemente verteilen, da der (++)-Operator inkrementell Ergebnisse liefert. Dadurch
haben wir beim ersten Element eine Schuldeneinheit zu viel, die wir noch abbezahlen müssen.

Somit konnten wir alle Fälle durch Abbezahlen einer konstanten Schuldenmenge
abdecken. Die Operationen enqueue und dequeue mit zwei Listen benötigen also
amortisiert jeweils nur konstante Laufzeit.

11.5 Beispielanwendung

Um uns das Arbeiten der Warteschlange nochmals intuitiv klar zu machen, probieren wir sie mit einer Testeingabe aus. Damit die Ausgabe etwas lesbarer wird, schreiben wir uns zunächst eine Instanz für die Klasse Show:

```
instance Show a => Show (Queue a) where
    show (Q _ as _ bs) = show as ++ " " ++ show bs
```

Jetzt fügen wir nacheinander die Werte von 1 bis 10 in eine leere Warteschlange ein. Damit wir die Zwischenergebnisse zu sehen bekommen, verwenden wir statt einer Faltung die Funktion scanl. Sie funktioniert analog zu foldl, mit dem Unterschied, dass statt des Endergebnisses eine Liste mit allen Zwischenergebnissen geliefert wird:

```
Hugs> putStrLn.unlines.map show.scanl (flip enqueue) empty $ [1..10]
[] []
[1] []
[1,2] []
[1,2] [3]
[1,2,3,4] []
[1,2,3,4] [5]
[1,2,3,4] [6,5]
[1,2,3,4] [7,6,5]
[1,2,3,4,5,6,7,8] []
[1,2,3,4,5,6,7,8] [9]
[1,2,3,4,5,6,7,8] [10,9]
```

Wie wir sehen, wird die zweite Liste in der Warteschlange nie übermäßig lang. So sichern wir die gute amortisierte Laufzeit.

Als weiterführende Literatur empfehlen wir an dieser Stelle die Arbeit von Chris Okasaki [27].

11.6 Übungsaufgaben

Aufgabe 1) Implementieren Sie den abstrakten Datentypen Stack mit zwei Warteschlangen. Was ist die Laufzeit der Methoden pop und push in diesem Fall?

Aufgabe 2) Erweitern Sie die Implementierung der Warteschlange so, dass Elemente sowohl vorn als auch hinten eingereiht bzw. entfernt werden können. Wie ändert sich dadurch die Laufzeit der Funktionen?

Kapitel 12

Bäume

Die Datenstruktur Baum liegt vielen Algorithmen zu Grunde. Bäume bestehen aus Knoten und Kanten. Der Startknoten wird als Wurzel bezeichnet. In den Knoten und an den Kanten können bei Bedarf zusätzliche Informationen gespeichert werden. Alle kreisfreien Datenstrukturen, wie beispielsweise Listen, lassen sich durch Bäume repräsentieren.

In der Informatik werden Bäume in der Regel mit der Wurzel nach oben gezeichnet. Ein paar Beispiele sind in Abb. 12.1 zu sehen.

M. Block, A. Neumann, *Haskell-Intensivkurs,*
DOI 10.1007/978-3-642-04718-3, © Springer 2011

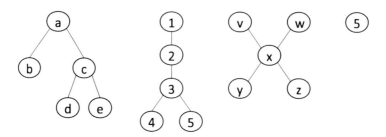

Abb. 12.1 Wir sehen hier vier unterschiedliche Bäume

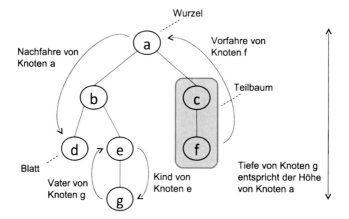

Abb. 12.2 Gebräuchliche Begriffe im Zusammenhang mit Bäumen

Ein kleines Fachterminivokabular in Bezug auf die Datenstruktur Baum gibt Abb. 12.2.

In einem binären Baum hat jeder Knoten höchstens zwei Kinder. Ein binärer Baum heißt vollständig, wenn jeder Knoten genau zwei Kinder hat. Von dieser Regel sind die Blätter ausgenommen, da sie keine Kinder haben. Im Folgenden wollen wir binäre Bäume betrachten, da diese am häufigsten verwendet werden.

12.1 Implementierung der Datenstruktur Baum

Es gibt, wie in den meisten Fällen, viele Möglichkeiten eine Datenstruktur Baum zu implementieren. Diese hängen stark davon ab, welche zusätzlichen Informationen gespeichert werden sollen. Wir wollen als Beispiel einen binären Baum definieren, der Werte nur in seine Knoten speichert. Die Blätter und die Kanten bleiben dabei leer.

Des Weiteren möchten wir die Anzahl der Knoten im Baum in konstanter Zeit bestimmen können. Wir müssen also einen Parameter für die lokale Größe mitführen.

Somit ergibt sich der folgende algebraische Datentyp:

```
data Baum a = Nil | Knoten {
  anzahl  :: Int,
  inhalt  :: a,
  lT, rT  :: (Baum a) }
```

In der Variable `anzahl` können wir die Anzahl der noch folgenden Knoten speichern und auf diese Weise die Anzahl der Gesamtknoten schnell ermitteln. Mit `inhalt` können wir in jedem Knoten einen Wert beliebigen Typs speichern. Der ganze Baum verwendet dabei den gleichen Datentypen a. Da wir einen binären Baum konstruieren wollen, gibt es von jedem Knoten aus einen linken Teilbaum `lT` und einen rechten Teilbaum `rT`.

Mit Hilfe der Definition des Datentypen `Baum` können wir ein paar nützliche Funktionen formulieren. Die Funktion `size` liefert die Anzahl der Knoten des Teilbaums. Wenn wir einen Baum mit nur einem Knoten erzeugen wollen, können wir die `singleton`-Funktion verwenden:

```
size :: Baum -> Int
size Nil    = 0
size x      = anzahl x

singleton :: a -> Baum a
singleton a = Knoten {anzahl=1, inhalt=a, lT=Nil, rT=Nil}

height :: Baum -> Int
height Nil  = 0
height x    = max (height (lT x)) (height (rT x)) + 1
```

Die rekursive Funktion `height` liefert uns für einen Baum die maximale Anzahl der Kanten zu den Blättern.

12.2 Balancierte Bäume

Interessant sind wie schon bei den vorhergehenden Datenstrukturen das Einfügen und das Löschen von Elementen. Beide Operationen lassen sich auf das Verschmelzen von Bäumen zurückführen. Wenn wir ein Element in einen existierenden Baum einfügen wollen, dann generieren wir einen Baum mit einem Element und verschmelzen beide. Wenn wir ein Element löschen wollen, erhalten wir zunächst viele Bäume und müssen diese wieder miteinander sinnvoll verschmelzen.

Bei vielen Anwendungen ist es wichtig, dass die Höhe des Baumes möglichst gering bleibt, dieser also bestmöglich balanciert ist. Wir wollen im nächsten Beispiel zeigen, wie beispielsweise beim Einfügen ein einigermaßen ausbalancierter Baum entstehen kann [14].

Dazu werden wir den in jedem Knoten gespeicherten Größenparameter `anzahl` verwenden. Intuitiv ist klar, dass die Rekursionstiefe des Verschmelzens abhängig von der Tiefe des entstehenden Baums ist und umgekehrt. Wenn wir die Wurzel des neues Baumes gewählt haben, können wir uns entscheiden, welches der beiden Kinder wir zum rekursiven Verschmelzen verwenden wollen. Wir wählen natürlich das kleinere, um schneller fertig zu werden und einen kleineren Baum zu erzeugen.

```
merge :: Baum a -> Baum a -> Baum a
merge Nil x = x
merge x Nil = x
merge x y
  | size x >= size y =
    x {
      elems = size x + size y,
      -- das kleine Kind rekursiv mergen
      lT=(merge s y),
      -- das größere Kind nicht anfassen
      rT = b}
  | otherwise = merge y x where
    (s,b) = if
      (size (lT x) <= size (rT x))
      then (lT x, rT x)
      else (rT x, lT x)
```

Dieses Verfahren garantiert uns für die Funktion `merge` eine logarithmische Laufzeit und damit eine logarithmische Höhe des Baums. Der größere Teilbaum, den wir nicht mehr weiter anfassen, hat mindestens $\left\lceil \frac{n-1}{3} \right\rceil$ Knoten, wenn n die kombinierte Größe von x und y ist.

In jedem Rekursionsschritt lassen wir also ein Drittel der Kinder weg. Damit ist die Tiefe der Rekursion und die Größe des Baums $\log_{1.5} n$.

12.3 Traversierungen

Um einen binären Baum in eine Liste von Knoten umzuwandeln, also eine bestimmte Reihenfolge der Knoten in Abhängigkeit ihrer Position zu erzeugen, gibt es verschiedene Möglichkeiten. Die vier bekanntesten wollen wir kurz vorstellen.

12.3.1 Pre-, In- und Postorder

Wir beginnen bei diesen Verfahren immer bei dem Wurzelknoten des binären Baumes. Der aktuelle Knoten wird in die Liste aufgenommen und anschließend rekursiv in gleicher Weise der linke Teilbaum komplett abgearbeitet. Wenn dieser fertig ist, arbeiten wir komplett den rechten Teilbaum ab. Es ergibt sich die rekursive Abarbeitungsformel: KLR. K steht dafür, dass wir immer erst einen neuen Knoten in die Liste schreiben. L steht für die rekursive Abarbeitung des linken und R für die rekursive Abarbeitung des rechten Teilbaums. Hier lässt sich leicht merken, dass L für links immer links steht und R für rechts immer rechts. K steht vor den Rekursionsaufrufen, daher bezeichnen wir diese Traversierung als preorder.

Analog können wir jetzt die beiden anderen rekursiven Abarbeitungsformeln angeben, die sich noch ergeben, wenn L immer links und R immer rechts steht: LKR, wenn der Knoten in der Mitte steht (inorder) und LRK, wenn der Knoten am Ende steht (postorder).

Die ersten drei Traversierungsvorschriften lassen sich schnell in Haskell formulieren, wenn wir eine verallgemeinerte Faltung für Bäume definieren. Das könnte zum Beispiel so aussehen:

```
fold :: (a -> b -> b -> b) -> b -> Baum a -> b
fold f s Nil = s
fold f s (Knoten {content=e, lT=l, rT=r}) =
    f e (fold f s l) (fold f s r)
```

Die Faltung für Bäume funktioniert analog zur Rechtsfaltung für Listen. Listen werden durch den (:)-Operator konstruiert. Bei einer Rechtsfaltung werden alle Vorkommen von (:) in der Liste durch die Anwendung einer Funktion ersetzt. Bei Bäumen ersetzen wir die Konstruktoren des Datentyps durch Funktionen.

Da wir Bäume jetzt falten können, sieht die preorder-Traversierung entsprechend so aus:

```
preorder = fold (\k l r -> k:l++r) []
```

Wir sehen gleich die rekursive Abarbeitungsformel KLR in k:l++r. Für die beiden Traversierungen in- und postorder müssen wir nur noch die Position von k entsprechend anpassen:

```
inorder   = fold (\k l r -> l++[k]++r) []
postorder = fold (\k l r -> l++r++[k]) []
```

12.3.2 Levelorder

Eine weitere Möglichkeit der Traversierung, die wir noch vorstellen möchten, ist levelorder. Dabei übernehmen wir die Knoten des Baumes ebenenweise in die Liste. Diese Traversierung lässt sich leicht als Entfaltung mit Listen notieren:

```
levelorder = concat.unfoldr f.(:[]) where
  f :: [Baum a] -> Maybe ([a],[Baum a])
  f []    = Nothing
  f [Nil] = Nothing -- der Startbaum war leer
```

```
f l       = Just (
  -- die Wurzeln aller Bäume
  map content l,
  -- die Wurzeln entfernen
  -- leere Bäume weglassen
  filter ((>0).size).concat $ [[lT t,rT t] | t<-l])
```

Für die ebenenweise Traversierung arbeiten wir auf einer Liste von Bäumen. In jedem Schritt der Entfaltung bauen wir zwei Listen. Zum Einen eine Liste mit den Wurzeln aller Bäume in der Liste und zum Anderen eine Liste mit allen Kindern der Wurzeln. Die zweite Liste verwenden wir dann für den nächsten Entfaltungsschritt weiter.

In Abb. 12.3 werden noch einmal die Resultate der vier Traversierungen anhand eines Beispiels gezeigt.

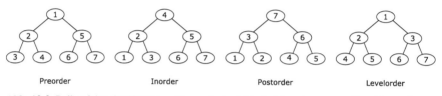

Preorder   Inorder   Postorder   Levelorder

Abb. 12.3 Reihenfolge der Knotenpositionen in der Liste bei den vier vorgestellten Traversierungen pre-, in-, post- und levelorder

12.4 Übungsaufgaben

Aufgabe 1) Definieren Sie eine map-Funktion für Bäume, die analog zur der auf Listen arbeitet.

Aufgabe 2) Kann es sein, dass ein preorder-Durchlauf die Knoten eines Baums in der selben Reihenfolge besucht, wie ein postorder-Durchlauf? Wie steht es mit der umgekehrten Reihenfolge des postorder-Durchlaufs?

Aufgabe 3) Zeichnen Sie einen Binärbaum, in dessen Knoten Buchstaben in der Weise stehen, dass ein preorder-Durchlauf das Wort "PREORDER" und ein postorder-Durchlauf das Wort "OERRERDP" ergibt.

Aufgabe 4) Definieren Sie eine Funktion summeBaum, die die Summe der Elemente in einem Baum mit Werten des Typs Num a => a berechnet.

Aufgabe 5) Definieren Sie eine Funktion prettyPrint :: Show a => Baum a -> String, die einen Baum optisch ansprechend ausgibt. Entscheiden Sie selbst, wie die Darstellung genau aussehen soll. Machen sie gegebenenfalls vereinfachende Annahmen über die Werte in den Knoten.

Kapitel 13

Wörterbücher

Der abstrakte Datentyp Wörterbuch findet in vielen Anwendungen seinen Einsatz und trägt den Namen aufgrund der Ähnlichkeit zum physikalischen Wörterbuch. Elemente können mit einem Schlüssel darin abgelegt und anschließend effizient wiedergefunden werden.

Ein sehr einfaches Wörterbuch haben wir schon in Abschn. 8.4 verwendet. In diesem Kapitel werden wir uns eine effiziente Implementierung überlegen.

M. Block, A. Neumann, *Haskell-Intensivkurs,*
DOI 10.1007/978-3-642-04718-3, © Springer 2011

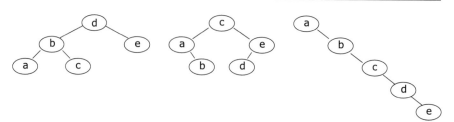

Abb. 13.1 Drei unterschiedliche Suchbäume mit den jeweils gleichen Elementen

13.1 Analyse und Vorüberlegungen

Schauen wir uns zunächst die Signaturen der drei wichtigen Funktionen `fuegEin`, `loesche` und `finde` an, mit denen wir Elemente in ein Wörterbuch einfügen, löschen bzw. finden können:

```
class Ord k => Wörterbuch (a k v) where
    fuegEin :: (k,v) -> a k v -> a k v
    loesche :: k -> a k v -> a k v
    finde   :: k -> a k v -> Maybe v
```

Zur Vereinfachung nehmen wir im Folgenden an, dass die Werte ihre eigenen Schlüssel repräsentieren. Damit wird es uns leichter fallen, das Konzept zu verstehen. Es ist leicht möglich, die angestellten Überlegungen anschließend zu verallgemeinern.

Eine einfache Möglichkeit, den ADT Wörterbuch zu implementieren, besteht darin, nur eine Liste mit dem Tupel (Schlüssel, Wert) anzulegen. Das Einfügen ist trivial, aber das Finden und das Löschen der Elemente lässt sich nur in linearer Zeit realisieren.

Ein besserer Ansatz beruht auf dem Einsatz von Binärbäumen, die wir bereits in Kap. 12 kennengelernt haben. Wir werden dabei für unsere Bäume die folgende Eigenschaft erhalten: Für jeden Knoten T gilt, dass alle Schlüssel aus dem linken Teilbaum kleiner oder gleich dem Schlüssel in T und alle Schlüssel aus dem rechten Teilbaum größer sind. Binärbäume mit dieser Eigenschaft werden auch als Suchbäume bezeichnet.

Für die Analyse der Laufzeit ist es wichtig zu beachten, dass die Suchbaumordnung keinerlei Einschränkungen für die Form der Bäume ergibt. Abbildung 13.1 zeigt drei Beispiele, in denen drei unterschiedliche Suchbäume jeweils dieselben fünf Elemente repräsentieren.

Um ein Element in einem solchen Suchbaum zu identifizieren, werden das gesuchte Element und die Wurzel verglichen. Sind beide gleich, wurde das Element identifiziert. Wenn das gesuchte Element kleiner ist, wird im linken Teilbaum weiter gesucht, ansonsten im rechten. In beiden Fällen läuft das Verfahren wieder rekursiv weiter.

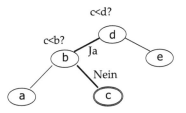

Abb. 13.2 Suchen in Suchbäumen: In diesem Beispiel suchen wir den Knoten c und prüfen dazu die Knoten d und b, die uns aufgrund der vorhandenen Ordnungseigenschaft die Richtung verraten

Ein Beispiel ist in Abb. 13.2 zu sehen.

Für das Einfügen eines neuen Elements in den Suchbaum wird nach der gleichen Methode vorgegangen. Wird dabei unterwegs ein Knoten gefunden, der den gleichen Schlüssel trägt, könnte das beispielsweise zu einer Fehlermeldung führen, wenn ein Schlüssel nur einmal vergeben werden darf. Alternativ lässt sich auch der Inhalt des Knotens ersetzen.

Etwas komplizierter ist es, einen Knoten aus einem Suchbaum zu löschen, ohne dabei die Ordnungseigenschaften der Knoten zu zerstören. Drei Fälle müssen wir in Betracht ziehen.

Fall 1: Der zu löschende Knoten ist ein Blatt, dann kann der Knoten einfach entfernt werden.

Fall 2: Der zu löschende Knoten hat genau ein Kind, dann darf dieser Knoten natürlich nicht einfach weggelassen werden. Die Ordnungseigenschaften bleiben aber erhalten, wenn der gelöschte Knoten durch sein Kind ersetzt wird.

Fall 3: Der zu löschende Knoten hat zwei Kinder. Das ist der komplizierteste Fall. Die Kinder dürfen nicht gelöscht werden, aber keines von beiden kann an die Stelle des gelöschten Knotens gesetzt werden. Stattdessen muss ein anderer Knoten im Baum gefunden werden, der an seine Stelle gesetzt werden kann. Es gibt dafür zwei Kandidaten. Den allergrößten Knoten aus dem linken Teilbaum und den allerkleinsten Knoten aus dem rechten Teilbaum. Beide erfüllen die Ordnungseigenschaften und daher ist es egal, welcher von beiden eingefügt wird.

13.2 Implementierung

Mit den vorangegangenen Überlegungen können wir Suchbäume jetzt in Haskell implementieren. Dazu verwenden wir den bekannten Datentyp für Binärbäume:

```
data Baum a = Nil | Knoten a (Baum a) (Baum a)
```

Um ein Element im Wörterbuch zu finden, könnten wir die Methode finde jetzt wie folgt definieren:

```
finde :: Ord a => a -> Baum a -> Maybe a
finde _ Nil = Nothing
finde x (Knoten a lT rT)
  | x == a      = Just a
  | x < a       = finde x lT
  | otherwise   = finde x rT
```

Das Element wurde entweder erfolgreich indentifiziert oder die Suche im linken bzw. rechten Teilbaum weiterverfolgt. Die Methode `fuegEin` fügt einen Knoten analog in den Suchbaum ein:

```
fuegEin :: Ord a => a -> Baum a -> Baum a
fuegEin x Nil = Knoten x Nil Nil
fuegEin x (Knoten a lT rT)
  | x == a      = Knoten a (Knoten x lT Nil) rT
  | x < a       = Knoten a (fuegEin x lT) rT
  | otherwise   = Knoten a lT (fuegEin x rT)
```

Hier ist zu beachten, dass im ersten Fall x==a, der rechte Teilbaum an den neu eingefügten Knoten gehängt wird. Ihn an seiner alten Position zu lassen, würde zu Fehlern beim Suchen führen.

Etwas aufwändiger wird es, wie schon erwähnt, beim Löschen eines Elements:

```
loesche :: Ord a => a -> Baum a -> Baum a
loesche _ Nil = Nil -- könnte auch ein Fehler sein
loesche x (Knoten a lT rT)
  | x == a = loesche' lT rT
  | x < a  = Knoten a (loesche x lT) rT
  | otherwise = Knoten a lT (loesche x rT) where
    loesche' Nil rT = rT
    loesche' lT Nil = lT
    loesche' lT rT  = let m = maxElement lT in
      Knoten m (loesche m lT) rT
```

Die Funktion sucht zunächst nach einem Vorkommen des Elements und ruft dann `loesche'` auf. Die Funktion `loesche'` arbeitet nun alle drei zuvor genannten Fälle ab. Dabei ist der erste Fall, dass der zu löschende Knoten ein Blatt ist, implizit vorhanden. In diesem Fall sind beide Argumente `Nil` und die erste Zeile passt.

Die Funktion `maxElement` ist leicht zu implementieren und wird dem Leser als Übungsaufgabe empfohlen.

13.3 Laufzeitanalyse

Wenn die Höhe des Suchbaums h ist, sollte es relativ klar sein, dass die drei Funktionen `fuegEin`, `loesche` und `finde` $O(h)$ Operationen brauchen, da sie alle möglicherweise ein oder mehrmals den Weg von der Wurzel bis zu einem Blatt laufen müssen.

Wie wir in Abb. 13.1 gesehen haben, kann das im schlimmsten Fall gleich $O(n)$ sein. Dieser tritt zum Beispiel dann auf, wenn wir eine sortierte Folge nacheinander in einen Suchbaum einfügen.

Laufzeittechnisch am besten verhält sich ein vollständiger Binärbaum. Dieser repräsentiert bei einer Höhe h genau $2^h - 1$ Knoten. In Bezug auf die Knotenanzahl ist die Höhe logarithmisch. Damit lassen sich die Wörterbuchoperationen auf $\Omega(\log n)$ abschätzen.

Die Analyse des mittleren Falls ist aufwändig, aber intuitiv sollte klar sein, dass bei einer zufälligen Eingabeliste ein ungefähr ausgeglichener Baum entsteht. Das wird insbesondere durch die große Ähnlichkeit zu QuickSort deutlich, siehe dazu Abschn. 10.3.4. Das erste Element, das in den Suchbaum eingefügt wird, dient dabei als Pivotelement. Alle darauffolgenden Elemente kommen entweder nach links oder nach rechts. Das geht rekursiv weiter, bis nur noch einzelne Elemente vorliegen. Genauso arbeitet QuickSort und da dieser Algorithmus im Mittel eine logarithmische Rekursionstiefe hat, haben auch Suchbäume im Mittel eine logarithmische Höhe.

Es wurden viele Abwandlungen des einfachen Suchbaums entwickelt, die eine logarithmische Laufzeit der Operationen garantieren, indem sie bei jedem Einfügen und Löschen von Elementen gewisse Balanceeigenschaften des Baums überprüfen und diese gegebenenfalls wieder herstellen. Das garantiert, dass der Baum nicht zu einer Liste entartet. Wichtige Beispiele sind AVL- und Rot-Schwarz-Bäume (AVL-Bäume [35], Rot-Schwarz-Bäume [21, 34]).

Bei der Implementierung von Datenbanken wird meist darauf verzichtet, reine Binärbäume zu verwenden. Stattdessen kommen oft (a, b)-Bäume zum Einsatz, deren Knoten zwischen a und b Kindern haben dürfen. Auch für diese gibt es Methoden die Balance zu garantieren.

Eine Datenstruktur für Wörterbücher ist bereits im Modul `Data.Map` vorhanden. Diese basiert auf balancierten Suchbäumen. Eine optimierte Datenstruktur für ganzzahlige Schlüssel bietet des Modul `Data.IntMap`.

13.4 Übungsaufgaben

Aufgabe 1) Implementieren Sie die Funktion `maxElement`, die zum Löschen in Suchbäumen verwendet wird.

Aufgabe 2) In einem binären Suchbaum mit n Einträgen und der Höhe h, sollen alle Vorkommen von Elementen mit einem vorgegebenen Schlüssel k in einer Liste ausgegeben werden. Zeigen Sie, dass dies in $O(h + s)$ möglich ist. Dabei ist s

die Anzahl der Vorkommen. Da s zwischen 0 und n liegen kann, wird eine solche Komplexitätsangabe outputsensitiv genannt.

Hinweis: Bitte beachten Sie, dass in einem Suchbaum gleiche Schlüssel sowohl im linken als auch rechten Unterbaum unter einem Knoten (der hat natürlich auch diesen Schlüssel) liegen können.

Aufgabe 3) Erweitern Sie die Implementierung des Suchbaums so, dass dieser zum Sortieren verwendet werden kann. Machen Sie sich mit den Funktionen aus dem Modul Random vertraut und verwenden Sie diese, um die Laufzeit dieses Sortierverfahrens mit QuickSort vergleichen zu können.

Kapitel 14
Prioritätswarteschlangen

Den Datentyp Warteschlange haben wir bereits in Kap. 11 kennengelernt. Eine Warteschlange kann an jeder Supermarktkasse beobachtet werden. Elemente werden hinten angefügt und von vorne abgearbeitet.

In einigen Situationen kann es aber wünschenswert sein, Elemente mit höheren Prioritäten zu versehen, damit diese sich vordrängeln können.

Für diesen Zweck gibt es die Datenstruktur Prioritätswarteschlange. Jedem Element wird ein Schlüssel zugewiesen und systematisch so eingeordnet, dass das Element mit dem kleinsten Schlüssel zuerst aus der Warteschlange genommen werden kann. Das soll unabhängig davon geschehen, wann das Element eingefügt wird [15].

M. Block, A. Neumann, *Haskell-Intensivkurs,*
DOI 10.1007/978-3-642-04718-3, © Springer 2011

14.1 Operationen und mögliche Umsetzungen

Die Operationen sind die gleichen, wie sie bei der normalen Warteschlange angegeben wurden. Die Semantik der Operation dequeue hat sich allerdings geändert. Zusätzlich zu den Funktionen enqueue und dequeue wollen wir noch die Funktion merge angeben, die zwei Prioritätswarteschlangen vereinigt.

Es gibt wie immer auch in diesem Fall eine ganze Reihe von Möglichkeiten, den abstrakten Datentyp Prioritätswarteschlange zu implementieren. Wenn vor der Implementierung bekannt ist, dass es nur endlich viele Prioritäten geben wird (etwa: Professor, Doktorand, Student in der Mensa), dann lassen sich die neuen Anforderungen leicht mit einem Array von Warteschlangen erfüllen. Schwieriger ist es, wenn die Anzahl der Prioritäten vorher nicht bekannt ist. Dann wird eine dynamische Datenstruktur benötigt.

14.2 Realisierung mit einer Liste

Die einfachste Lösung basiert wieder auf einer Liste. Wenn die Elemente sortiert sind, lässt sich das kleinste Elemente in konstanter Zeit entfernen. Das Verschmelzen zweier Listen können wir beispielsweise durch die bei MergeSort (s. Abschn. 10.3.5) vorgestellten Funktion merge in linearer Zeit realisieren.

Allerdings benötigt das Einfügen eines neuen Elements ebenfalls lineare Laufzeit, da wir möglicherweise sehr aufwändig die richtige Position in der Liste finden müssen. Im schlimmsten Fall müssen wir jedes Mal die komplette Liste durchlaufen.

14.3 Realisierung mit einem Binärbaum

Die bei der Datenstruktur Wörterbuch (s. Kap. 13) angewandte Idee, binäre Bäume einzusetzen, kann uns auch hier wieder helfen, die Laufzeit zu verbessern.

Für die Elemente im Baum fordern wir wieder eine bestimmte Ordnung. Diese wird dafür sorgen, dass die geforderten Operationen effizient formuliert werden können. Für jeden Knoten soll gelten, dass seine Kinder einen größeren Schlüssel haben, als er selbst. Diese Ordnung wird als Heapordnung bezeichnet.

Wie bei den Suchbäumen gibt das keinerlei Einschränkungen für die Form des Baums, lediglich die Anordnung der Elemente ist interessant. Abbildung 14.1 zeigt drei Bäume, die diese Eigenschaft erfüllen.

Durch die Heapordnung wird garantiert, dass das Minimum der Elemente in der Wurzel steht.

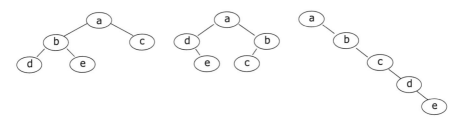

Abb. 14.1 Hier sehen wir drei Beispielbäume mit Heapordnung

Wenn wir das Minimum entfernen, zerfällt der Baum in zwei Teile. Wir können die Funktion merge einsetzen, um die beiden Bäume wieder zu einem zu verschmelzen. Außerdem können wir das Einfügen mit merge realisieren, indem wir das neue Element in einen Baum mit nur einem Knoten schreiben und ihn mit dem bestehenden Baum vereinigen.

Jetzt können wir schon anfangen etwas zu programmieren. Wir verwenden wieder den bekannten Typen für binäre Bäume:

```
data Baum a           = Nil | Knoten a (Baum a) (Baum a)
newtype PriorityQueue a = Q (Baum a)
```

Jetzt können wir einen leeren Baum und die entsprechenden Funktionen definieren:

```
deQ (Q x)    = x

singleton x = Q (Knoten x Nil Nil)

null (Q Nil) = True
null _       = False

minElement :: Ord a => PriorityQueue a -> a
minElement (Q (Knoten x _ _)) = x

dequeue :: Ord a => PriorityQueue a -> (a, PriorityQueue a)
dequeue (Q (Knoten x lT rT)) = (x, merge (Q lT) (Q rT))

enqueue :: Ord a => a -> PriorityQueue a -> PriorityQueue a
enqueue x t = merge (singleton x) t
```

Damit wir die Funktion null überhaupt definieren dürfen, müssen wir import Prelude hiding (null) an den Anfang der Datei schreiben. Ansonsten gäbe es einen Konflikt mit der gleichnamigen Standardfunktion.

Unsere Operationen sind in ihrer Laufzeit abhängig von der Funktion merge, wir müssen merge also möglichst geschickt implementieren.

14.4 Zwei Bäume verschmelzen

Wenn wir zwei Bäume vereinigen wollen, müssen wir natürlich die kleinere Wurzel als neue Wurzel wählen, um die Ordnungseigenschaft zu erhalten. Dadurch zerfällt der eine Baum und wir haben drei Bäume in der Hand, die wir an den zwei Stellen für Unterbäume platzieren müssen. Offensichtlich müssen wir zwei von ihnen rekursiv vereinigen. Die Laufzeit von `merge` wird also proportional zur Höhe des Baums sein.

Seien a der linke Teilbaum und b der rechte Teilbaum, die entstehen, wenn das kleinste x herausgenommen wurde und T der zu verschmelzende neue Baum, dessen Elemente größer oder gleich x sind. Dann stehen uns die in Abb. 14.2 gezeigten, sechs Möglichkeiten für eine Verschmelzung zur Verfügung.

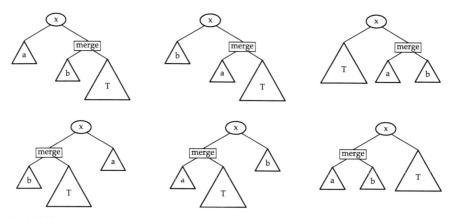

Abb. 14.2 Sechs Möglichkeiten, die drei Bäume a, b und T rekursiv zu vereinigen

In Haskell können wir diese sechs Möglichkeiten so beschreiben:

```
Knoten x a (merge b T)    -- Fall 1
Knoten x b (merge a T)    -- Fall 2
Knoten x T (merge a b)    -- Fall 3
Knoten x (merge b T) a    -- Fall 4
Knoten x (merge a T) b    -- Fall 5
Knoten x (merge a b) T    -- Fall 6
```

Die beiden Fälle 1 und 5 können wir bereits zu Beginn ausschließen, da diese stets zu entarteten Bäumen führen würden. Ziel ist es ja, möglichst balancierte Binärbäume zu konstruieren, damit `merge` eine logarithmische Laufzeit hat.

Deswegen bietet es sich an, neue Knoten abwechselnd in den linken und in den rechten Teilbaum zu delegieren. Für diesen Zweck könnten wir einen weiteren Parameter zum Datentypen hinzufügen, in dem gespeichert wird, in welchen Teilbaum die neuen Elemente zuletzt eingefügt wurden.

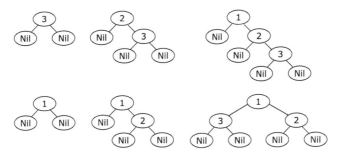

Abb. 14.3 Einfügen von sortierten Elementen. Im oberen Beispiel entsteht ein entarteter Baum (absteigend sortiert) und im unteren ein balancierter (aufsteigend sortiert)

Das ist aber gar nicht notwendig. Alternativ können wir neue Elemente auch immer in den linken Teilbaum einfügen und ihn danach mit dem rechten Teilbaum vertauschen. Mit dieser Strategie erreichen wir genau denselben Effekt, es wird nie zweimal hintereinander in denselben Teilbaum eingefügt.

Das genau wird in Fall 2 gemacht. Wir können jetzt also merge wie folgt in Haskell formulieren:

```haskell
merge Nil x = x
merge x Nil = x
merge a b
    | minElement a < minElement b = join a b
    | otherwise                   = join b a where
    join (Knoten mini lT rT) b = Knoten mini rT (merge lT b)
```

Auf diese Weise fügen wir abwechselnd in den linken und in den rechten Teilbaum neue Elemente ein. Der aufmerksame Leser wird sich jetzt die Frage stellen, ob dennoch entarteten Bäume entstehen können. Die Antwort ist leider: Ja.

Zwar werden die Bäume balanciert, wenn wir eine aufsteigend sortierte Folge nacheinander einfügen, doch entarten sie bei einer umgekehrt sortierten Folge, wie in einem Beispiel in Abb. 14.3 zu sehen ist.

14.5 Amortisierte Laufzeitanalyse von merge

Um zu zeigen, dass die amortisierten Kosten für die Funktion merge logarithmisch sind, teilen wir die Knoten zuerst in zwei Gruppen auf. Wir nennen einen Knoten gut, wenn sein linker Teilbaum kleiner oder gleich seinem rechten ist und schlecht sonst. Neue Elemente werden ja immer in den linken Teilbaum eingefügt, daher verlangen wir, dass dieser nicht größer ist als der rechte. Damit können wir die Balance beibehalten.

Wir verwenden wieder die modifizierte Bankiersmethode, die in Abschn. 11.4 eingeführt wurde, um zu zeigen, dass die amortisierte Laufzeit von `merge` und damit von allen Prioritätswarteschlangenfunktionen $O(\log n)$ ist. Dazu werden wir zeigen, dass alle guten Knoten eine Schuldeneinheit tragen, schlechte Knoten aber schuldenfrei sind und `merge` diese Eigenschaft durch Abbezahlen von höchstens logarithmisch vielen Schulden erhält.

Beim Aufruf von `join` während eines `merge`-Vorgangs gibt es zwei Fälle. Im ersten Fall ist der Knoten `Knoten (mini) a lT rT` schlecht. Dann muss der entstehende Knoten gut sein, da wir die Position der Unterbäume vertauschen. In diesem Fall nehmen wir eine Schuldeneinheit auf und platzieren sie am neuen Knoten. Damit wird dieser `join`-Schritt, bis auf die entstehenden Schulden, kostenlos.

Im zweiten Fall ist der Knoten `Knoten (mini) a lT rT` gut. Jetzt kann es passieren, dass der entstehende Knoten schlecht ist. Das wissen wir aber nicht mit Sicherheit. In jedem Fall müssen wir die mit dem guten Knoten assoziierten Schulden abbezahlen, bevor wir auf den Knoten überhaupt zugreifen können. Falls der entstehende Knoten schlecht ist, müssen wir außerdem für die Ausführung dieses `join`-Schritts eine Zeiteinheit aufbringen. Höchstens haben wir also eine Schuldeneinheit und eine Zeiteinheit verbraucht.

Ganz am Ende des `merge`-Vorgangs müssen wir noch eine Zeiteinheit aufbringen und eine Schuldeneinheit abbezahlen, falls der betrachtete Knoten gut war.

Damit ist die Zeit, die wir brauchen, proportional zur Anzahl guter Knoten die wir antreffen. Das können aber nur logarithmisch viele sein. Wenn wir einen guten Knoten treffen, ist der rechte Teilbaum, den wir in der weiteren Rekursion gar nicht mehr anfassen, größer als der linke. Damit wird die Anzahl an Knoten, die wir noch betrachten müssen mindestens halbiert. Das kann aber nur logarithmisch oft passieren.

Somit haben wir gezeigt, dass die Funktion `merge` eine Laufzeit von $O(\log n)$ hat. Damit haben auch die anderen Warteschlangenoperationen eine Laufzeit von $O(\log n)$.

Prioritätswarteschlangen sind ein sehr wichtiger Datentyp, dessen effiziente Implementierung für die Laufzeit vieler Algorithmen entscheidend ist. Deswegen wurde viel Zeit darauf verwendet, möglichst optimale Datenstrukturen zu finden. Die besten Datenstrukturen wie beispielsweise die Brodal Queue schaffen konstante Zeit beim Einfügen und Verschmelzen und benötigen eine logarithmische Laufzeit beim Entfernen des Minimums [26].

14.6 Beispielanwendung

Nach diesem theoretischen Teil wollen wir uns abschließend noch davon überzeugen, dass unsere Implementierung auch wirklich korrekt ist.

Dazu definieren wir uns zwei Hilfsfunktionen und eine Instanz für die Klasse Show:

```
fromList :: Ord a => [a] -> PriorityQueue a
fromList = foldr enqueue (Q Nil)

toList :: Ord a =>PriorityQueue a -> [a]
toList pq
    | null pq    = []
    | otherwise = let (a,pq') = dequeue pq in a:toList pq'

instance (Show a,Ord a) => Show (PriorityQueue a) where
    show = show.toList
```

Der einfachste Test für eine Prioritätswarteschlange ist natürlich, sie für das Sortieren von Elementen zu verwenden. Dieser Sortieralgorithmus ist auch unter dem Namen HeapSort bekannt:

```
Hugs> fromList [9,5,8,3,7,4,6,2,1,0]
[0,1,2,3,4,5,6,7,8,9]
```

Da in der show-Funktion toList aufgerufen wird und die Elemente der Warteschlange mit dequeue entfernt werden, erhalten wir bei diesem Aufruf eine sortierte Liste als Antwort.

14.7 Übungsaufgaben

Aufgabe 1) Was ist die Laufzeit des Sortieralgorithmus, der unsere Implementierung der Prioritätswarteschlange benutzt?

Aufgabe 2) Welchen Sortieralgorithmus haben wir, wenn zur Implementierung des ADT Prioritätswarteschlange eine unsortiere Liste eingesetzt wird? Welchen Sortieralgorithmus haben wir beim Einsatz einer sortierten Liste?

Aufgabe 3) Angenommen Sie wollen den Wert eines Knoten in einem Baum mit Heapordnung aktualisieren. Überlegen Sie sich ein Verfahren, mit dem die Heapordnung wiederhergestellt werden kann. Wie ist die Laufzeit der Operation?

Kapitel 15

Random-Access Listen

Listen in Haskell sind einfach verkettet. In konstanter Zeit kann am Kopf der Liste etwas angehangen oder umgekehrt dieser auch entfernt werden. Leider ist es nicht effizient möglich, auf das n-te Element zuzugreifen. Diese Operation hat eine Laufzeit von $O(n)$, was für längere Listen zu aufwändig ist.

In diesem Kapitel wollen wir uns überlegen, wie ein äquivalenter Datentyp definiert werden kann, der Veränderungen am Kopf der Liste ebenfalls in $O(1)$ gestattet, bei dem aber der wahlfreie Zugriff auf alle Elemente schneller geht [28].

M. Block, A. Neumann, *Haskell-Intensivkurs*,
DOI 10.1007/978-3-642-04718-3, © Springer 2011

15.1 Realisierung mit einem Suchbaum

Wir wollen das aus Abschn. 10.2 bekannte Interface für Listen, um Funktionen für den wahlfreien Zugriff erweitern. Die Funktion `elementAn` soll das Element an der n-ten Stelle liefern und mit `updateAn` soll es verändert werden können:

```
class List a => RAList a where
  elementAn :: Int -> a b -> b
  updateAn  :: Int -> b -> a b -> a b
```

Wir hatten bereits in Kap. 13 Suchbäume als Möglichkeit kennengelernt, effizient auf die Elemente einer Menge zuzugreifen. Es liegt nahe, die Elemente der Liste in einem Suchbaum abzulegen und ihre Position in der Liste als Schlüssel zu verwenden.

In Abb. 15.1 sehen wir den Unterschied zwischen einer Liste und einem Suchbaum.

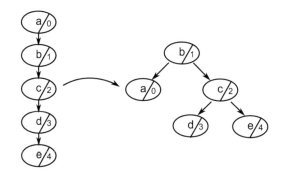

Abb. 15.1 Eine Liste (links) als Suchbaum (rechts)

Das scheint ganz gut zu funktionieren, aber tatsächlich ist es schwierig diese Listen zu verändern. Der Baum muss möglichst balanciert bleiben, damit wir auch tatsächlich einen Geschwindigkeitsvorteil haben. Außerdem wird das erste Element der Liste im am weitesten links vorliegenden Knoten gespeichert. Dieses Element zu verändern entspricht also auch einer Laufzeit von $O(h)$ und nicht $O(1)$, wie wir es eigentlich wünschen.

15.1.1 Preorder versus Inorder bei Binärbäumen

Damit wir auf das erste Element in konstanter Zeit zugreifen können, muss es in der Wurzel stehen. Die normale Ordnung der Suchbäume ist für unsere Zwecke demnach ungeeignet. Wir benötigen aber eine Ordnung, damit wir effizient suchen können.

Statt der üblichen inorder-Reihenfolge wie in Suchbäumen, können wir preorder verwenden. Das geht am einfachsten, wenn wir von zunächst vollständigen Binärbäumen ausgehen. Dann können wir das erste Element in die Wurzel schreiben, die Elemente $2 \ldots \lfloor \frac{n}{2} \rfloor$ in den linken und die restlichen Elemente in den rechten Teilbaum (s. Abb. 15.2).

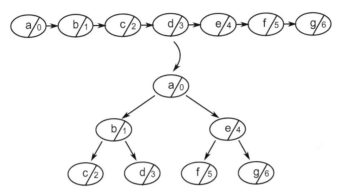

Abb. 15.2 Eine Liste als vollständiger Binärbaum in preorder-Reihenfolge

Durch die Beschränkung auf vollständige Binärbäume, stellt auch die Balance kein Problematik mehr dar, denn vollständige Binärbäume sind immer balanciert.

15.1.2 Liste vollständiger Binärbäume

Allerdings funktioniert unser Ansatz nicht mehr für alle Listengrößen, da vollständige Binärbäume nur $2^k - 1$ Elemente aufnehmen können.

Wenn unsere Liste also eine unpassende Zahl an Elementen vorweist, können wir diese nicht in einen einzelnen Baum aufnehmen. Eine Idee wäre es jetzt, die Elemente der Liste auf mehrere vollständige Binärbäume zu verteilen.

Ein Beispiel wird in Abb. 15.3 gezeigt.

15.1.3 Verschmelzen mit Greedy-Strategie

Ziel es ist dabei natürlich, so wenig Bäume wie möglich zu erzeugen und einzusetzen. Mit einer Greedy-Strategie können wir das erfolgreich schaffen und konstruieren immer den größtmöglichen Baum zuerst. Für ein Problem, das mit einer Greedy-Strategie gelöst werden soll, werden immer die Teilschritte für eine Lösung

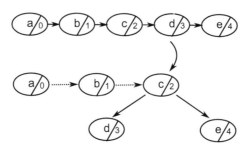

Abb. 15.3 Eine Liste (oben) als Liste von vollständigen Binärbäumen mit preorder-Eigenschaft

verwendet, die den jeweils aktuell größten Gewinn versprechen. Außerdem werden bereits berechnete Lösungen für Teilprobleme auf jeden Fall in die Gesamtlösung aufgenommen. Antworten werden also nachträglich nicht mehr revidiert.

Ein typisches Beispiel ist die Geldrückgabe an einer Kasse, bei der zunächst für einen Geldbetrag der größtmöglich darin enthaltene Geldschein/Münze ermittelt und davon abgezogen wird. Mit dem restlichen Betrag wird analog verfahren. In Bezug auf eine minimale Anzahl von Geldscheinen/Münzen liefert die Greedy-Strategie ein optimales Ergebnis.

Natürlich fangen wir beim Erzeugen der Bäume am Ende der Liste an, da die entstehenden Bäume aufsteigend nach ihrer Größe sortiert sein sollen. Auf diese Weise landet das erste Element ganz links in der Liste der Binärbäume, sodass wir später in konstanter Zeit darauf zugreifen können.

Es ist offensichtlich, dass eine solche Zerlegung immer gelingt, da vollständige Binärbäume mit einem Knoten existieren. Weniger offensichtlich ist es, dass jeder Baum mit Ausnahme der beiden kleinsten nur einmal vorkommt. Der Beweis ist aber nicht schwer.

Führen wir die folgende Annahme zum Widerspruch: Angenommen wir hätten einen Baum T_i mit $2^i - 1$ Elementen doppelt und es existieren noch weitere kleinere Bäume, dann könnten wir mit den Elementen aus den beiden T_i und einem der kleineren Bäume einen Baum mit mindestens der Größe $2^{i+1} - 1$ konstruieren. Da wir mit der Greedy-Strategie vorgegangen sind, hätten wir aber diesen Baum statt der kleineren gebaut. Die Annahme war also falsch.

Wir können demnach eine Liste mit beliebig vielen Elementen in eine Liste von Bäumen umwandeln. Doch wie viele Bäume werden es? Schließlich müssen wir die Liste mit Bäumen einmal entlang laufen, wenn wir auf ein bestimmtes Element zugreifen wollen. Zum Glück stellt sich heraus, dass es nur logarithmisch viele Bäume braucht, um n Elemente darin unterzubringen. Das folgt direkt aus der Einzigartigkeit der Bäume.

Zum Beweis führen wir die folgende Annahme zum Widerspruch: Angenommen es gäbe eine Zerlegung, mit $k \geq \lceil \log(n+1) \rceil$ Bäumen, dann müsste darin ein Baum existieren, der mindestens $2^k - 1$ Elemente hat. Da $2^k - 1$ aber kleiner/gleich n ist, kann es einen solchen Baum nicht geben. Wenn wir jetzt noch einen der restlichen Bäume hinzuzählen, haben wir auf jeden Fall mehr als *n* Elemente. Das ist aber ein Widerspruch zur Annahme.

15.2 Implementierung der grundlegenden Listenfunktionen

Aus den vorangegangenen Überlegungen schließen wir, dass eine Liste von vollständigen Binärbäumen unsere Anforderungen erfüllt. Wir können mit dem Programmieren endlich wieder loslegen.

Unsere Random-Access-Listen bestehen aus Listen von den bekannten Bäumen. Zu jedem Baum speichern wir noch die Anzahl der darin enthaltenen Elemente. Das können wir später einsetzen, um das *k*-te Element der Liste zu finden:

```
newtype Liste a = L [(Int, BTree a)]
```

Dabei steht das zuletzt eingefügte Element in der Wurzel des ersten Baums dieser Liste. Zunächst definieren wir die etwas einfacheren Funktionen `leer` und `null`:

```
leer :: Liste a
leer = L []

null :: Liste a -> Bool
null (L []) = True
null _      = False
```

Die Funktion `singleton` erzeugt einen einelementigen Baum:

```
singleton :: a -> (Int, Baum a)
singleton a = (1, Knoten a Nil Nil)
```

Für das Konkatenieren zweier Listen über die Funktion `cons`, müssen wir nur zwei Fälle betrachten. Wenn die beiden kleinsten Bäume gleich groß sind, kann mit dem neuen Element ein größerer Baum konstruiert werden, ansonsten wird einfach ein Baum mit einem einzelnen Knoten hinzugefügt:

```
cons :: a -> Liste a -> Liste a
cons e (L ((n1,a):(n2,b):ts))
  | n1 == n2 = L ((1+n1+n2, Knoten e a b):ts)
cons e (L ts) = L (singleton e:ts)
```

Jetzt wollen wir noch für den komfortablen Umgang mit Listen ein paar Funktionen definieren:

```
ausListe :: [a] -> Liste a
ausListe = foldr cons leer
```

```
kopf :: Liste a -> a
kopf (L [])                      = error "Kopf einer leeren Liste"
kopf (L ((_,Knoten a _ _):_))    = a

rest :: Liste a -> Liste a
rest (L ((1,_):ts))              = L ts
rest (L ((n,Knoten _ t1 t2):ts)) = let n' = n 'div' 2
                                   in L ((n',t1):(n',t2):ts)
rest _                           = error "Rest einer leeren Liste"

nachListe :: Liste a -> [a]
nachListe = unfoldr f where
  f l
        | null l     = Nothing
        | otherwise  = Just (kopf l, rest l)
```

Die vorgestellten Listenfunktionen kommen alle ohne Rekursion aus und benötigen daher nur eine konstante Zeit.

15.3 Implementierung von elementAn

Etwas schwieriger sind die Funktionen `elementAn` und `updateAn`. Beide lassen sich in zwei Schritte zerlegen. Zuerst wird der Baum identifiziert, in dem das gesuchte Element enthalten ist. Anschließend wird im Baum solange entlang gelaufen, bis der gesuchte Knoten gefunden wurde.

Die Bäume in der Liste sind alle noch mit der Anzahl der in ihnen enthaltenen Knoten beschriftet, wobei die Nummerierung der Elemente bei 0 startet.

Wenn wir das n-te Element suchen, schauen wir also, ob im aktuell betrachteten Baum mehr als n Knoten enthalten sind. Wenn ja, dann muss das gesuchte Element in diesem Baum vorhanden sein, ansonsten können wir die k-Elemente dieses Baums von n abziehen und beim nächsten Baum weitersuchen.

Die Funktion `elementAn` können wir dann beispielsweise so definieren:

```
elementAn :: Liste a -> Int -> a
elementAn (L ((k,t):ts)) n
    | n < k      = nimmElement t n k
    | otherwise  = elementAn (L ts) (n-k)
elementAn (L []) _ = error "Index zu gross"
```

Jetzt müssen wir uns noch überlegen, wie in einem Baum mit preorder-Eigenschaft, der k Knoten enthält, das n-te Element zu finden ist.

Sollten wir das Element mit dem Index 0 suchen, so ist es in der Wurzel zu finden. Ansonsten müssen wir schauen, ob n kleiner oder gleich $\frac{k}{2}$ ist. Dann steht das Element im linken Teilbaum, ansonsten im rechten Teilbaum.

Wenn wir in den linken Teilbaum gehen, müssen wir *n* um 1 verringern, damit die Wurzel des linken Teilbaums genommen wird, falls das erste Element gesucht wird. Falls wir in den rechten Teilbaum gehen, müssen wir $\frac{k}{2} + 1$ von *n* abziehen.

Es folgt die Definition von `nimmElement`:

```
nimmElement (Node a _ _) 0 _ = a              -- Wurzel
nimmElement (Node _ t1 t2) n k
    | n > k'  = nimmElement t2 (n-k'-1) k' -- rechts
    | n <= k' = nimmElement t1 (n-1) k'     -- links
       where k' = k 'div' 2
```

Den leeren Baum haben wir bereits in der Funktion `elementAn` abgefangen. Damit ist gesichert, dass das Element auf jeden Fall im Baum enthalten ist. Es wird Teil der Übungsaufgaben sein, die Funktion `updateAn` zu implementieren.

15.4 Beispielanwendung

Abschließend wollen wir unsere alternative Listendefinition noch ausprobieren. In unserem Programm definieren wir uns dafür noch eine Beispielliste, die zum Testen geeignet ist.

Außerdem schreiben wir eine Instanz für `Show`, damit die Listen bei der Ausgabe genauso aussehen wie die normalen Haskelllisten:

```
instance Show a => Show (Liste a) where
    show = show.toList

beispielListe = ausListe [1,1,2,3,5,8,13,21,34,55,89,144,233,377,610]
```

Jetzt können wir alle Funktionen beispielhaft testen:

```
Hugs> beispielListe
[1,1,2,3,5,8,13,21,34,55,89,144,233,377,610]

Hugs> kopf beispielListe
1

Hugs> rest beispielListe
[1,2,3,5,8,13,21,34,55,89,144,233,377,610]

Hugs> cons 0 beispielListe
[0,1,1,2,3,5,8,13,21,34,55,89,144,233,377,610]

Hugs> elementAn beispielListe 8
34

Hugs> updateAn beispielListe 8 42
[1,1,2,3,5,8,13,21,42,55,89,144,233,377,610]
```

15.5 Übungsaufgaben

Aufgabe 1) Definieren Sie `updateAn :: Liste a -> Int -> a -> Liste a`

Aufgabe 2) Definieren Sie `foldr :: (a -> b -> b) -> b -> Liste a -> b`

Aufgabe 3) Definieren Sie `map :: (a->b) -> Liste a -> Liste b`. Hinweis: verwenden Sie Ihre Implementierung der `map`-Funktion für Bäume (s. Abschn. 12.4).

Aufgabe 4) Definieren Sie eine effiziente Funktion `search :: Ord a => a -> Liste a -> Bool`, die in einer sortierten Liste testet, ob das gegebene Element enthalten ist und analysieren Sie die Laufzeit.

Kapitel 16

Graphen

Graphen spielen in der Informatik eine außerordentlich wichtige Rolle. Viele Probleme lassen sich sehr anschaulich auf Graphen abbilden und so auf bekannte Lösungsstrategien zurückführen.

So werden beispielsweise Entscheidungen zur Wegefindung, die künstliche Spieler oder Roboter treffen müssen, oft durch Graphen abgebildet [12].

M. Block, A. Neumann, *Haskell-Intensivkurs,*
DOI 10.1007/978-3-642-04718-3, © Springer 2011

16.1 Definition und wichtige Begriffe

Ein Graph G ist definiert als Tupel (V, E), mit V ist die Menge von Knoten und E ist die Menge von Kanten (x, y) zwischen zwei Knoten x und y mit $x, y \in V$. Zwei Knoten sind adjazent (benachbart), wenn zwischen ihnen eine Kante verläuft. Eine gerichtete Kante, die nur in eine Richtung benutzt werden darf, wird durch einen Pfeil dargestellt und eine ungerichtete Kante mit einer einfachen Linie.

In Abb. 16.1 sind vier Graphen beispielhaft zu sehen. Der erste Beispielgraph G_1 hat die Knotenmenge $V = \{a, b, c, d\}$ und die dazugehörige Kantenmenge $E = \{(a, b), (a, c), (c, d), (d, a)\}$.

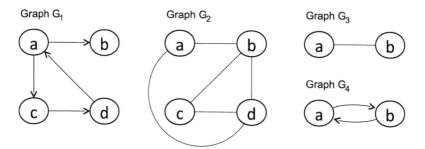

Abb. 16.1 Die Graphen G_1 und G_2 sind gerichtet und die Graphen G_2 und G_3 sind ungerichtet

Wenn klar ist, dass es sich bei G_2 um einen ungerichteten Graphen handelt, dann können wir die Tupelschreibweise für die Kanten beibehalten. Ist es aber nicht klar, oder sollte es sich um einen Graphen mit gerichteten und ungerichteten Kanten handeln, dann schreiben wir gerichtete Kanten als Tupel $(von, nach)$ und ungerichtete Kanten als Menge. Der Graph G_3 ist demnach definiert durch $V = \{a, b\}$ und $E = \{\{a, b\}\}$.

In einer Menge ist die Reihenfolge der Elemente egal, es bleibt die gleiche Menge, daher können wir G_4 als die gerichtete Variante von G_3 interpretieren, denn aus $E = \{\{a, b\}\}$ können wir ableiten, dass es einen Weg von a nach b gibt und einen Weg von b nach a, also $E = \{(a, b), (b, a)\}$. Auf diese einfach Weise können wir auch immer aus einem ungerichteten einen gerichteten Graphen erzeugen.

Als Erweiterung können zusätzliche Daten, z.B. Gewichte, sowohl an den Knoten als auch den Kanten gespeichert werden.

Bäume haben wir als Spezialfall bereits kennengelernt, sie sind zusammenhängende, kreisfreie Graphen. Zusammenhängend heißt, dass es von jedem Knoten einen Weg über die vorhandenen Kanten zu jedem anderen Knoten gibt. Kreisfrei ist ein Graph genau dann, wenn es von einem Knoten keinen Weg zurück zu diesem Knoten gibt, ohne dass eine Kante doppelt verwendet wird.

Der Einfachheit halber werden wir im Folgenden Knoten nur mit Zahlen beschriften. Ohne großen Aufwand sollte es möglich sein, bei Bedarf ein Wörterbuch einzubauen (s. Kap. 13), um von den ganzen Zahlen auf andere Beschriftungen wechseln zu können.

16.2 Abstrakter Datentyp Graph

Der abstrakte Datentyp Graph sollte folgende Funktionen unterstützen:

- ✔ Liste aller Knoten: `knoten`
- ✔ Liste aller zu u adjazenten Knoten: `adjL`
- ✔ Das in einer Kante gespeicherte Element manipulieren: `label`, `setLabel`
- ✔ Test, ob zwei Knoten adjazent zueinander sind: `adj`

Anders als Bäume sind Graphen in Haskell nur mit großem Aufwand als algebraischer Datentyp definierbar, da algebraische Datentypen wenig geeignet für Datenstrukturen sind, die Kreise enthalten können.

16.2.1 Adjazenzliste und Adjazenzmatrix

Stattdessen haben wir die Wahl zwischen zwei typischen Repräsentationen, der Adjazenzliste und der Adjazenzmatrix. Die Adjazenzliste ist eigentlich eine Liste von Listen. Für jeden Knoten werden darin alle seine Nachbarn abgespeichert. Ein Beispiel ist in Abb. 16.2 zu sehen.

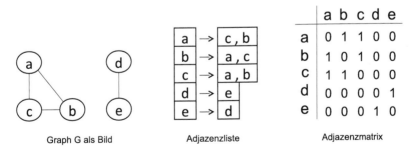

Abb. 16.2 Ein Beispielgraph und drei seiner äquivalenten Darstellungsmöglichkeiten

Beide Darstellungsformen haben ihre Vor- und Nachteile. Adjazenzmatrizen ermöglichen es, sehr schnell auf die Kanten des Graphen zuzugreifen und haben einige interessante Eigenschaften, die sie für fortgeschrittene Algorithmen interessant machen (z.B. bei der Bewertung von Webseiten [7]). Sie benötigen aber in jedem Fall einen quadratischen Speicheraufwand. Oft sind die Graphen aber nur dünn besetzt, so dass die Adjazenzmatrix viel Platz verschwendet.

Das ist wiederum der große Vorteil der Adjazenzlisten. Sie brauchen immer nur so viel Platz, wie wirklich für die Speicherung der Graphen benötigt wird. Außerdem lässt sich mit dieser Darstellung schneller testen, ob ein Knoten überhaupt Kanten zu anderen Knoten hat. Das ist oft wichtiger, als auf eine bestimmte Kante schnell zuzugreifen.

Da Adjazenzlisten häufiger angewendet werden als Adjazenzmatrizen und die Algorithmen, die wir hier vorstellen werden, keinen Gebrauch von direkten Kantenzugriffen machen, beschränken wir uns im Folgenden auf diese Darstellungsform.

16.2.2 Implementierung der Adjazenzliste

Damit wir schnell auf die Liste der Nachbarn eines Knoten zugreifen können, verwenden wir ein Array. Da wir die Knoten nur mit Ints beschriften, können wir sie direkt als Indizes zu dem Array verwenden.

An jeder Stelle im Array speichern wir eine Liste von Tupeln, die die Kanten darstellen. Die Kantenbeschriftung lassen wir mit einer Typvariablen frei. Wir verwenden ein newtype, um die Implementierungsdetails für den Benutzer unsichtbar zu machen.

```
import Data.Array.Diff
import Data.List  (find)
import Data.Maybe (isJust, fromJust)

type Knoten        = Int
type AdjListe e    = DiffArray Knoten [(Knoten, e)]
newtype ListGraph e = G (AdjListe e)
```

Die Funktion adj soll prüfen, ob zwei Knoten benachbart sind. Dazu benutzen wir die Funktion elem, um zu überprüfen, ob der gesuchte Knoten in der Kantenliste aufgeführt ist.

```
adj :: Knoten -> Knoten -> ListGraph e -> Bool
adj u v (G arr) = elem v $ map fst (arr!u)
```

Die Liste der benachbarten Knoten zu *u* und der dazugehörigen Kantenbeschriftungen wird von der Funktion adjL über ein einfaches Nachsehen im Array geliefert:

```
adjL :: Knoten -> ListGraph e -> [(Knoten,e)]
adjL u (G arr) = arr!u
```

Die Funktion `label` soll die Beschriftung einer Kante liefern, sofern diese existiert.

Wir verwenden die Funktion `find` aus `Data.List`, um die Liste der Kanten nach einem passenden Eintrag zu durchsuchen. Wenn `find` ein passendes Tupel findet, liefern wir die zweite Komponente, also nur das Label, zurück:

```
label :: Knoten -> Knoten -> ListGraph e -> Maybe e
label u v (G arr) = case (find (\(v',_) -> v==v') (arr!u)) of
  Nothing -> Nothing
  Just x  -> Just (snd x)
```

Damit wir Beschriftungen nicht nur lesen, sondern auch verändern können, definieren wir die Funktion `setLabel`, die durch die Kantenliste eines Knoten *u* iteriert und an allen Kanten zu einem Knoten *v* die Beschriftung aktualisiert:

```
setLabel :: e -> Knoten -> Knoten -> ListGraph e -> ListGraph e
setLabel l u v (G arr) = G (arr//[(u,list)]) where
    list = foldr update [] (arr!u)
    update n@(v',_) r
        | v' == v = (v',l):r
        | otherwise = n:r
```

Damit wir im weiteren Verlauf etwas komfortabler arbeiten können, definieren wir uns zusätzlich noch ein paar Hilfsfunktionen:

```
anzKnoten (G arr) = snd.bounds $ arr

istLeer g = 0 == anzKnoten g

knoten :: ListGraph e -> [Knoten]
knoten (G arr) = indices arr

kanten :: ListGraph e -> [Kante e]
kanten g = concatMap (\k -> map (\(n,e) -> ((k,n),e))
           (adjL k g)) (knoten g)
```

Mit `anzKnoten` können wir einfach die Anzahl der Knoten im Graphen bestimmen. Wir benutzen sie in `istLeer`, um zu testen, ob überhaupt Knoten vorhanden sind. Die Funktionen `knoten`, bzw. `kanten` liefern die Knotenmenge *V* bzw. die Kantenmenge *E* des Graphen.

16.3 Algorithmen auf Graphen

Wie eingangs erwähnt, werden Graphen in sehr vielen Bereichen der Informatik verwendet. So werden beispielsweise in jedem Navigationsgerät kürzeste Wege in gewichteten Graphen berechnet, um die schnellste Route zum Ziel zu finden.

Aber auch Probleme, denen es nicht direkt anzusehen ist, wie zum Beispiel die Erstellung von Flugplänen [21] oder die Segmentierung von Bildern in Vorder- und Hintergrund [4], können mit Hilfe von Graphen gelöst werden.

16.3.1 Traversieren von Graphen

So wie das Sortieren von Listen eine wichtige Grundlage für viele andere Algorithmen darstellt, ist das Traversieren (geordnete Ablaufen der Knoten) eines Graphen ein essentieller Bestandteil vieler fortgeschrittener Algorithmen.

Betrachten wir ein Beispiel, bei dem schon das effiziente Durchsuchen des Graphen allein von Bedeutung ist.

Angenommen wir befinden uns in einem Labyrinth und wollen den Ausgang finden (s. Abb. 16.3).

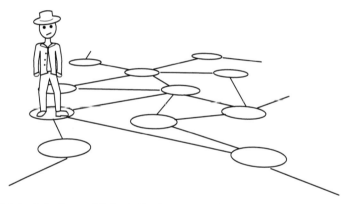

Abb. 16.3 Labyrinthe lassen sich durch Graphen repräsentieren

In unserer Tasche haben wir ein Stück Kreide, mit der wir den bisher abgelaufenen Weg markieren können. Wie gehen wir vor?

Wenn wir einen Algorithmus zur Lösung dieses Problems finden wollen, müssen wir uns zunächst eine geeignete Repräsentation eines Labyrinths überlegen. Da dies das Kapitel über Graphen ist, bietet sich natürlich ein Graph an. Alle Verzweigungen sind Knoten, die Wege zwischen ihnen Kanten. Da wir nicht wissen, welcher Knoten der Ausgang ist, müssen wir wohl oder übel alle Knoten mindestens einmal besuchen.

Die zwei Strategien Tiefen- und Breitensuche werden dabei am häufigsten eingesetzt.

16.3.1.1 Tiefensuche im Graphen

Bei der Tiefensuche wird mutig in die Tiefe des Labyrinths gegangen und dabei alle Kreuzungen mit Kreide markiert, die wir bereits besucht haben. Damit verhindern wir, dass wir uns im Kreis bewegen. Wenn wir an einer Stelle nicht mehr weiterkommen, entweder weil es keine Wege mehr gibt oder wir alle Wege bereits probiert haben, laufen wir rückwärts bis zu der markierten Kreuzung, die einen noch unbenutzten Weg hat. Den nehmen wir dann ohne weiter nachzudenken.

Damit wir uns beim Zurücklaufen nicht verirren, merken wir uns den derzeitigen Weg auf einem Stack (s. Abschn. 10.2). Immer dann, wenn eine neue Kreuzung markiert wird, legen wir alle benachbarten Kreuzungen oben auf dem Stack ab. Um weiterzugehen, nehmen wir die Kreuzungen vom Stack herunter, bis eine oben liegt, die noch nicht mit Kreide markiert ist. Sie ist der nächste Punkt, an dem wir weitersuchen müssen.

Dieses Verfahren wird aufgrund der verfolgten Strategie mit Tiefensuche bezeichnet. In Abb. 16.4 wird sie auf einen Beispielgraphen angewendet.

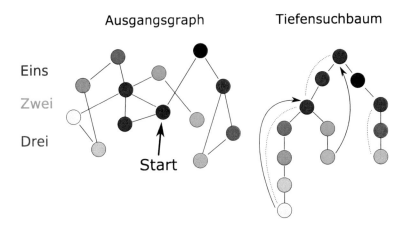

Abb. 16.4 Links sehen wir einen Graphen mit farbig markierten Knoten. Beginnend beim Startknoten ist rechts der Tiefensuchbaum als Resultat zu sehen, der sich durch die Traversierung mit Tiefensuche ergibt

Die Kanten, die uns bei der Tiefensuche zu einem unbesuchten Knoten geführt haben, spannen den Graphen als Baum auf. Dieser Baum wird als Tiefensuchbaum bezeichnet.

Ein Tiefensuchbaum kann unter anderem dazu verwendet werden, die Kreisfreiheit eines Graphen festzustellen. Wenn außer den Baumkanten keine anderen Kanten mehr vorhanden sind, gab es im Ausgangsgraphen natürlich auch keine Kreise.

16.3.1.2 Breitensuche im Graphen

Manchmal ist es aber nicht ratsam, eine Tiefensuche vorzunehmen. Beispielsweise dann nicht, wenn das Ziel in der Nähe des Startpunktes ist. Dann ist es besser, erst einmal alle benachbarten Knoten zu besuchen, dann alle Knoten die zwei Kanten entfernt sind usw.

Wieder markieren wir dabei alle besuchten Knoten mit Kreide, um nicht im Kreis zu gehen. Um sicherzugehen, dass wir erst alle Nachbarn eines Knoten besuchen, bevor wir weiter entfernte Knoten abarbeiten, ist die Datenstruktur Stack ungeeignet. Stattdessen verwenden wir für diesen Algorithmus eine Warteschlange (s. Abschn. 11).

Ansonsten gehen wir genauso vor, wie wir es bei der Tiefensuche gemacht haben. Wir nehmen uns stets das erste Element in der Warteschlange und besuchen dieses, wenn es noch unbesucht ist. Dabei reihen wir alle seine Nachbarn in die Warteschlange ein.

Dieses Verfahren wird aufgrund der Suchstrategie als Breitensuche bezeichnet. Ein Beispiel wird in Abb. 16.5 gezeigt.

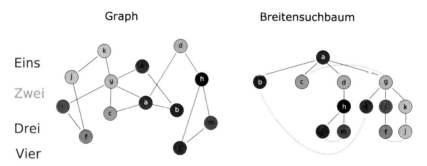

Abb. 16.5 Mit der Breitensuche besuchen wir zunächst alle direkten Nachbarn, dann die mit Entfernung 2 usw.

Wie auch bei der Tiefensuche bilden die Kanten, die bei der Breitensuche verwendet wurden, einen Baum. Bei der Breitensuche heißt er entsprechend Breitensuchenbaum. In einem Graphen ohne Kantengewichte (d.h. wenn alle Kantengewichte als gleich angesehen werden können), bildet der Breitensuchenbaum einen Baum der kürzeste Wege vom Startknoten zu allen anderen Knoten enthält.

16.3.1.3 Implementierung von Tiefen- und Breitensuche

Wir haben gesehen, dass sich Tiefen- und Breitensuche nur durch die verwendete Datenstruktur unterscheiden. Bei der Tiefensuche verwenden wir einen Stack, bei

der Breitensuche eine Warteschlange. Wenn wir also eine Funktion zur Graphen-
traversierung in Haskell schreiben wollen, bietet es sich an, von der verwendeten
Datenstruktur zu abstrahieren, um so mit einer Funktion beide Traversierungsarten
abzudecken.

Zunächst benötigen wir ein einheitliches Interface, damit wir die Funktionen unabhängig von der genauen Implementierung verwenden können. Wir definieren uns also eine neue Typklasse `SuchStrukt`, um sowohl eine Warteschlange als auch einen
Stack zu einer Instanz von dieser zu machen.

```
class SuchStrukt a where
    naechstes :: a b -> (b,a b)
    fuegEin   :: [b] -> a b -> a b
    istLeer   :: a b -> Bool
```

Für die Warteschlange verwenden wir dieselbe Struktur wie sie in Abschn. 11 beschrieben wurde. Als Stack verwenden wir eine einfache Liste (s. Abschn. 10.2).
Damit wir den Stack zu einer Instanz der Klasse `SuchStrukt` machen können, müssen wir allerdings mit `newtype` einen neuen Typen erzeugen.

Die Instanzdefinitionen sehen wie folgt aus:

```
newtype Stack e = S [e]

instance SuchStrukt Stack where
    naechstes (S (x:xs)) = (x,S xs)
    fuegEin l (S xs)     = S (l++xs)
    istLeer (S [])       = True
    istLeer _            = False

instance SuchStrukt Q.Queue where
    naechstes            = Q.dequeue
    fuegEin l q          = foldr Q.enqueue q l
    istLeer              = Q.null
```

Beim Implementieren ersetzen wir die Kreide, mit der wir besuchte Knoten markiert
haben, durch eine Set-Datenstruktur aus `Data.Set`. Dort werden balancierte Bäume verwendet, um die Mengenoperationen durchzuführen. Die Laufzeit ist dadurch
logarithmisch mit der Anzahl der Elemente. Das könnte mit etwas Mehraufwand
verbessert werden, etwa durch Verwendung eines Arrays von booleschen Werten.

Die Traversierungsfunktion soll einen Graphen, eine Suchstruktur und einen Startknoten als Argument nehmen und eine Liste von besuchten Knoten als Ergebnis
liefern:

```
traverse :: (SuchStrukt a) =>
    G.ListGraph e  ->
    a (G.Knoten,e) ->
    G.Knoten       ->
    [G.Knoten]
```

Als Erstes schreiben wir eine Hilfsfunktion `traverse`, die zusätzlich noch die Menge der besuchten Knoten mit sich führt und initialisieren ihre Argumente:

```
traverse g todo start =
  start:traverse' (fuegEin (G.adjL start g) todo)
                  (S.insert start S.empty)
    where
```

Die Funktion `traverse'` soll nun so lange Knoten aus der Suchstruktur nehmen und besuchen, wie noch unbesuchte Knoten vorhanden sind:

```
traverse' todo besucht =
     let naechstes = getNaechstes todo besucht in case
         naechstes of Nothing -> []
         Just (node,todo') ->
             node : traverse'
                 (fuegEin (G.adjL node g) todo')
                     (S.insert node besucht)traverse g todo start =
               start:traverse' (fuegEin (G.adjL start g) todo)
                       (S.insert start S.empty) where
```

Da wir nicht das erstbeste Element aus der Suchstruktur nehmen können, sondern bereits besuchte Knoten ignorieren wollen, schreiben wir uns noch die Hilfsfunktion `getNaechstes`, die das erste unbesuchte Element aus der Suchstruktur oder `Nothing` liefert, falls kein solches mehr gefunden werden kann:

```
getNaechstes todo besucht
    | istLeer todo         = Nothing
    | S.member n besucht = getNaechstes todo' besucht
    | otherwise          = Just (n,todo') where
       ((n,_),todo') = naechstes todo
```

Diese Funktion wollen wir gleich ausprobieren. Dazu definieren wir uns einen Beispielgraphen, wie er in Abb. 16.6 zu sehen ist.

Im Haskellskript können wir uns diesen Graphen so erzeugen:

```
exampleGraph = G.erzeug [1..5] kanten where
kanten = concat [[((n,m),w),((m,n),w)] | ((n,m),w) <-
       [((1,2),1), ((1,3),1), ((1,4),1), ((2,5),1),
        ((2,3),1), ((3,4),1), ((3,5),1), ((4,5),1)]]
```

Zunächst rufen wir `traverse` mit einem Stack auf, um eine Tiefensuche auszuführen:

```
Hugs> traverse exampleGraph (S []) 1
[1,4,5,3,2]
```

Wie in diesem Beispiel zu sehen ist, wird der Knoten 5 besucht, noch bevor alle Nachbarn von Knoten 1 abgearbeitet sind. Anders verhält es sich, wenn wir eine

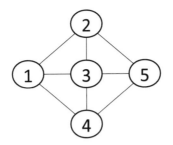

Abb. 16.6 Ein Beispielgraph für Tiefen- und Breitensuche

Warteschlange einsetzen, um eine Breitensuche zu machen:

```
Hugs> traverse exampleGraph (Q.empty) 1
[1,2,3,4,5]
```

Hier werden die Knoten 2, 3 und 4 noch vor dem Knoten 5 besucht. Die resultierenden Suchbäume sind in Abb. 16.7 zu sehen.

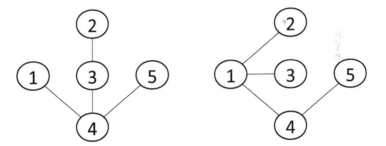

Abb. 16.7 Auf der linken Seite sehen wir den sich ergebenen Tiefensuchbaum und auf der rechten Seite den Breitensuchbaum

Die Ideen von Tiefen- und Breitensuche kommen noch in einigen weiteren Algorithmen vor, wie zum Beispiel Dijkstras Algorithmus um kürzeste Wege zu finden oder Prims Algorithmus zum Finden minimal-aufspannender Bäume. Für diese fortgeschrittenen Algorithmen empfehlen wir [21].

Wenn wir anstatt der Warteschlange eine Prioritätswarteschlange verwenden, erhalten wir die sogenannte Bestensuche, die in dem Forschungsgebiet Künstliche Intelligenz eine Verallgemeinerung des berühmten A*-Algorithmus darstellt.

16.3.2 Topologisches Sortieren

Verlassen wir die Welt der Labyrinthe und wenden uns anderen, täglich auftretenden Problemen zu. Beispielsweise der Reihenfolge des morgentlichen Anziehens unsere Kleidung.

Die gute Nachricht vorab: Die meisten von uns können bereits intuitiv topologisch korrekt Sortieren. Ansonsten würden wir die Socken über die Hose oder womöglich sogar über die Schuhe ziehen. Unglücklicherweise sieht man immer wieder Leute, die ihre Hosen in die Socken stecken.

Es gibt gewisse Einschränkungen, die jedes Kleidungsstück mit sich bringt. Beispielsweise sollten Unterhosen angelegt werden, bevor versucht wird Hosen anzuziehen. Superhelden stellen hier eine Ausnahme dar. Diese Abhängigkeiten können mit einem Abhängigkeitsgraphen abgebildet werden.

Dazu verwenden wir einen gerichteten Graphen. Er unterscheidet sich von den bereits bekannten ungerichteten Graphen dadurch, dass seine Kanten nur in eine Richtung verwendet werden können. In der graphischen Darstellung drücken wir die Richtungen durch Pfeile an den Kanten aus.

Von einem Kleidungsstück A existiert eine Kante zu einem Kleidungsstück B, wenn wir A vor B anziehen müssen. Abbildung 16.8 gibt ein Beispiel dazu.

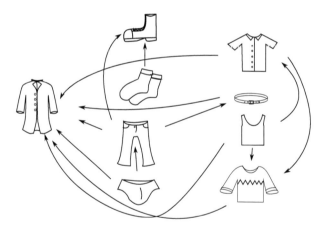

Abb. 16.8 Abhängigkeiten zwischen Kleidungsstücken

Offensichtlich können wir nur dann eine Reihenfolge finden, wenn der Graph keine gerichteten Kreise enthält. Sonst müssten wir ein Kleidungsstück ja vor sich selbst anziehen, was natürlich nicht funktionieren kann. Gerichtete Graphen ohne Kreise werden auch kurz mit DAG (engl. *directed acyclic graph*) bezeichnet.

Wenn der Graph kreisfrei ist, dann muss es mindestens einen Knoten geben, zu dem keine Kanten führen, eine sogenannte Quelle. Das können wir beispielsweise so beweisen: Sei G ein Graph und u ein zufällig gewählter Knoten darin. Von u aus folgt man gerichteten Kanten rückwärts, bis ein Knoten erreicht ist, der keine eingehenden gerichteten Kanten mehr hat, also eine Quelle ist. Das muss immer funktionieren, da es nur endlich viele Knoten gibt und kein Knoten mehrfach besucht werden kann, sonst gäbe es ja einen Kreis.

Quellen haben keine Abhängigkeiten. In Abb. 16.8 sind beispielsweise die Socken eine Quelle. Sie können einfach angezogen werden. Damit haben wir schon einen Algorithmus für das Erstellen einer Reihenfolge gefunden. Wir suchen einfach eine Quelle, schreiben sie auf, löschen sie aus dem Graphen und wiederholen das Ganze, bis der Graph keine Knoten mehr enthält.

In einem Graphen in Adjazenzlistenform ist es allerdings einfacher, anstatt den Quellen des Graphen seine Senken zu bestimmen, d.h. Knoten, die keine ausgehenden Kanten haben. Dazu durchlaufen wir einfach das Array mit Knoten und wählen den ersten, der eine leere Adjazenzliste hat. Senken müssen selbstverständlich ganz hinten in der topologischen Sortierung aufgeführt werden.

Eine mögliche Lösung für die Reihenfolge der Kleidungsstücke zeigt Abb. 16.9.

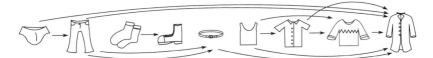

Abb. 16.9 Kleidungsstücke topologisch sortiert: alle Kanten zeigen nach rechts

Mit dieser Vorschrift können wir leicht eine Funktion topSort in Haskell angeben, die eine topologische Sortierung für einen gerichteten Graphen berechnet:

```
topSort :: ListGraph e -> [Knoten]
topSort g = reverse $ topSort' g where
 topSort' g
  | istLeer g = []
  | otherwise = let s = senke g in s : topSort (loeschKnoten s g)
```

Die Funktion senke verwendet find aus Data.List, um eine Senke in einem Graphen zu finden:

```
senke :: ListGraph e -> Knoten
senke g = case find (\k -> null (adjL k g)) (knoten g) of
    Nothing -> error "keine Senke gefunden"
    Just x -> x
```

Um eine gefundene Senke aus dem Graphen zu entfernen, durchlaufen wir alle Kanten und bauen einen neuen Graphen, der keine Kanten enthält, die den zu löschenden Knoten verwenden:

```
loeschKnoten s g = erzeug
    (filter (/=s) (knoten g))
    [((n,m),e) | ((n,m),e)<-kanten g, n /=s && m /= s]
```

Wenn wir den Beispielgraphen aus Abb. 16.6 so verändern, dass die Kanten gerichtet sind und keinen Kreis bilden (s. Abb. 16.10), können wir eine topologische Sortierung durchführen.

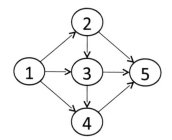

Abb. 16.10 Wir haben gerichtete Kanten in den Beispielgraphen eingefügt

Wenn wir diesen Beispielgraphen topologisch sortieren, erhalten wir:

```
Hugs> topSort exampleGraph
[1,2,3,4,5]
```

In Abb. 16.11 sehen wir das Resultat.

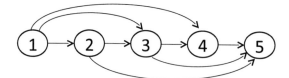

Abb. 16.11 Eine topologische Sortierung der Knoten des gerichteten Beispielgraphen

Dieses Verfahren zur topologischen Sortierung ist nicht besonders effizient, weil das Finden und anschließende Entfernen einer Senke eine Laufzeit benötigt, die proportional zur Größe des Graphen ist.

Das Verfahren, das in der Praxis eingesetzt wird, verwendet eine Tiefensuche, um die topologische Sortierung in linearer Zeit zu berechnen. Die Sortierung ergibt sich aus der Knotenreihenfolge, die bei einer postorder-Traversierung des Tiefensuchbaums entsteht.

16.4 Übungsaufgaben

Aufgabe 1) Überlegen Sie sich ein Verfahren, mit dem in einer Adjazenzmatrix in $O(|V|)$ eine Quelle gefunden werden kann.

Aufgabe 2) Schreiben Sie eine Funktion `erzeuge`, die aus einer Liste von Knotenbezeichnern und einer Liste von Kanten einen Graphen in Adjazenzlistendarstellung erzeugt.

Aufgabe 3) Sie haben einen vollständigen Graphen mit reel beschrifteten Kanten, die die Abstände wiedergeben. Schreiben Sie eine Funktion, die eine möglichst kurze Tour liefert, die jeden Knoten genau einmal besucht. Wie ist die Laufzeit Ihrer Funktion?

Hinweis: Wenn Sie einen Algorithmus finden, der besser als exponentiell ist, melden Sie sich unauffällig bei den Autoren dieses Buches, ein Preisgeld erwartet Sie.

Aufgabe 4) Als Gefangener in einem Labyrinth kann man sich natürlich nicht zuverlässig besuchte Kreuzungen auf einem Stack merken. Überlegen Sie sich, wie man mit zwei verschiedenfarbigen Stücken Kreide dennoch eine Tiefensuche im Labyrinth machen kann.

Aufgabe 5) Können Sie auch die Breitensuche als Mensch durchführen? Hinweis: benutzen Sie ihre Kreide, um Kanten durchzunummerieren und nehmen Sie an, dass der Graph weniger Kanten enthält als die größte Zahl, die Sie sich zuverlässig merken können.

Aufgabe 6) Schreiben Sie die Funktion `senke` mit Hilfe von `unfoldr` aus `Data.List` neu.

Aufgabe 7) Wieso stellt die postorder-Traversierung des Tiefensuchbaums eines kreisfreien, gerichteten Graphen eine gültige topologische Sortierung in umgekehrter Reihenfolge dar?

Aufgabe 8) Sie befinden sich in einem Labyrinth und möchten es in möglichst wenig Schritten verlassen. Welcher Algorithmus ist besser geeignet: Tiefen- oder Breitensuche?

Kapitel 17

Monaden

Monaden sind ein mathematisches Konzept aus der Kategorientheorie und werden in Haskell unter anderem auch für die Ein- und Ausgabe verwendet.

Viele Haskell-Studenten haben gerade mit dem Monaden-Konzept Schwierigkeiten und einige glauben, dass die Verwendung von Monaden den Prinzipien der funktionalen Programmierung widerspricht.

Das ist aber nicht richtig. Monaden bieten einfach eine Möglichkeit an, Funktionen elegant miteinander zu kombinieren, bei denen es aufgrund ihrer Typen zu Problemen bei dem Einsatz der normalen Funktionskomposition kommt (inspiriert wurde dieses Kapitel unter anderem von [71]).

M. Block, A. Neumann, *Haskell-Intensivkurs,*
DOI 10.1007/978-3-642-04718-3, © Springer 2011

17.1 Einführung und Beispiele

Wir werden zunächst einige Beispiele zur Erläuterung geben, damit wir behutsam in das Konzept der Monaden einsteigen können [74].

17.1.1 Debug-Ausgaben

Bei der Lösung komplexer Probleme, kann schnell der Punkt erreicht werden, an dem sich ein geschriebenes Programm anders verhält als es erwartet wird. In solchen Situationen wäre es hilfreich, wenn neben den eigentlichen Berechnungen auch noch eine Mitschrift des Programmablaufs erstellt werden könnte. Anschließend kann leichter eine gründliche Fehleranalyse vollzogen werden.

Da Funktionen in Haskell aber keinen globalen Zustand verändern können, in der eine solche Mitschrift gespeichert werden könnte und auch immer nur einen Wert zurückgeben, müssen die Typen der Funktionen zwangsweise geändert werden.

17.1.1.1 Rückgabewert und Funktionskomposition

Nehmen wir an, dass wir die beiden folgenden Funktionen f und g entworfen haben:

```
f :: a -> b
g :: b -> c
```

Damit wir eine Mitschrift generieren können, müssen sie neben den ursprünglichen Rückgabewerten noch ein Stückchen Mitschrift liefern. Wir könnten an dieser Stelle die Funktionen zu f′ und g′ erweitern, indem wir beispielsweise Strings hinzufügen und beides als Tupel kombinieren.

Damit ist auch weiterhin gewährleistet, dass wir nur ein Ergebnis zurückliefern:

```
f' :: a -> (b, String)
g' :: b -> (c, String)
```

Soweit so gut. Jetzt können wir in der Funktion f′ zum Beispiel noch einen String „f′ aufgerufen" zurückgeben. Allerdings wird es umständlich sein, die Funktionen f′ und g′ zu komponieren. Wir müssen uns darum kümmern, die Mitschriften zusammenzuführen.

Einfache Funktionskomposition funktioniert nicht mehr, da die Eingabe von g′ nicht mehr zur Ausgabe von f′ passt. Stattdessen müssen wir schreiben:

```
h x = let
  (fErg, fMit) = f x
  (gErg, gMit) = g fErg in (gErg, gMit ++ fMit)
```

In einem Programm kann diese Situation sehr häufig auftreten und es wäre sehr aufwändig, stets eine neue Kompositions-Konstruktion hinzuschreiben.

17.1.1.2 Eigene Eingabetypen definieren

Alternativ zur Vorgehensweise des vorigen Abschnitts, könnten wir eine Funktion verbinde schreiben, die den Eingabetypen anpasst und sich um die nötige Verknüpfung der Mitschriften kümmert.

Da die Erstellung der Mitschriften einen sequentiellen Ablauf impliziert, stellen wir das Argument vom Typen (a, String) an die erste Stelle. Jetzt können wir bei einer Verkettung von Funktionen, diese von links nach rechts lesen:

```
verbinde :: (a,String) -> (a -> (b, String)) -> (b, String)
verbinde (x,s) f  = let (fErg, fMit) = f x in (fErg,s++fMit)
```

Diese Funktion erleichtert uns das Arbeiten und wir können die Komposition komfortabel notieren:

```
h'' x = f x 'verbinde' g
```

17.1.1.3 Identitätsfunktion

Oft kann der Einsatz einer Identitätsfunktion nützlich sein. Die normale Identität können wir aber nicht über verbinde mit unseren Funktionen verknüpfen, da die Typen nicht passen.

Wir nennen unsere neue Funktion einheit, da sie das neutrale Element bezüglich verbinde ist, genau wie die normale Identität das neutrale Element für die normale Funktionskomposition ist. Mit der Funktion einheit können wir eine Funktion lift definieren, die normale Funktionen kompatibel mit verbinde macht:

```
einheit x = (x, "")
lift f    = einheit . f
```

Mit den drei Funktionen verbinde, einheit und lift können wir jetzt fast genauso komfortabel arbeiten wie zuvor. Hinzu kommt allerdings die Möglichkeit, Debug-Ausgaben machen zu können:

```
f x = (x, "f aufgerufen. ")
g x = (x, "g aufgerufen. ")

h x = f x 'verbinde' g 'verbinde' (\x -> (x, "fertig. "))
```

Das können wir gleich in Hugs ausprobieren:

```
Hugs> h 5
(5,"f aufgerufen. g aufgerufen.fertig. ")
```

Wie erwartet werden die Funktionen von links nach rechts ausgewertet.

17.1.2 Zufallszahlen

Ebenfalls problematisch ist der Einsatz von Zufallszahlen. Ihre Verwendung scheint geradezu ein Widerspruch zum Konzept der mathematischen Funktionen zu sein, die nur von ihren Eingaben abhängig sind. Tatsächlich ist es aber so, dass Computer in den meisten Fällen keine echten Zufallszahlen generieren.

Nach einer mathematischen Vorschrift werden sogenannte Pseudozufallszahlen generiert, die nur so aussehen, als wären sie wirklich zufällig [25]. Es wird dabei ein Generator eingesetzt, der einen internen Zustand hat und sich nach jeder Abfrage einer Zufallszahl verändert. Dieser verhält sich absolut deterministisch, was zur Folge hat, dass ein Generator im selben Zustand immer dieselbe Zahl liefert.

Haskell bietet zur Erzeugung eines Zufallswerts die in Data.Random definierte Funktion random :: StdGen -> (a, StdGen). Normale Funktionen können also Zufallszahlen verwenden, wenn sie noch einen Wert vom Typ StdGen erhalten. Wie genau Zufallszahlen eingesetzt werden, wollen wir an dieser Stelle nicht betrachten, vielmehr kümmern wir uns darum, die Generatoren zu verwalten.

Die Funktion f mit f :: a -> b ändern wir dazu um in:

```
f :: a -> StdGen -> (b, StdGen)
```

Der veränderte Zufallszahlengenerator soll mit dem Ergebnis zurückgeben werden, damit die nächste Funktion diesen wieder verwenden kann, um neue Zufallszahlen zu generieren.

Jetzt ist es aber wieder schwierig, zwei Funktionen zu verknüpfen. Schauen wir uns als Beispiele die Funktionen f und g an, die durch die Funktion h verknüpft werden sollen:

```
f :: a -> StdGen -> (b, StdGen)
g :: b -> StdGen -> (c, StdGen)
```

```
h :: a -> StdGen -> (c, StdGen)
h a gen = let (fErg, fGen) = f a gen in g fErg fGen
```

Genau wie in Abschn. 17.1.1.2 wollen wir eine Funktion verbinde schreiben, die die gewöhnliche Funktionskomposition ersetzt.

Wenn wir schon dabei sind, schreiben wir auch gleich noch eine Funktion lift, die es uns ermöglicht, deterministische Funktionen in eine Kette von nichtdeterministischen Funktionen einzureihen:

```
verbinde :: (StdGen -> (a, StdGen)) ->
            (a -> StdGen -> (b, StdGen)) -> StdGen -> (b, StdGen)
verbinde g f gen = let (a, gen') = g gen in f a gen'

einheit x gen = (x, gen)
lift f         = einheit.f
```

17.2 Monaden sind eine Typklasse

Die Beispiele aus den vorhergehenden Abschnitten haben eine gemeinsame Struktur, die sich in einer Typklasse zusammenfassen lässt. Dazu definieren wir einen Typen Debug für die Debugausgaben und Random für die Zufallszahlen:

```
data Debug  a = D (a, String)
data Random a = R (StdGen -> (a, StdGen))
```

Die Typklasse, die eine Funktion zum Verbinden und ein neutrales Element bezüglich dieser Funktion beinhaltet, ist in Haskell bereits vordefiniert und heißt Monad. Neben diesen beiden Funktionen enthält sie die nicht unumstrittene Funktion fail, die bei Fehlern aufgerufen wird. Im nächsten Abschnitt wird klar, warum wir sie benötigen.

Die Typklasse sieht dann so aus:

```
infixl 1  >>, >>=
class Monad m  where
  -- verbinde
  (>>=)  :: m a -> (a -> m b) -> m b

  -- verbinde aber ignoriere das Ergebnis der ersten Funktion
  (>>)   :: m a -> m b -> m b

  -- neutrales Element bzgl. >>=
  return :: a -> m a
  fail   :: String -> m a

  m >> k = m >>= \_ -> k
  fail   = error
```

Wie immer bei Typklassen erklärt die Klassendefinition zwar, welchen Typ die geforderten Funktionen haben müssen, ihre Semantik bleibt aber verborgen und nur
dem Programmierer überlassen.

Damit ein Typ sich aber rechtmäßig Monade nennen darf, müssen die Funktionen
die drei folgenden Gesetze erfüllen. Die Rechtsidentität

$$m >>= return = m$$

die Linksidentität

$$return \; x >>= f = f \; x$$

und die Assoziativität

$$(m >>= f) >>= g = m >>= (\backslash x.f \; x >>= g).$$

Wir können jetzt beispielsweise unseren Typen für Funktionen, die Zufallszahlen
einsetzen, zu einer Instanz dieser Klasse machen:

```
instance Monad Random where
  (R m) >>= f = R $ \gen -> (let (a,gen') = m gen
            (R b) = f a in b gen')
  return x = R $ \gen -> (x,gen)
```

Die Definitionen von >>= und return sind genauso wie davor verbinde und
einheit. Wir mussten uns nur noch um den Konstruktor kümmern, was die Notation ein bisschen schwieriger zu verstehen gemacht hat.

17.3 do-Notation

Die ganzen Ein- und Ausgaben in Haskell werden über Monaden gelöst. Da Monaden sehr häufig vorkommen und damit nicht so lange Ketten aus >>= entstehen,
wird mit der do-Notation eine besondere Syntax angeboten.

Eine Reihe von monadischen Anweisungen wird als do-Block geschrieben, in dem
die Anweisungen in der Regel von oben nach unten abgearbeitet werden. Tatsächlich hängt das allerdings von der verwendeten Monade und der Definition von >>=
darin ab.

17.3.1 Allgemeine Umwandlungsregeln

Im Haskell-Report wird beschrieben, wie die uns bereits bekannte Syntax mit >>=
in die do-Notation umwandelt werden kann und umgekehrt [59].

Es gibt vier Umwandlungsregeln:

1. Einzelne Anweisungen brauchen keine Umformung. Das do wird einfach weggelassen:

```
do {e} = e
```

2. Wenn bei der Ausführung einer Anweisung der Rückgabewert nicht verwendet wird, kann diese einfach nach vorne gezogen werden:

```
do {e; anweisungen} = e >>= \_ -> do {anweisungen}
```

3. Wird der Rückgabewert einer Anweisung mit einem Pattern gebunden, muss eine Hilfsfunktion geschrieben werden, die das Pattern match übernimmt und die restlichen Anweisungen ausführt, oder aber fail aufruft, wenn das Patternmatch fehlschlägt:

```
do {pattern <- e; anweisungen} =
  let ok pattern = do {anweisungen}
      ok _ = fail "pattern match failure" in
      e >>= ok
```

4. Wird ein Wert mit let gespeichert, kann das vor den do-Block gezogen werden. Es ist zu beachten, dass das in im do-Block optional ist:

```
do { let deklarationen in anweisungen} =
  let deklarationen in do {anweisungen}
```

An dieser Stelle wird auch klar, warum fail Teil der Typklasse Monad sein muss. Dadurch, dass Pattern matches in der do-Syntax erlaubt sind, kann es passieren, dass Fehler auftreten, die irgendwie behandelt werden müssen.

Die Möglichkeit fail durch eine passende Funktion zu überschreiben, erlaubt es Programmierern, sinnvoll mit solchen Fehlern umzugehen.

Zum Beispiel kann fail in der Maybe-Monade Nothing zurückgeben und so die ganze Berechnung zum Scheitern bringen.

17.3.2 Umwandlungsregeln für if-then-else

Etwas Vorsicht ist bei der Umwandlung von if-then-else-Strukturen in die do-Notation geboten. Schauen wir uns den kleinen aber feinen Unterschied an. Die folgende Umwandlung ist falsch:

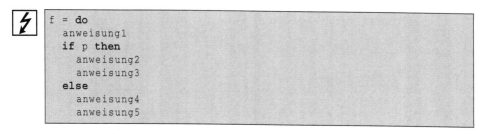

```
f = do
  anweisung1
  if p then
    anweisung2
    anweisung3
  else
    anweisung4
    anweisung5
```

Richtig wäre es, beiden Anweisungsblöcken ein do voranzusetzen:

```
f = do
  anweisung1
  if p then do
    anweisung2
    anweisung3
  else do
    anweisung4
    anweisung5
```

Zusätzlich ist zu beachten, in beiden do-Blöcken denselben Rückgabewert zu haben. Ein else-Zweig darf auch nie leer gelassen werden, wie das etwa bei imperativen Sprachen erlaubt ist.

17.3.3 Beispiel

Die bisher vorgestellten Umwandlungsregeln wollen wir jetzt für ein größeres Beispiel verwenden.

Die folgende Funktion, die mit do-Notation geschrieben ist, soll nach den Regeln so umgeformt werden, dass nur noch >>= zum Einsatz kommt:

```
f :: (Num t, Num t1, Monad m) => m (t, t1)
g :: (Num a, Monad m) => a -> m Bool
h :: (Num t) => t -> t

variante1 x = do
    f
    b <- g x
    let y = x + 2
    if b then do
        (a,c) <- f
        return (a+h x)
    else
        return (h y)
```

Die Funktionen f, g und h geben wir nicht explizit an, da ihre Definition für dieses Beispiel keine Rolle spielt.

In diesem Programm kommen der Reihe nach alle Strukturen einmal vor, für die wir Umformungsregeln kennen. Schritt für Schritt angewendet gelangen wir zu dieser äquivalenten Funktion:

```
variante2 x = f >>= \_ ->
    let ok b = let y = x + 2 in if b then
              let ok2 (a,c) = return (a+h x)
                  ok2 _ = fail "pattern match failure" in f >>= ok2
              else return (h y)
        ok _ = fail "pattern match failure" in g x >>= ok
```

Da die do-Notation offensichtlich die Lesbarkeit erhöht, werden wir sie von nun an recht häufig verwenden.

17.4 Vordefinierte Monaden

Es gibt in Haskell viele bereits vordefinierte Monaden. In den folgenden Abschnitten werden wir nur eine kleine Auswahl vorstellen. Ausführliche Beschreibungen finden sich beispielsweise hier [61]. Dort gibt es auch Beispiele für alle hier vorgestellten Monaden.

17.4.1 Monade Writer

Die Monade Writer verhält sich im Prinzip ähnlich, wie die zu Beginn definierte Monade Debug. Allerdings ist Writer nicht nur auf Strings als Mitschrift beschränkt.

Stattdessen lassen sich alle Typen verwenden, die eine Instanz der Klasse Monoid sind. Das ist eine Klasse, die die mathematische Struktur Monoid darstellt. Ein Monoid ist eine Menge von Elementen (z.B. Strings), einer assoziativen Operation mappend, um zwei Elemente der Menge zu einem neuen Element zusammenzuziehen (etwa die ++-Operation) und einem neutralen Element mempty bezüglich dieser Operation (dem leeren String).

Die Typklasse für Monoid sieht folglich so aus:

```
class Monoid a where
  -- das neutrale Element
  mempty :: a

  -- die assoz. Operation
  mappend :: a -> a -> a
```

```
-- falls eine effizientere Möglichkeit zum Konkatenieren
-- von Listen des Typen existiert, kann diese Funktion
  -- überschrieben werden
mconcat :: [a] -> a
mconcat = foldr mappend mempty
```

Eine Monad-Instanz für die Monade Writer ist praktisch identisch zur Instanz der
Monade Debug (s. Abschn. 17.1.1):

```
newtype Writer w a = Writer { runWriter :: (a, w) }

instance (Monoid w) => Monad (Writer w) where
  return a = Writer (a, mempty)
  m >>= k  = Writer $ let
    (a, w)  = runWriter m
    (b, w') = runWriter (k a)
    in (b, w 'mappend' w')
```

Um zu unterstreichen, dass die Writer-Monade nur eine allgemeine Version unserer Debug-Monade darstellt, zeigen wir hier noch einmal das Beispiel aus Abschn.
17.1.1.2. Die Definition der Funktionen ändert sich dabei nur leicht:

```
f :: Int -> Writer String Int
f x = Writer (x, "f aufgerufen. ")
g x = Writer (x, "g aufgerufen. ")

h x = f x >>= g >>= \x -> Writer (x,"fertig. ")
```

Aber die Ausgabe bleibt dieselbe:

```
Hugs>   runWriter (h 5)
(5,"f aufgerufen. g aufgerufen. fertig. ")
```

Tatsächlich kommt die Writer-Monade typischerweise beim logging und tracing
zum Einsatz.

17.4.2 Monade Reader

Die Monade Reader ist für Berechnungen nützlich, die lesend auf einen gemeinsamen Zustand zugreifen. Beispielsweise müssen die meisten Teile eines CGI-Skripts
auf die Umgebungsvariablen des Webservers zugreifen. Die Monade Reader ist also
das Gegenstück zu Writer.

Die Instanz ist sehr einfach zu schreiben:

```
newtype Reader r a = Reader { runReader :: r -> a }
```

```
instance Monad (Reader r) where
  return a = Reader $ \_ -> a
  m >>= k  = Reader $ \r -> runReader (k (runReader m r)) r
```

Die Reader-Monade ist beispielsweise dann nützlich, wenn ein globales Wörterbuch zum Verarbeiten von Eingaben benötigt wird und vermieden werden soll, dieses explizit von Funktion zu Funktion herumreichen zu müssen. Das kommt zum Beispiel vor, wenn wir einen Wert eines eigenen Datentypen aus einer Liste von Strings erstellen wollen.

Im folgenden einfachen Beispiel wollen wir aus einer Liste der Farbinformationen ["Rot","Magenta","Gruen","Cyan"], eine Liste von Werten eines Datentyps erstellen, der verschiedene Rot- und Grün-Nuancen repräsentieren soll:

```
data Farbe = Rot Int | Gruen Int deriving Show
```

Dabei wollen wir ein globales Wörterbuch verwenden, um das Programm später leichter erweitern zu können:

```
type Woerterbuch = [(String,Int)]

beispielBuch :: Woerterbuch
beispielBuch = [("Cyan", 1), ("Magenta",1), ("Zinnober",2)]
```

Die Wörter „Rot" bzw. „Grün" in der Eingabe künden an, zu welcher Farbe das nächste Wort gehören soll. Wir definieren eine Funktion liesFarben, die anhand dieser Wörter eine Fallunterscheidung macht und jeweils eine spezielle Funktion zum Übersetzen der Nuancenbezeichnungen aufruft:

```
liesFarben :: [String] -> Reader Woerterbuch [Farbe]
liesFarben [] = return []
liesFarben ("Rot":rest) = do
    (nuance,rest') <- rot rest
    erg <- liesFarben rest'
    return (nuance:erg)
liesFarben ("Gruen":rest) = do
    (nuance,rest') <- gruen rest
    erg <- liesFarben rest'
    return (nuance:erg)
```

Dabei sind die Funktionen rot und gruen so definiert:

```
rot :: [String] -> Reader Woerterbuch (Farbe,[String])
rot (inp:rest) = do
    buch <- ask
    let Just (_,farbe) = find (\(k,v) -> k==inp) buch
    return (Rot farbe,rest)

gruen :: [String] -> Reader Woerterbuch (Farbe, [String])
gruen (inp:rest) = do
    buch <- ask
```

```
let Just (_,farbe) = find (\(k,v) -> k==inp) buch
return (Gruen farbe,rest)
```

In der Klasse `Control.Monad.Reader` gibt es die vordefinierte Funktion `ask`, die uns die in der Monade gespeicherte Umgebung liefert. In unserem Beispiel ist es das Wörterbuch.

Da wir unser Beispiel einfach gehalten haben, um die Konzepte zu verdeutlichen, erfordert es ein wenig Phantasie, den Vorteil der Verwendung der Monade zu sehen.

Der Einsatz dieser fortgeschrittenen Methoden lohnt sich erst dann wirklich, wenn viele Funktionen und eine komplizierte globale Umgebung verwaltet werden soll. Ein Beispiel der nötigen Größe würde aber zu weit vom Thema ablenken.

17.4.3 Monade State

Die Monade `State` ist die Verknüpfung zwischen den Monaden `Reader` und `Writer`. Berechnungen in `State` können sowohl lesend als auch schreibend auf einen gemeinsamen Zustand zugreifen. Sie ist von der Idee her identisch zur Monade `Random`, die wir weiter oben selbst definiert haben.

Allerdings ist der Typ des Zustands nicht wie bei uns auf Zufallszahlengeneratoren beschränkt, sondern kann vom Programmierer frei gewählt werden:

```
newtype State s a = State { runState :: s -> (a, s) }

instance Monad (State s) where
  return a = State $ \s -> (a, s)
  m >>= k  = State $ \s -> let
    (a, s') = runState m s
    in runState (k a) s'
```

Die `State`-Monade ist immer dann nützlich, wenn zustandsbehaftete Systeme simuliert werden sollen. Ein Beispiel für ein solches System ist ein einfacher Getränkeautomat, der Limonade verkauft. Um den Code einfach zu halten, hat unser Automat nur drei Zustände, die in Abb. 17.1 gezeigt werden.

Zunächst definieren wir uns einen Datentypen `Automat`, der die Zustände des Automaten repräsentiert und verschiedenen Aktionen für die Interaktion mit einem Benutzer bereitstellt:

```
data Automat = A {
    zustand     :: Int,
    eingenommen :: Int,
    guthaben    :: Int,
    limoUebrig  :: Int
    } deriving Show
```

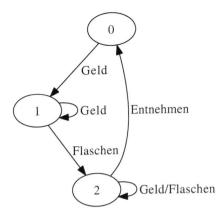

Abb. 17.1 Die Zustände des Getränkeautomaten

```
data Aktion = Geld Int | Flaschen Int | Entnehmen
```

Als nächstes können wir die Überführungsfunktion automat schreiben, die eine Liste von Aktionen erhält und den Zustand des Automaten Schritt für Schritt verändert. Als Ergebnis erzeugen wir eine Liste von Strings, die die ausgeführten Aktionen wiedergibt.

Wir verwenden die in Control.Monad.State vordefinierten Funktionen get und put, um den Zustand zu manipulieren:

```
automat :: [Aktion] -> State Automat [String]
automat []                = do
    z <- get
    return ["Einnahmen: " ++ (show (eingenommen z))]
automat ((Geld n):as)     = geld n as
automat ((Flaschen n):as) = flaschen n as
automat (Entnehmen:as)    = do
    z <- get
    if (zustand z /= 2) then error "keine Flaschen vorhanden"
        else case (guthaben z) of
                n | n == 0 -> put (z {zustand = 0})
                otherwise -> put (z {zustand = 1})
    erg <- automat as
    return ("Flaschen entnommen":erg)
```

Die Funktion geld erhöht das Guthaben und wechselt in den Zustand 1. Da der Automat kein Rückgeld gibt, wird die eingenommene Summe erhöht:

```
geld n as = do
    z <- get
    put (z {zustand = 1,
        guthaben    = guthaben z + n,
        eingenommen = eingenommen z + n})
```

```
    erg <- automat as
    return ("Geld bezahlt":erg)
```

Wenn Flaschen verlangt werden, überprüfen wir, ob genug Guthaben und genügend Limonade vorhanden ist:

```
flaschen n as = do
    z <- get
    if (limoUebrig z < n) then error "nicht genug Limo übrig"
        else case (zustand z) of
            0 -> error "kein guthaben"
            otherwise -> put (z {
                zustand    = 2,
                guthaben   = guthaben z - n,
                limoUebrig = limoUebrig z - n})
    erg <- automat as
    return ("Flaschen gekauft":erg)
```

Um uns zu überzeugen, dass unser Automat auch das Richtige tut, testen wir diesen auf der Konsole:

```
Hugs> runState (automat [Geld 5,Flaschen 2,Entnehmen,Flaschen 3,
            Entnehmen])
(A {zustand = 0, eingenommen = 0, guthaben = 0, limoUebrig = 5})
(["Geld bezahlt","Flaschen gekauft","Flaschen entnommen",
 "Flaschen gekauft","Flaschen entnommen","Einnahmen: 5"],
 A {zustand = 0, eingenommen = 5, guthaben = 0, limoUebrig = 0})
```

Wie auch schon bei der Reader-Monade ist dieses Beispiel ein wenig zu klein, um den Vorteil der monadischen Strukturen aufzuzeigen. Es sollte aber genügen, um eine Intuition für die Verwendung zu entwickeln.

17.4.4 Monade List

Die List-Monade ist für Berechnungen gedacht, die mehr als ein Ergebnis haben können. Zum Beispiel gibt es mehrere Folgezustände beim Durchsuchen eines Graphen. Oft wird auch die Intuition der nicht-deterministischen Funktionen verwendet. Das Programmieren mit List erinnert stark an den Programmierstil von logikbasierten Sprachen wie beispielsweise Prolog [22].

In der List-Monade ist >>= als concatMap implementiert. Wenn wir die List-Monade einsetzen, versteckt die monadische Notation, dass alle Berechnungen nicht nur auf einem Wert stattfinden und ein Ergebnis geliefert wird.

Jede Funktion wird auf allen Elementen der Arbeitsliste aufgerufen und liefert auch selbst wieder eine Liste von Ergebnissen. Auch fail hat in dieser Monade eine sinnvolle Bedeutung, da mit der leeren Liste ein passender Wert für „keine Lösung möglich" vorhanden ist:

```
instance Monad [ ] where
    (x:xs) >>= f = f x ++ (xs >>= f)
    []     >>= f = []
    return x     = [x]
    fail s       = []
```

Tatsächlich aber haben wir die Monade `List` in der Form der list-comprehensions schon viel früher kennengelernt. Sie sind nur etwas abgewandelte Syntax für die do-Notation in dieser Monade:

```
[a | a <- as, p a] == do {a <- as; if (p a) then return a else fail ""}
```

Mit der `List`-Monade können wir sehr leicht einen besonderen Sortieralgorithmus implementieren, den SlowSort. Er trägt den Namen wegen seiner außerordentlich schlechten average-case Laufzeit von $O(n!)$. SlowSort arbeitet, indem alle Permutationen einer Eingabeliste nacheinander betrachtet werden, bis die sortierte Permutation gefunden wurde [29].

Schreiben wir also zunächst eine Funktion, die die Permutationen einer Liste berechnet. Die Permutationen können leicht rekursiv charakterisiert werden. Eine leere Liste hat nur eine Permutation. Die Permutationen einer n-elementigen Liste können berechnet werden, indem nacheinander jedes Element der Liste entfernt wird und anschließend die Permutationen der $(n-1)$-elementigen Restliste berechnet werden.

Mit der `List`-Monade lässt sich das so aufschreiben:

```
perm :: Eq a=>[a] -> [[a]]
perm [] = [[]]
perm as = do
    a <- as
    b <- perm (delete a as)
    return $ a:b
```

Um die Permutationen zu filtern, verwenden wir die Funktion `guard` aus `Control.Monad`. Ebensogut könnte auch ein `if-then-else`-Konstrukt verwendet werden.

Da wir im Prinzip alle sortierten Permutationen finden, uns aber nur die erste interessiert, verwenden wir `head`. Durch Lazy evaluation wird so auch mit der Berechnung weiterer Permutationen aufgehört, sobald die erste sortierte gefunden wurde.

```
slowSort :: Ord a => [a] -> [a]
slowSort as = head $ do
    p <- perm as
    guard (istSortiert p)
    return p

istSortiert as = and $ zipWith (<=) as (tail as)
```

Bei dieser Implementierung tritt der worst-case auf, wenn die Liste umgekehrt sortiert vorliegt. Probieren wir die Funktion mit einer kleinen Eingabeliste aus:

```
Hugs> slowsort [3,1,2,7,0,5]
[0,1,2,3,5,7]
```

Sie können ja einmal probieren, längere Listen mit diesem Verfahren zu sortieren.

17.5 Ein- und Ausgaben

Ein- und Ausgaben sind in Haskell problematisch, da diese Funktionen keine mathematischen Funktionen sind. Vielmehr hängt ihr Ergebnis vom Zustand der Welt ab. Zum Beispiel verändert eine Funktion, die den Benutzer um eine Eingabe bittet, den Zustand des Benutzers.

Zunächst wollen wir uns mit den stream-basierten Eingaben unter Haskell beschäftigen und lernen dann im anschließenden Abschnitt die Vorteile von Monaden in diesem Zusammenhang kennen.

17.5.1 Stream-basierte Eingaben

Eine Möglichkeit in Haskell Ein- und Ausgaben zu realisieren, stellt die Stream-Abstraktion dar. Hier wird das Programm als eine Funktion betrachtet, die einen unendlichen Strom von Eingabeaktionen zu einem Strom von Ausgabeaktionen umwandelt. Wieder wird die Lazyness von Haskell verwendet, um dem Benutzer zu ermöglichen, den Eingabestrom nach und nach zu generieren.

Als Typen für die Ein- und Ausgabe wird der String verwendet. Damit basieren stream-basierte Eingaben unter Haskell auf Funktionen f mit der Signatur:

```
f :: String -> String
```

Die Interaktion mit dem Nutzer geschieht dann durch Einsatz der Funktion interact :: (String -> String) -> IO (). Setzen wir in interact die Identitätsfunktion id ein, erhalten wir ein Programm, das alle Eingaben einfach wieder zurückgibt:

```
Hugs> interact id
echo
echo
```

Dabei wurde das erste echo vom Benutzer eingegeben und das zweite vom Programm ausgegeben. Wegen der später in Abschn. 17.5.2.3 beschriebenen Pufferung der Eingaben, erfolgt hier erst nach dem Beenden der Zeile eine Ausgabe, obwohl man vielleicht ein zeichenweises Echo erwarten würde.

Damit unser Programm sinnvoll mit der Welt interagieren kann, müssen wir natürlich dafür sorgen, dass die Funktion immer nur einen endlichen Präfix der Eingabe verarbeiten muss, bevor ein Stück Ausgabe produziert werden kann. Die einfachste Art, das zu erreichen, ist, den unendlichen Eingabestrom in handliche Pakete aufzuteilen und diese dann nacheinander zu verarbeiten.

Dazu können wir zum Beispiel die zwei Funktionen `lines` und `unlines` aus der Prelude verwenden. Die Funktion `lines` zerlegt Zeichenketten, die das Trennsymbol \n aufweisen in Teillisten:

```
Hugs> lines "aa\nbb\nbb"
["aa","bb","bb"]
```

Die Funktion `unlines` führt die Umkehrung aus und beendet die Zeichenkette mit einem \n:

```
Hugs> unlines ["aa","b","ccc"]
"aa\nb\nccc\n"
```

Demzufolge gilt:

```
Hugs> (unlines.lines) "ich\nbin\nein\ntext\n"=="ich\nbin\nein
\ntext\n"
True
```

Für eine bessere Übersicht einer sequentiellen Verarbeitungskette werden wir die Funktionskomposition (s. dazu Abschn. 6.7) umdrehen. Wir lesen die auf eine Eingabe angewendeten Funktionen von links nach rechts:

```
(>.>) :: (a->b) -> (b->c) -> (a->c)
g >.> f = f.g
```

Für das bessere Verständnis definieren wir Eingabe und Ausgabe vom Typ `String`:

```
type Eingabe = String
type Ausgabe = String
```

Jetzt können wir beispielsweise mit dem neuen Operator für die Funktionskomposition eine eingegebene Zeichenkette umdrehen:

```
beispielUmdrehen :: Eingabe -> Ausgabe
beispielUmdrehen = lines >.> map reverse >.> unlines
```

Dieses Programm sollten Sie auf der Konsole ausprobieren.

17.5.2 Monade IO

Wir haben mit der stream-basierten Eingabe schon einen alternativen Ansatz kennengelernt. Der monadische Ansatz, den wir jetzt verfolgen, verspricht aber mehr Flexibilität.

Wie gesagt, verändern wir bei Ein- und Ausgabe den Zustand der Welt. Wir müssen unsere Funktionen also davon abhängig machen. Zum Glück haben wir mit der Monade `State` schon eine Möglichkeit kennengelernt, das Weiterreichen eines Zustands zu organisieren.

Die Monade `IO` macht tatsächlich nicht viel anderes als die Monade `State`, nur dass der Zustand der Welt weitergereicht wird. Dieses Zustandsobjekt kann nicht vom Programmierer erzeugt werden, sondern wird der `main`-Funktion als impliziter Parameter bei der Ausführung des Programms übergeben. Ausnahmen stellen Funktionen dar, deren Namen mit `unsafe` beginnen, wie beispielsweise `unsafePerformIO`. Das bedeutet, dass es kein `runIO` geben kann, diese Aufgabe ist der `main` Funktion vorbehalten.

Es ist wichtig zu verstehen, dass Inhalte vom Typ `IO a` nicht wirklich Werte sind, so wie Inhalte vom Typ `Random a` nicht wirklich Werte waren. Tatsächlich versteckt sich dahinter eine Funktion `RealWorld -> a`.

Damit ist die `IO`-Monade, die einzige Monade, bei der etwas Hintergrundmagie passiert. Durch unsere Kenntnis der Monade State wissen wir eigentlich schon alles was wir benötigen, um Ein- und Ausgaben in Haskell zu machen. Wir müssen uns lediglich ansehen, welche Funktionen uns bereits vordefiniert vorliegen.

In den folgenden Abschnitten werden wir einige kennenlernen.

17.5.2.1 Bildschirmausgaben

Um Inhalte auf dem Bildschirm auszugeben, gibt es unter anderem die folgenden Funktionen.

Mit `putChar` kann ein einzelnes Zeichen auf dem Bildschirm ausgegeben werden. Es wird das leere Tupel, vergleichbar mit `void` in anderen Programmiersprachen, zurückgeliefert.

```
putChar :: Char -> IO ()
```

Analog zu `putChar` kann mit der Funktion `putStr` ein ganzer String ausgegeben werden:

```
putStr :: String -> IO ()
```

Diese Funktion könnten wir uns mit Hilfe von `putChar` auch schnell selbst definieren:

```
putStr :: String -> IO ()
putStr = sequence_.map putChar
```

Außerdem gibt es eine Funktion `putStrLn`, die nach dem String noch einen Zeilenumbruch ausgibt. Komfortabel ist die Funktion `print`, die jeden Wert automatisch in einen String umwandelt:

```
print :: Show a => a -> IO ()
```

17.5.2.2 Tastatureingaben

Passend zu den Ausgabe-Funktionen gibt es auch nützliche Funktionen zur Eingabe. Die Funktion `getChar` liest ein einzelnes Zeichen ein. Dabei muss darauf geachtet werden, dass die Eingabepufferung dementsprechend eingestellt ist.

```
getChar :: IO Char
```

Was es mit der Eingabepufferung auf sich hat, wird im nächsten Abschnitt noch erläutert. Analog zu `putStr` gibt es die Funktion `getLine`, die eine Zeile einliest:

```
getLine :: IO String
```

Auch diese können wir wieder über `getChar` definieren:

```
getLine :: IO String
getLine = do
  c <- getChar
  if (c == '\n') then
    return ""
    else
      do
        cs <- getLine
        return (c:cs)
```

Wieder aus Gründen des Komforts, gibt es eine Funktion, die automatisch `read` auf dem eingelesenen String ausführt:

```
readLn :: Read a => IO a
```

17.5.2.3 Eingabepufferung

Bei Ein- und Ausgaben, die nur ein einzelnes Zeichen betreffen sollen, tritt bei vielen Betriebssystemen das Problem auf, dass erst Enter gedrückt werden muss, bevor `getChar` das getippte Zeichen einliest. Oder im Ausgabefall, dass erst ein Zeilenumbruch ausgegeben werden muss, damit `putChar` etwas auf dem Bildschirm ausgibt.

Das hängt damit zusammen, dass das Betriebssystem aus Effizienzgründen zu kurze IO-Aktionen vermeidet. Stattdessen werden die Aktionen gepuffert und Blockweise ausgeführt. Das wird auch als Buffering bezeichnet.

Glücklicherweise kann der Programmierer Einfluss auf dieses Verhalten nehmen. Neben den beiden in den vorhergehenden Abschnitten angegebenen Funktionen, gibt es ein alternatives System von Funktionen, die nicht automatisch von der Standardeingabe lesen, sondern ein sogenanntes Handle erhalten. Das ist ein spezieller Wert, der symbolisch für ein IO-Gerät, eine Datei oder ähnliches steht. Damit die

Funktionen, die Handles verwenden, eingesetzt werden können, muss `System.IO` importiert werden.

Eine dieser Funktionen ist `hSetBuffering`, mit der zwischen zeilen- und blockweiser Pufferung umgeschalten werden, bzw. mit der die Pufferung sogar ganz ausgestellt werden kann:

```
hSetBuffering :: Handle -> BufferMode -> IO ()
```

Das Handle für die Standardeingabe ist `stdin`, für die Standardausgabe `stdout`. Die drei BufferModes sind `NoBuffering`, um die Pufferung ganz auszuschalten:

```
hSetBuffering stdin NoBuffering
```

`LineBuffering` ist die Standardeinstellung für zeilenweise Pufferung:

```
hSetBuffering stdin LineBuffering
```

Als dritten Modus haben wir noch das `BlockBuffering`, für blockweise Pufferung:

```
hSetBuffering stdin BlockBuffering
```

Leider gibt es keine Garantie, dass `hSetBuffering` auch wirklich etwas bewirkt. Nur wenn der gewünschte Modus auch unterstützt wird, hat der Aufruf einen Effekt. Mit dem Compiler GHC 6.10.4 ist es aufgrund eines Fehlers nicht möglich, unter Windows die Pufferung für Tastatureingaben auszuschalten [62].

Wie gesagt, dient das Buffering der Effizienzsteigerung bei Ein- und Ausgaben. Es sollte nur dann ausgeschaltet werden, wenn nicht das gewünschte Verhalten erzeugt werden kann.

17.5.2.4 Beispiel: Hangman

In diesem Beispiel implementieren wir eine einfache Version des bekannten Hangman-Spiels, bei dem der Spieler ein Wort erraten muss, in dem er nacheinander Buchstaben rät, die dann aufgedeckt werden.

```
1  import Data.Char -- für toLower
2  import System.IO -- für hSetBuffering
3
4  -- das zu erratende Wort und die Anzahl der Versuche
5  wort        = "Lambda"
6  maxVersuche = 5
7
8  -- im String werden die bereits geratenen Buchstaben
9  -- gespeichert. Im Int die Zahl der falschen Versuche
10 hangman :: String -> Int -> IO ()
11 hangman geraten falsch
```

```
12    {- wenn man mehr falsche Versuche hatte, als erlaubt,
13        hat man verloren. Wenn man alle Buchstaben des
14        Wortes erraten hat, hat man gewonnen -}
15      | falsch > maxVersuche = putStrLn "\nverloren"
16      | all ('elem' geraten) (map toLower wort) = putStrLn "\ngewonnen"
17    hangman geraten falsch = do
18        putStrLn ""
19        printWord geraten
20        putStrLn "\nWelcher Buchstabe?"
21        -- ein Zeichen einlesen und zu einem Kleinbuchstaben machen
22        c <- getChar >>= (return.toLower)
23        -- testen, ob der Buchstabe vorkommt
24        if (c 'elem' (map toLower wort)) then
25            hangman (c:geraten) falsch else do
26                -- falls nicht die Anzahl der Fehlversuche erhöhen
27                putStrLn $ "\n" ++ (show (falsch+1)) ++ " falsch!\n"
28                hangman geraten (falsch+1)
29
30    {- gibt das Wort aus, zeigt aber nur die geratenen Buchstaben an.
31       Noch nicht geratene Buchstaben werden durch ein _ ersetzt. -}
32    printWord :: String -> IO ()
33    printWord geraten = mapM_ putZeichen wort where -- mapM = sequence.map
34        putZeichen x
35            | toLower x 'elem' geraten = putChar x
36            | otherwise = putChar '_'
37
38    main = do
39        hSetBuffering stdin NoBuffering
40        hangman "" 0
```

Dieses Beispiel funktioniert leider nicht korrekt unter Windows mit dem Compiler GHC 6.10.4, da die Zeilenumbrüche, die wegen des `hSetBuffering`-Fehlers eingegeben werden müssen, als Fehlversuche gezählt werden.

Sehen wir uns abschließend eine erfolgreiche Raterunde in der Konsole an:

```
Hugs> main


_____
Welcher Buchstabe?
L
L_____
Welcher Buchstabe?
a
La___a
Welcher Buchstabe?
m
Lam__a
Welcher Buchstabe?
b
Lamb_a
Welcher Buchstabe?
d
gewonnen
```

17.5.3 Dateien ein- und auslesen

Analog zu den Tastatureingaben und Bildschirmausgaben, können Dateien ein- und ausgelesen werden. Dafür gibt es unter anderem die Funktionen `readFile` und `writeFile`, die eine Datei ein- bzw. auslesen können:

```
readFile  :: IO String
writeFile :: FilePath -> String -> IO ()
```

`FilePath` ist dabei nur ein Synonym für String. Beide Funktionen arbeiten lazy. Anders als in anderen Programmiersprachen, brauchen wir uns nicht darum zu kümmern, die Daten in kleinere Blöcke aufzuteilen. Haskell macht das schon für uns.

Als Beispiel wollen wir uns ein einfaches Programm schreiben, dass Dateien nach Strings durchsuchen kann.

Zunächst müssen wir uns überlegen, wie wir feststellen können, ob ein Wort in einem Text enthalten ist. Das ist ein viel untersuchtes Problem und es gibt zahlreiche effiziente Algorithmen um es zu lösen. Wir benutzen den naiven Algorithmus, da er am einfachsten zu programmieren ist [10]. Entweder steht das gesuchte Wort (Länge m) ganz am Anfang des Textes (Länge n) oder es kommt vielleicht im Text vor, wenn wir das erste Zeichen weglassen. Das ergibt eine Laufzeit von $\Theta(n \cdot m)$.

Dann brauchen wir nur noch eine Datei einzulesen und darin zu suchen. Wenn das Wort enthalten ist, wird der Teil des Textes zurückgegeben, der mit dem Wort beginnt. Ansonsten wird `Nothing` zurückgegeben.

Hier unser kleines Programm:

```
isInfix :: String -> String -> Maybe String
isInfix [] _ = Nothing isInfix text wort
        | wort == take (length wort) text = Just text
        | otherwise = isInfix (tail text) wort

main = do
    putStrLn "Gib den Pfad zur Datei ein: "
    filepath <- getLine
    putStrLn "Gib das gesuchte Wort ein: "
    wort <- getLine
    content <- readFile filepath
    let test = isInfix content wort
    case test of
        Nothing -> putStrLn "das Wort war nicht enthalten"
        Just s -> putStrLn $
            "das Wort steht an der Stelle\n " ++ (take 100 s)
```

Verwenden wir nun unser Programm, um in dem folgenden Textabschnitt (ein Auszug aus dem Wikipedia-Artikel zu Bärtierchen [67]), der in der Datei `Baertierchen.txt` gespeichert ist, nach dem Wort „Strahlung" zu suchen:

„Bärtierchen überstanden sogar zehn Tage im freien All. Per Satellit hatten Forscher aus Deutschland und Schweden mehrere Proben mit Bärtierchen ins All geschickt und während ihres Aufenthalts Strahlung und Kälte im luftleeren Raum ausgesetzt. Nach ihrer Rückkehr fanden die Wissenschaftler selbst unter denjenigen Bärtierchen Überlebende, die den extremsten Bedingungen ausgesetzt waren."

```
Hugs> main
Gib den Pfad zur Datei ein
./Baertierchen.txt
Gib das gesuchte Wort ein
Strahlung
das Wort kommt vor an der Stelle
 Strahlung und Kälte im luftleeren Raum ausgesetzt. Nach ihrer
 Rückkehr fanden die Wissenschaftler
```

Intelligentere string matching-Verfahren können den Aufwand vom naiven Ansatz mit $\Theta(n \cdot m)$ auf $\Theta(n + m)$ reduzieren, so z.B. der Knuth-Morris-Pratt-Algorithmus [17].

17.6 Übungsaufgaben

Aufgabe 1) Angenommen wir wollen Funktionen schreiben, die manchmal bei ihren Berechnungen scheitern. Zum Beispiel scheitert die Berechnung einer Wurzel aus einer negativen Zahl, oder das Finden eines Eintrags im Telefonbuch, wenn die gesuchte Person nicht existiert. Wir verwenden den `Maybe` Datentypen um das auszudrücken. Funktionen, die scheitern können, haben den Typen `f :: a -> Maybe b`. Wenn in einer Kette von Berechnungen eine scheitert, wollen wir, dass die ganze Kette scheitert. Schreiben Sie `verbinde` und `einheit` für Funktionen dieses Typs.

Aufgabe 2) Angenommen wir wollen Funktionen schreiben, die mehrere Ergebnisse haben können. Zum Beispiel hat die n-te Wurzel im Komplexen n Lösungen, oder beim Durchmustern eines Graphen mit Grad n können wir n Folgezustände haben. Wir benutzen Listen um das auszudrücken. Funktionen, die mehrere Ergebnisse haben können, haben den Typen `f :: a -> [b]`. In einer Kette von Berechnungen wollen wir, dass die nächste Funktion auf alle Ergebnisse der vorherigen Funktion angewendet wird. `sqrt ... sqrt` soll also alle vier vierten Wurzeln liefern. Schreiben Sie `verbinde` und `einheit` für Funktionen diesen Typs.

Aufgabe 3) Definieren Sie eine geeignete Instanz von Monad für diesen Datentypen `data M a = M a`. Beweisen Sie die drei Monadengesetze.

Aufgabe 4) Definieren Sie geeignete Instanzen von Monad für `Debug a`, `Maybe a` und `data List a = Nil | Cons a (List a)`

Aufgabe 5) Zeigen Sie, dass die drei Monadengesetze für Ihre Instanz für `Maybe` gelten.

Aufgabe 6) Zeigen Sie, dass für alle Monaden `m` eine Funktion `fmap :: (a->b) -> m a -> m b` existiert.

Aufgabe 7) Zeigen Sie, dass man jeden Typen `m`, für den eine Funktion `return:: a->m a` und eine Funktion `join :: m (m a) -> m a` existiert, zu einer Instanz der Monadenklasse machen kann.

Aufgabe 8) Wandeln Sie folgenden Ausdruck in einen do-Block um:

```
f x y= g x >>= h >> j y
```

Aufgabe 9) Wandeln Sie folgenden do-Block zurück in eine Verkettung von Funktionen mit >>= :

```
f x y = do
  z <- g x
  let i = h y
  j z
```

Aufgabe 10) Definieren Sie folgenden Funktionen in zwei Varianten: Verwenden Sie sowohl do-Notation als auch explizite >>= Aufrufe.

`sequenz :: Monad m => [m a] -> m [a]` (vordefiniert als `sequence`)

`monadFold :: Monad m => (a -> b -> m a) -> a -> [b] -> m a` (vordefiniert als `foldM`)

Kapitel 18

Programme verifizieren und testen

Bisher haben wir uns von der Richtigkeit unserer Programme durch Ausprobieren und scharfes Hinsehen überzeugt. Das hat ganz gut funktioniert, aber wirklich sicher konnten wir uns nie sein, dass wir nicht etwas übersehen haben.

In diesem Kapitel lernen wir, wie sich mathematische Beweise zur Verifikation von Programmen führen lassen.

M. Block, A. Neumann, *Haskell-Intensivkurs*,
DOI 10.1007/978-3-642-04718-3, © Springer 2011

Funktionale Programmiersprachen wie Haskell bieten sich hierfür besonders an, da man sich keine Gedanken über eventuelle Seiteneffekte machen muss, die bei anderen Sprachen die Beweise sehr umständlich machen. Haskellfunktionen können genau wie mathematische Funktionen umgeformt werden, ohne dass sich die Bedeutung verändert.

18.1 Beweis durch vollständige Induktion

Da die meisten interessanten Funktionen in Haskell rekursiv sind, werden wir das Beweisprinzip der vollständigen Induktion verwenden, das auf einer ähnlichen Technik beruht.

Dafür wird zunächst gezeigt, dass ein Rekursionsanker vorhanden und korrekt ist. In allen einfachen Fällen also das erwartete Ergebnis geliefert wird. Anschließend wird bewiesen, dass die Vereinfachung des Problems im Rekursionsschritt korrekt ist. Die Induktion funktioniert also ganz genauso, wie die Rekursion. Lediglich die Reihenfolge der Schritte ist umgekehrt. Bei der Induktion werden zuerst die einfachen und dann die schwierigen Fälle betrachtet.

Damit das funktioniert, müssen die einfachen von den schwierigen Fällen unterscheidbar sein. Am einfachsten geht das, wenn die Eingaben natürliche Zahlen sind. Für ausreichend kleine natürliche Zahlen sind alle Probleme leicht und schwierige Probleme werden leichter gemacht, indem die Eingabezahl verkleinert wird.

Um mathematisch genau arbeiten zu können, müssen wir auch eine mathematisch genaue Definition der natürlichen Zahlen verwenden.

18.1.1 Die fünf Peano-Axiome

Es folgt eine Definition der Menge der natürlichen Zahlen $\mathbb{N}$ durch die fünf Peano-Axiome, die erstmals 1889 von dem italienischen Mathematiker Giuseppe Peano angegeben wurden:

1) 0 ist eine natürliche Zahl.

2) Zu jeder natürlichen Zahl n gibt es genau einen Nachfolger $S(n)$ (*successor*, engl. Nachfolger), der ebenfalls eine natürliche Zahl ist.

3) Es gibt keine natürliche Zahl, deren Nachfolger 0 ist.

4) Jede natürliche Zahl ist Nachfolger höchstens einer natürlichen Zahl.

5) Jede Menge X, die die 0 und mit jeder natürlichen Zahl auch ihren Nachfolger enthält, ist gleich der Menge der natürlichen Zahlen.

18.1.2 Beweiskonzept

Um für alle natürlichen Zahlen zu beweisen, dass eine Aussage P gilt, genügt es zwei Dinge zu zeigen:

(1) (Induktionsanker) Zeige, dass $P(0)$ gilt

(2) (Induktionsschritt) Zeige, dass die Aussage P gilt, $\forall n \in \mathbb{N} : P(n) \Rightarrow P(n+1)$

Um den zweiten Schritt $P(n+1)$ anwenden zu können, setzen wir voraus, dass $P(n)$ gelten muss (Induktionsvoraussetzung).

Wenn (1) und (2) erfolgreich bewiesen sind, folgt direkt aus dem 5. Peano-Axiom, dass die Menge aller Zahlen, die die Aussage P erfüllen, gleich der Menge der natürlichen Zahlen ist. Deswegen wird das 5. Peano-Axiom auch das Induktionsaxiom genannt.

Schritt 2 lässt sich noch verallgemeinern zu:

(2) $\forall n \in \mathbb{N} : (P(0) \wedge P(1) \wedge ... \wedge P(n)) \Rightarrow P(n+1)$

Es ist also erlaubt, die Annahme im Induktionsschritt dahingehend zu verstärken, dass die Aussage bereits für alle Zahlen $< n+1$ gilt, nicht nur für den direkten Vorgänger.

Zwei häufig auftretende Fehler bei dieser Beweisführung sind i) Der Induktionsschritt funktioniert zwar, die Behauptung gilt für die Anfangsbedingung aber nicht. ii) Der Induktionsschritt ist nicht für alle n gültig, d.h., es gibt mindestens ein $n \geq n_0$ (der Verankerung), für das er nicht anwendbar ist.

Das Prinzip der vollständigen Induktion wollen wir zunächst einmal mit einfachen Beispielen untersuchen und anwenden.

18.1.2.1 Gaußsche Summenformel

Die folgende Formel für die Summe der ersten n natürlichen Zahlen kennen wir bereits. Sie wird als Gaußsche Summenformel bezeichnet:

$$0 + 1 + 2 + ... + n = \frac{n \cdot (n+1)}{2}$$

Jetzt wollen wir mit vollständiger Induktion beweisen, dass sie auch wirklich richtig ist.

Induktionsanker: Hier ist es sehr leicht, den Induktionsanker zu beweisen. Wir setzen für $n = 0$ ein:

$$\frac{0 \cdot (0+1)}{2} = 0 = \sum_{i=0}^{0} i$$

Induktionsschritt ($n \Rightarrow n+1$): Wenn für ein beliebiges aber festes n $A(n)$ gelte:

$$\sum_{i=0}^{n+1} i = \left(\sum_{i=0}^{n} i \right) + (n+1)$$

$$\stackrel{IV}{=} \frac{n \cdot (n+1)}{2} + (n+1)$$

$$= \frac{n \cdot (n+1) + 2(n+1)}{2}$$

$$= \frac{(n+1)(n+2)}{2}$$

Hier haben wir die Induktionsvoraussetzung IV eingesetzt um $\sum_{i=0}^{n} i$ zu ersetzen. Das ist erlaubt, da wir dafür nur die Aussage über Zahlen bis n benutzt haben, deren Richtigkeit wir im Induktionsschritt annehmen dürfen.

18.1.2.2 Vier- und Fünf-Euro-Münze

In diesem Beispiel wollen wir einen Anreiz geben, eine Vier- und eine Fünf-Euro-Münze einzuführen. Wir behaupten, dass jeder ganze Eurobetrag über 12 Euro durch k Vier- und l Fünf-Euro Münzen bezahlt werden kann. Mathematisch lässt sich das ausdrücken als:

$$\forall n \in \mathbb{N}, n \geq 12 : \exists k, l \in \mathbb{N} : 4k + 5l = m$$

Induktionsanker: Damit unser Induktionsschritt funktioniert, werden wir auf mehr als nur den Vorgänger zugreifen müssen. Es ist leicht zu sehen, dass die Aussage für $n = 12, 13, 14, 15$ korrekt ist.

Induktionsschritt: Wähle ein beliebiges aber festes n mit $(n+1) \geq 16$ und nimm an, dass $P(n), P(n-1), P(n-2), P(n-3)$ gilt. Für diese Annahme benötigen wir den längeren Induktionsanker. Wir betrachten $(n+1) - 4 \geq 12$, das liegt in dem Bereich, für den nach Annahme die Aussage wahr ist:

$$(n+1) - 4 \stackrel{IV}{=} 4k + 5l$$
$$\Rightarrow (n+1) \quad = 4(k+1) + 5l$$

18.1.2.3 Fakultätsfunktion

An dieser Stelle können wir schon für einfache Haskellfunktionen über natürlichen Zahlen die Korrektheit beweisen. Wie so oft ist das leichteste Beispiel die Fakultätsfunktion.

Satz: Für jedes $n \in \mathbb{N}$ mit $n > 0$ berechnet die Funktion `fakultaet n` den Wert $\prod_{i=1}^{n} i$ und für $n = 0$ den Wert 1. Die Funktion `fakultaet` ist dabei wie folgt definiert:

```
fakultaet :: Int -> Int
fakultaet n
  | n==0      = 1                      -- (fac.1)
  | otherwise = n = fakultaet (n-1)    -- (fac.2)
```

Die Bezeichnungen der Zeilen werden uns helfen, die Beweisschritte nachvollziehbar anzugeben.

Beweis: Wir führen den Beweis durch vollständige Induktion. Induktionsanker: Zunächst wollen wir den Induktionsanker mit $n = 0$ zeigen:

$$\texttt{fakultaet}\, 0 = 1\,|\,(\texttt{fac.1})$$

Der Induktionsanker ist erfüllt.

Induktionsvoraussetzung: Die Aussage gilt für n, mit `fakultaet n` $= \prod_{i=1}^{n} i$.

Induktionsschritt:

$$\texttt{fakultaet}\,(n+1) = (n+1)\cdot\texttt{fakultaet}((n+1)-1)\,|\,(\texttt{fac.2})$$
$$= (n+1)\cdot\texttt{fakultaet}\,n \qquad |\ \text{IV}$$
$$= (n+1)\cdot\textstyle\prod_{i=1}^{n} i$$
$$= \textstyle\prod_{i=1}^{n+1} i$$

Damit ist der Satz bewiesen.

An dieser Stelle fällt es auf, dass wir zwar einen funktionierenden Induktionsbeweis für die Korrektheit von `fakultaet` haben, aber ein offensichtlicher Fehler in der Funktion ist: sie terminiert nicht für Eingaben < 0! Tatsächlich machen Induktionsbeweise wie wir sie führen keinerlei Aussage über die Terminierung von Programmen. Schlimmer noch, für nicht-terminierende Programme lassen sich im Prinzip alle Aussagen beweisen. Da sie nie ein Ergebnis liefern, können sie folglich auch nie eine falsche Antwort geben.

Zwar gibt es Techniken, um die Induktion so zu erweitern, dass auch die Terminierung gezeigt wird, beispielsweise indem die Anzahl der Rekursionsschritte beschränkt wird, diese wollen wir in diesem Buch allerdings nicht behandeln.

18.1.3 Vollständige Induktion über Strukturen

Mit unserem Wissen zur vollständigen Induktion können wir nun also Eigenschaften von Programmen über den natürlichen Zahlen beweisen. Obwohl das schon sehr nützlich ist, bleibt doch die Frage, wie wir mit komplizierteren Programmen umgehen können, die ja in der Regel nicht nur Funktionen von `Int` nach `Int` enthalten.

Glücklicherweise lässt sich die vollständige Induktion nicht nur für natürliche Zahlen verwenden. Sie kann auf alle Strukturen angewandt werden, die sich durch natürliche Zahlen charakterisieren lassen. Jede Datenstruktur und jeder Funktionsaufruf steht schließlich irgendwo im Speicher, ist als eine Folge von Nullen und Einsen und demnach als natürliche Zahl kodiert.

Anders als für Computer ist es für Menschen aber sehr schwierig, direkt mit den großen Zahlen zu arbeiten. Wir müssen uns daher eine einfachere Kodierung überlegen. In der Regel bietet sich hier die Größe der Datenstruktur oder die Tiefe der Rekursion an.

18.1.3.1 Induktion über Listen

Im Folgenden wollen wir uns mit Induktionsbeweisen über Listen beschäftigen. Diese Technik, kann für alle induktiv definierten Datentypen, wie beispielsweise Bäume oder Graphen, übernommen werden. Natürlich nimmt aber die Komplexität der Beweise mit der Komplexität der Datenstrukturen in der Regel zu.

Bei Listen können wir uns die Tatsache zu Nutze machen, dass die Länge einer Liste eine natürliche Zahl ist. Um aber nicht immer explizit von der Kodierung der Liste sprechen zu müssen, ändern wir unser Induktionsprinzip. Statt über natürlichen Zahlen Induktion zu machen, verwenden wir den Aufbau der Datenstruktur. Um sie von der herkömmlichen Induktion abzugrenzen, wird diese Variante auch als strukturelle Induktion bezeichnet.

Schauen wir uns dazu ein kurzes Beispiel an.

Satz: Für alle Listen `xs` und `ys` von ganzen Zahlen gilt:

$$\text{elem z (xs ++ ys) = elem z xs || elem z ys}$$

Das bedeutet, dass ein Element in der Konkatenation zweier Listen genau dann enthalten ist, wenn es in der einen oder in der anderen Liste enthalten ist. Das erscheint uns doch sehr plausibel. Um den Beweis führen zu können, müssen wir uns die Definition der verwendeten Funktionen ansehen:

```
(++) :: [a] -> [a] -> [a]
[] ++ vs      = vs                    -- (++.1)
(u:us) ++ vs  = u:(us ++ vs)          -- (++.2)

elem :: Eq a => a -> [a] -> Bool
elem u []     = False                 -- (elem.1)
elem u (v:vs) = (u==v) || elem u vs   -- (elem.2)
```

Auch an dieser Stelle sind die Bezeichnungen der Zeilen für die Beweisführung nützlich.

Beweis: An dieser Stelle soll die strukturelle Induktion über die Länge der Liste xs vorgenommen werden. Allgemein soll n die Länge der Liste xs sein.

Induktionsanker: Für den Induktionsanker wollen wir die Aussage für xs= [] prüfen. Das entspricht $n = 0$.

$$(1)\ \texttt{elem}\,z\,([]\,\texttt{++}\,ys) \quad = \texttt{elem}\,z\,ys \qquad\qquad |\ (\texttt{++}.1)$$
$$(2)\ \texttt{elem}\,z\,[]\,||\,\texttt{elem}\,z\,ys = \texttt{False}\,||\,\texttt{elem}\,z\,ys\ |\ (\texttt{elem}.1),\,\texttt{False} \vee x = x$$
$$= \texttt{elem}\,z\,ys$$

Der Induktionsanker ist erfüllt, da (1) und (2) das gleiche Ergebnis liefern.

Induktionsvoraussetzung: Wir setzen voraus, dass für eine beliebige aber feste Liste xs mit der Länge n die Aussage

$$\texttt{elem}\,z\,(xs\,\texttt{++}\,ys) = \texttt{elem}\,z\,xs\,||\,\texttt{elem}\,z\,ys$$

erfüllt ist.

Induktionsschritt: Für (x:xs) mit der Listenlänge $n+1$ gilt die Aussage

$$\texttt{elem}\,z\,((x:xs)\,\texttt{++}\,ys) = \texttt{elem}\,z\,(x:xs)\,||\,\texttt{elem}\,z\,ys$$

unter der Induktionsvoraussetzung:

$$
\begin{aligned}
\texttt{elem}\,z\,((x:xs)\,\texttt{++}\,ys) &= \texttt{elem}\,z\,(x:(xs\,\texttt{++}\,ys)) & |\ (\texttt{++}.2)\\
&= (z\,\texttt{==}\,x)\,||\,\texttt{elem}\,z\,(xs\,\texttt{++}\,ys) & |\ (\texttt{elem}.2)\\
&= (z\,\texttt{==}\,x)\,||\,(\texttt{elem}\,z\,xs\,||\,\texttt{elem}\,z\,ys) & |\ \texttt{IV}\\
&= (z\,\texttt{==}\,x)\,||\,\texttt{elem}\,z\,xs\,||\,\texttt{elem}\,z\,ys & |\ \texttt{Assoz.}\\
&= \texttt{elem}\,z\,(x:xs)\,||\,\texttt{elem}\,z\,ys
\end{aligned}
$$

Damit ist der Satz bewiesen.

18.1.3.2 Induktion über Bäume

Als ein einfaches Beispiel für einen Induktionsbeweis über Bäume wollen jetzt zeigen, dass jeder boolesche Term mit den Funktionen $\neg$ und $\vee$ ausgedrückt werden kann. Dabei machen wir eine Induktion über die Höhe des Operatorbaums, den sogenannten Rang der Formel.

Satz: Jeder boolesche Term kann semantisch äquivalent durch die Funktionen $\neg$ und $\vee$ ausgedrückt werden.

Beweis: Wir führen eine strukturelle Induktion über den Rang der Formel.

Induktionsanker: Als Induktionsanker verwenden wir Formeln mit Rang 0, d.h. ohne jegliche logische Verknüpfungen. Da sie nur aus Variablen bestehen, lassen sich diese auch trivial durch $\neg$ und $\vee$ ausdrücken.

Induktionsschritt: Wir setzen voraus, dass die Behauptung für alle Funktionen mit dem Rang $\leq n$ gilt. Sei Φ eine Formel vom Rang $n + 1$. Wir machen eine Fallunterscheidung nach den verschiedenen Möglichkeiten, wie Φ aus einfacheren Formeln aufgebaut sein kann:

1. $\Phi = \neg \phi, \mathrm{rang}(\phi) = n$. Nach Induktionsvoraussetzung können wir ϕ mit $\neg, \vee$ umschreiben. Dann können wir aber natürlich auch $\neg \phi$ notieren.

2. $\Phi = \phi_1 \vee \phi_2, \mathrm{rang}(\phi_1) \leq n, \mathrm{rang}(\phi_2) \leq n$. Nach Induktionsvoraussetzung können wir ϕ_1 und ϕ_2 mit $\neg, \vee$ schreiben. Dann können wir aber auch die Disjunktion der beiden Formeln notieren.

3. $\Phi = \phi_1 \wedge \phi_2, \mathrm{rang}(\phi_1) \leq n, \mathrm{rang}(\phi_2) \leq n$. In diesem Fall müssen wir die Formeln mithilfe der De Morganschen-Regeln umformen (s. Abschn. 2.1.6). Nach Induktionsvoraussetzung können wir ϕ_1 und ϕ_2 mit $\neg, \vee$ schreiben. Seien die umgeschriebenen Formeln ϕ_1' und ϕ_2'. Dann können wir Φ schreiben als

$$\Phi = \neg(\neg \phi_1' \vee \neg \phi_2')$$

Da wir alle Fälle abdecken konnten, gilt die Aussage nach dem Prinzip der vollständigen Induktion.

18.2 QuickCheck

Wie man an den Beispielen schon gesehen hat, ist es in der Regel nicht praktikabel für kompliziertere Programme einen vollständigen Korrektheitsbeweis durchzuführen. Zwar gibt es beispielsweise mit den Programmen Isabelle [63] und Coq [64] einige Ansätze, um solche Beweise zumindest teilweise zu automatisieren, aber dennoch haben Korrektheitsbeweise außerhalb der Forschung kaum Halt gefunden.

Deutlich verbreiteter ist das experimentelle Testen von Programmen, das wir auch schon von Hand selbst durchgeführt haben. Obwohl dadurch niemals die Korrektheit bewiesen werden kann, reicht es doch für die meisten Anwendungen aus, sich durch ausgiebiges Testen von der Korrektheit zu überzeugen.

Natürlich ist es umständlich, jedes Mal, wenn etwas am Programm geändert wird, alle Funktionen manuell zu testen, ob die Änderungen nicht irgendwelche Fehler mit sich gebracht haben. Zu diesem Zweck wurden automatisierte Testwerkzeuge entwickelt.

Eines von ihnen ist QuickCheck, mit dem wir uns in diesem Abschnitt ein wenig beschäftigen wollen. Die volle Funktionalität von QuickCheck vorzustellen, würde den Rahmen dieses Buches allerdings sprengen, deshalb geben wir nur eine kleine Einführung. Bei tiefergehendem Interesse sei das online verfügbare Handbuch empfohlen [65].

QuickCheck basiert darauf, dass der Anwender für jede zu testende Funktion, eine oder mehrere Spezifikationen schreibt, die das Verhalten der Funktion bestimmen. Es werden dann automatisch zufällige Eingaben generiert und überprüft, ob die Funktion die vorgegebene Spezifikation erfüllt. Der große Vorteil von Quick-Check liegt dabei darin, dass die Spezifikationen direkt in Haskell geschrieben werden können und nicht eine zusätzliche Spezifikationssprache integriert werden muss.

18.2.1 Beispiel: Sortieren

Am besten wird das Prinzip mit einem Beispiel klar. Nehmen wir an, wir haben einen Sortieralgorithmus für Listen implementiert und wollen nun testen, ob er auch wirklich korrekt sortiert. Wir wollen, dass in der sortierten Liste für zwei aufeinanderfolgende Elemente x_i, x_j gilt, dass $x_i \leq x_j$. Damit wir das mit QuickCheck testen können, müssen wir eine Haskellfunktion schreiben, die genau das überprüft. In QuickCheck heißen solche Funktionen Properties.

Eine Property ist eine monomorphe Funktion deren Namen mit `prop_` beginnt. In der Regel sollten Properties einen `Bool` zurückgeben. Zum Testen auf die Sortiertheit nach dem Sortieren mit `Data.List.sort` können wir zum Beispiel eine solche Funktion verwenden:

```
prop_sorted xs' = let xs = sort xs' in and (zipWith (<=) xs (tail xs))
```

Diese Funktion ist aber noch nicht monomorph, sie funktioniert für alle Typen aus `Ord`. Wir müssen den Typen einschränken, damit QuickCheck mit dieser Funktion arbeiten kann. Eine Lösung wäre dabei, eine neue lokale Definition einzuführen, die die Typen fixiert:

```
where typ = xs'::[Int]
```

Dabei ist der Name der lokalen Definition vollkommen egal, da sie nur dazu dient, die Typen eindeutig zu machen.

Damit wir die Property testen können, müssen wir das Modul `Test.QuickCheck` einbinden. Es stellt, neben vielen anderen, eine Funktion `quickCheck` zur Verfügung, die eine Property nimmt und automatisch Testfälle generiert.

Mit dieser Funktion können wir unsere Property testen:

```
Hugs> quickCheck prop_sorted
OK, passed 100 tests.
```

Das QuickCheck-Modul stellt viele Hilfsmittel zur Verfügung, um Properties zu bauen. Beispielsweise lassen sich mit dem Operator ==> Implikationen konstruieren. So lassen sich beispielsweise undefinierte Fälle ausschließen, wie in der folgenden Property:

```
prop_tail xs = not (null xs) ==> length xs == length (tail xs) + 1
   where typ = xs :: [Int]
```

18.2.2 QuickCheck für eigene Typen verwenden

Für Listen und andere eingebaute Datentypen kann QuickCheck zufällige Eingaben generieren. Wenn ein eigener Datentyp definiert wird, funktioniert das allerdings nicht mehr. Damit QuickCheck auch mit selbstdefinierten Datentypen umgehen kann, müssen diese zu einer Instanz der Klasse Arbitrary gemacht werden, die im QuickCheck-Modul definiert ist. Dafür muss beschrieben werden, wie zufällige Werte des neues Datentyps erzeugt werden. Die Funktion arbitrary aus der Klasse erzeugt ein zufälliges Exemplar des Datentyps.

Falls das Instanziieren von Typklassen nicht mehr ganz frisch im Gedächtnis ist, bietet es sich an, den Abschn. 7.6 auf Seite 102 noch einmal nachzulesen.

18.2.3 Testdatengeneratoren

QuickCheck stellt zur Beschreibung von Testdatengeneratoren viele Funktionen zur Verfügung. Da der Generatordatentyp als Monade definiert ist, lassen sich auch alle bekannten Monadenoperationen bei der Definition verwenden.

Ein kleines sinnvolles Beispiel dafür ist die Vereinbarung eines einfachen Binärbaums als Instanz von Arbitrary:

```
1  data Baum a = Blatt | Knoten a (Baum a) (Baum a)
2
3  -- Achtung: Codezeile umgebrochen
4  instance Arbitrary a => Arbitrary (Baum a) where
5    arbitrary = oneof [return Blatt,
6                 liftM3 Knoten arbitrary arbitrary arbitrary]
7
8  liftM3 f x y z = do
9    x' <- x
```

```
10    y' <- y
11    z' <- z
12    return (f x' y' z')
```

Die Funktion oneof wird von QuickCheck bereitgestellt und wählt zufällig eine Alternative aus einer Liste von Möglichkeiten aus. Wir haben nur zwei Möglichkeiten einen Baum zu konstruieren. Entweder wir erzeugen ein Blatt oder einen inneren Knoten. Damit wir den richtigen Typen haben, müssen wir monadische Werte erzeugen. Da Blatt und Knoten aber nicht-monadische Funktionen sind, werden sie zuerst durch return bzw. liftM3 konvertiert (liftM3 ist auch in Control.Monad vordefiniert). Für die Werte, die ein innerer Knoten benötigt, verwenden wir wieder den Generator arbitrary. Dabei wird automatisch bestimmt, dass das erste arbitrary ein a erzeugt, die beiden letzten aber Bäume.

Nach dieser Definition lassen sich Testfälle für Funktionen über Bäume schreiben.

QuickCheck stellt noch viele Möglichkeiten bereit, um die Erzeugung von Testfällen zu steuern. Zum Beispiel kann die Größe der erzeugten Datenstrukturen kontrolliert werden. An dieser Stelle wollen wir aber nicht tiefer in Thematik einsteigen und verweisen auf die Dokumentation von QuickCheck.

18.3 Übungsaufgaben

Aufgabe 1) Beweisen oder widerlegen Sie mit Hilfe der vollständigen Induktion die folgenden Aussagen:

$A(n) : 1 + 2 + \ldots + n = \frac{n \cdot (n+1)}{2}$
$B(n) : 1 + 2 + 4 + 8 + \ldots + 2^n = 2^{n+1} - 1$
$C(n) : 1 + \frac{1}{2} + \frac{1}{3} + \frac{1}{4} + + \frac{1}{2^n} \geq 1 + n \cdot \frac{1}{2}$
$D(n) : 1 + 3 + 5 + \ldots + (2n - 1) = n^2$
$E(n) : 5 + 8 + 11 + 14 + \ldots + (5 + 3n) = 5(n + 1) + 3\frac{n \cdot (n+1)}{2}$
$F(n) :$ Jede natürliche Zahl n mit $n \geq 2$ lässt sich als Produkt von Primzahlen schreiben.

Aufgabe 2) Wo ist der Fehler im folgenden Induktionsbeweis?

In jeder Herde von Pferden haben alle Pferde dieselbe Farbe. Induktionsanker: $n = 1$ ist offensichtlich. Induktionsschritt: Angenommen die Aussage ist richtig für eine Menge von von n Pferden. Wir betrachten die Menge

$$H = \{h_1, \ldots, h_{n+1}\}$$

von $(n + 1)$ Pferden. Betrachte die zwei Teilmengen $H \setminus \{h_1\}$ und $H \setminus \{h_{n+1}\}$. In beiden Teilmengen haben alle Pferde nach IV dieselbe Farbe (da jeweils nur n Pferde enthalten sind), da sich die Mengen überschneiden müssen sie alle dieselbe Farbe haben.

Aufgabe 3) Beweisen oder widerlegen Sie mit Hilfe der strukturellen Induktion.

i) `addTo xs a = xs` mit

```
addTo :: [a] -> a -> [a]
addTo []    a = [a]          -- (addto.1)
addTo (x:xs) a = x:addTo xs a   -- (addTo.2)
```

ii) `(reverse.reverse) xs = xs` mit

```
(++) :: [a] -> [a] -> [a]
[]      ++ vs  = vs            -- (++.1)
(u:us) ++ vs  = u:(us ++ vs)  -- (++.2)

reverse :: [a] -> [a]
reverse []     = []           -- (rev.1)
reverse (x:xs) = reverse xs ++ [x]   -- (rev.2)
```

Kapitel 19
Berechenbarkeit und Lambda-Kalkül

In den 1930er Jahren, als sich die Informatik gerade als eigenständige wissenschaftliche Disziplin etablierte und die ersten programmierbaren Rechenmaschinen gebaut wurden, wurde die Frage diskutiert: Welche Probleme lassen sich theoretisch überhaupt durch Computer lösen bzw. berechnen?

Um eine Antwort auf diese Frage zu finden, musste zunächst ein formales System definiert werden, das möglichst gut den Begriff der Berechenbarkeit erfasst. Die Idee war, ein einfaches System zu beschreiben, mit dem alle intuitiv berechenbaren Funktionen formuliert werden können. Es haben sich einige konkurrierende Ansätze entwickelt, von denen wir uns den recht abstrakten λ-Kalkül näher ansehen

M. Block, A. Neumann, *Haskell-Intensivkurs*,
DOI 10.1007/978-3-642-04718-3, © Springer 2011

werden. Der Grund dafür ist die einfache Tatsache, dass Haskell auf dem λ-Kalkül basiert und uns ein grundlegendes Verständnis dafür auch das Verständnis für die Funktionsweise von Haskell verbessert.

Es ist nicht möglich, die Eigenschaft „intuitiv berechenbar" mathematisch exakt zu definieren. Da es aber viele verschiedene Ansätze gibt, den Begriff zu erfassen und sich alle als gleich mächtig herausgestellt haben, glaubt man allgemein, dass diese Systeme tatsächlich alle intuitiv berechenbaren Funktionen abbilden (bekannt als *Church Turing These*, s. z.B. [5]).

Seither hat sich die Berechenbarkeitstheorie zu einem wichtigen Teilgebiet der theoretischen Informatik entwickelt, dessen Ergebnisse durchaus auch von philosophischem Interesse sind, da hier beispielsweise konkret die Grenzen der Machbarkeit aufgezeigt werden.

19.1 Der Lambda-Kalkül

Der λ-Kalkül ist eine universelle Programmiersprache und Basis verschiedener funktionaler Programmiersprachen [19], so auch bei Haskell. Eingeführt wurde der λ-Kalkül 1930 von Alonso Church [33].

Eine Besonderheit des λ-Kalküls ist es, dass alle Komponenten, z.B. Datenstrukturen, über Funktionen dargestellt werden. Wie in jeder funktionalen Programmiersprache gibt es keinen Speicher, der manipuliert werden kann. Wir arbeiten ausschließlich mit Funktionen.

19.2 Formale Sprachdefinition

Der λ-Kalkül ist induktiv definiert. Das heißt, es werden einige wenige primitive Ausdrücke und Regeln eingeführt, aus denen sich komplexere Ausdrücke konstruieren lassen. Alle Ausdrücke müssen dabei eine endliche Größe haben.

19.2.1 Bezeichner

Der einfachste λ-Ausdruck besteht nur aus einem Bezeichner. In der Regel genügen die Kleinbuchstaben des Alphabets, aber prinzipiell lassen sich beliebig aber endlich viele Bezeichner verwenden.

```
<Bezeichner> := a,b,c,...,z,...
```

19.2.2 λ-Funktion

Aus einem Ausdruck lässt sich eine Funktion machen, indem „λ`<Bezeichner>`." davor geschrieben wird. Der Bezeichner ist dann das Argument der neuen Funktion. Der nach dem Punkt folgende Funktionskörper erstreckt sich dabei soweit wie möglich nach rechts:

$$\texttt{<Funktion>} := \lambda\texttt{<Bezeichner>}.\texttt{<Ausdruck>}$$

Dadurch sind $\lambda x.x$ und $\lambda z.xy$ reguläre Ausdrücke.

Es ist üblich, mehrere aufeinanderfolgende λ-Abstraktionen verkürzend aufzuschreiben: $\lambda x.\lambda y.\lambda z.A \equiv \lambda xyz.A$.

19.2.3 Applikation

Zwei λ-Ausdrücke hintereinander geschrieben ergeben eine Applikation:

$$\texttt{<Applikation>} := \texttt{<Ausdruck>}\texttt{<Ausdruck>}$$

So sind $(\lambda x.x)(\lambda y.xy)$ und $(\lambda i.i)a$ ebenfalls reguläre Ausdrücke. An dieser Stelle ist es oft ratsam, die beiden Ausdrücke einzuklammern.

19.2.4 Reguläre λ-Ausdrücke

Ein regulärer λ-Ausdruck ist also entweder ein Bezeichner, eine Funktion oder eine Applikation:

$$\texttt{<Ausdruck>} := \texttt{<Bezeichner>}|\texttt{<Funktion>}|\texttt{<Applikation>}$$

Damit haben wir eine rekursive Definition für λ-Ausdrücke angegeben. Weiterhin ist die Klammerung von Ausdrücken möglich. Wobei ohne explizite Klammerung Linksassoziativität vorausgesetzt wird:

$$A_1 A_2 A_3 \ldots A_n \equiv (\ldots((A_1 A_2)A_3)\ldots A_n)$$

Wir verwenden Kleinbuchstaben für Variablen und Großbuchstaben um ganze Ausdrücke zu bezeichnen. Beispielsweise könnten wir der Übersicht halber $A := \lambda x.x$ definieren und damit die Applikation $(\lambda x.x)(\lambda x.x)$ durch AA verkürzt angeben.

19.3 Freie und gebundene Variablen

In einem λ-Ausdruck gibt es mit den freien und gebundenen zwei Arten von Variablen. Gebundene Variablen sind all jene, die Bezeichner für Funktionsargumente sind. Kommt eine Variable nur im Körper der Funktion vor, nicht aber in ihren Argumenten, so ist diese frei. Im Ausdruck $\lambda xy.ayx$ sind x und y gebunden und a ist frei.

Es gibt eine einfache rekursive Vorschrift, um die Menge G der gebundenen Variablen in einem Ausdruck zu finden, die sich aus der rekursiven Definition herleitet:

1. Ein Bezeichner ist nicht gebunden: $G(x) = \{\}$

2. Der Bezeichner hinter einem λ ist gebunden: $G(\lambda x.A) = x \cup G(A)$

3. Bei Applikationen werden die gebundenen Variablen in den einzelnen Ausdrücken weitergesucht: $G(AB) = G(A) \cup G(B)$

Es kann leicht überlegt werden, wie sich freie Variablen mit einer ähnlichen Vorschrift finden lassen.

Beachten müssen wir, dass Variablen sowohl frei als auch gebunden vorkommen können, da ein Bezeichner auch mehrfach verwendet werden kann. Beispielsweise kommt x in dem Ausdruck $(\lambda x.x)x$ sowohl frei als auch gebunden vor.

19.4 λ-Ausdrücke auswerten

Kommen wir nun dazu, wie sich λ-Ausdrücke auswerten bzw. reduzieren lassen. Das ist erstaunlich einfach, denn es gibt mit der α-Konversion und der β-Reduktion nur zwei Regeln, die dabei eingehalten werden müssen.

19.4.1 α-Konversion

Eine gebundene Variable kann umbenannt werden, solange der neue Name noch nicht an eine freie Variable in demselben Teilausdruck vergeben wurde. Das ist nötig, um Mehrdeutigkeiten zu vermeiden. Wir notieren das wie folgt:

$$\lambda x.A \longrightarrow \lambda y.(A[x := y])$$

Wir haben den Ausdruck $\lambda x.A$ und wollen diesen in $\lambda y.A$ umwandeln. Dann müssen aber alle gebundenen Vorkommen von x in A durch y ebenfalls ersetzt werden.

Daraus folgt aber auch, dass beispielsweise $\lambda x.x$ und $\lambda i.i$ dieselben Ausdrücke repräsentieren, da $\lambda x.x \longrightarrow \lambda i.i$ mit $[x := i]$.

Wir können also $\lambda a.ba$ zu $\lambda c.bc$ umwandeln, nicht jedoch zu $\lambda b.bb$, da b im Originalausdruck frei war.

19.4.2 β-Reduktion

Liegt eine Applikation der Form $(\lambda x.A)B$ vor, so können wir eine β-Reduktion ausführen. Jedes Vorkommen von x in A wird dabei durch B ersetzt. Wir schreiben dann:

$$(\lambda x.A)B \longrightarrow A[x := B]$$

Dabei dürfen in B keine Variablen frei vorkommen, die in A gebunden sind. Sollte das der Fall sein, muss vorher eine α-Konversion durchgeführt werden. Ein Ausdruck, in dem eine β-Reduktion ausgeführt werden kann, bezeichnen wir als Redex. Kann keine Reduktion mehr ausgeführt werden, liegt der Ausdruck in Normalform vor.

Aus der Regel für die β-Reduktion wird auch das Currying verständlich. Eine Funktion mit mehreren Argumenten konsumiert während der β-Reduktion ihre Eingaben eine nach der anderen und wird von einer k-stelligen Funktion zu einer $(k-1)$-stelligen und so weiter:

$$\begin{aligned}
(\lambda xyz.(xyz))abc &\equiv (\lambda x.\lambda y.\lambda z.xyz)abc \\
&\overset{\beta}{\equiv} (\lambda y.\lambda z.ayz)bc \\
&\overset{\beta}{\equiv} (\lambda z.abz)c \\
&\overset{\beta}{\equiv} abc
\end{aligned}$$

Machen wir ein kleines Beispiel, um die beiden Regeln einmal anzuwenden. Wir wollen den Ausdruck $(\lambda xyz.x(yz))y(\lambda x.xx)(\lambda a.b)$ Schritt für Schritt auswerten:

$$\begin{aligned}
(\lambda xyz.x(yz))y(\lambda x.xx)(\lambda a.b) &\overset{\alpha}{\equiv} (\lambda xkz.x(kz))y(\lambda x.xx)(\lambda a.b) \\
&\overset{\beta}{\equiv} (\lambda kz.y(kz))(\lambda x.xx)(\lambda a.b) \\
&\overset{\beta}{\equiv} (\lambda z.y((\lambda x.xx)z))(\lambda a.b) \\
&\overset{\beta}{\equiv} y((\lambda x.xx)(\lambda a.b)) \\
&\overset{\beta}{\equiv} y((\lambda a.b)(\lambda a.b)) \\
&\overset{\beta}{\equiv} y(\lambda a.b)
\end{aligned}$$

An diesem Beispiel sehen wir, dass es manchmal mehr als eine Möglichkeit gibt, Ausdrücke zu reduzieren. Gelegentlich macht es einen Unterschied, welche Reduktionen zuerst ausgeführt werden. Es kann passieren, dass wir aufgrund einer ungünstigen Auswertungsreihenfolge niemals zu einer Normalform gelangen, obwohl diese existiert. Das in diesem Zusammenhang erwähnenswerte Church-Rosser-Theorem besagt allerdings: Wird eine Normalform durch eine Auswertungsreihenfolge erreicht, so ist diese, bis auf eine Umbenennung, immer eindeutig [37].

Glücklicherweise gibt es mit der Normal-Order-Reduction eine Auswertungsstrategie, die garantiert zu einer Normalform führt, falls diese existiert. Dabei wird stets der am weitesten links und am weitesten außen, in Bezug auf die Klammerung, stehende Redex zuerst reduziert.

Im Beispiel haben wir diese Reduktionsstrategie bereits verwendet. Oftmals braucht sie allerdings mehr Schritte als unbedingt notwendig. Beim Auswerten von λ-Ausdrücken per Hand, sollten bevorzugt die Reduktionen ausgeführt werden, die den Ausdruck verkürzen.

19.5 Boolesche Algebra

Wir können jetzt λ-Ausdrücke konstruieren und reduzieren, aber dass wir eine vollwertige Programmiersprache vor uns haben, ist noch nicht offensichtlich. Versuchen wir uns also zu überlegen, wie sich die boolesche Algebra im λ-Kalkül beschreiben lässt.

Nun haben wir aber keine Werte im λ-Kalkül, sondern nur Funktionen. Wir müssen also zuerst definieren, wie wir Wahrheitswerte als Funktionen kodieren wollen. Die Definition ist vollkommen willkürlich. Wir könnten zum Beispiel sagen, dass $\lambda abc.bca$ für True und $\lambda xy.xxyx$ für False stehen. Natürlich müssen wir eine Definition finden, die möglichst einfach zu handhaben ist.

19.5.1 True und False

Später wollen wir die Wahrheitswerte beispielsweise einsetzen, um Fallunterscheidungen in unseren Funktionen realisieren zu können. Wenn ein Ausdruck zu True reduziert wird, wollen wir das Eine machen, ansonsten das Andere.

Es bietet sich also an, Wahrheitswerte als Funktionen mit zwei Argumenten zu definieren, die eine Projektion auf jeweils eine der beiden Argumente machen. Üblich ist die folgende Definition mit T für True und F für False:

$$T := \lambda xy.x$$
$$F := \lambda xy.y$$

Wenn wir einen Ausdruck haben, der zu einem auf diese Weise definierten boole-schen Wert reduziert wird, können wir noch zwei Funktionen dahinter schreiben. Je nachdem, ob `True` oder `False` herauskommt, wird dann entweder die erste oder die zweite Funktion weiter reduziert und die andere fällt weg.

Mit diesen Definitionen können wir jetzt die bekannten booleschen Funktionen AND, OR und NOT (s. Abschn. 2.1) herleiten.

19.5.2 Negation

NOT ist eine Funktion, die ein Argument erhält. Wenn es sich dabei um `True` han-delt, wollen wir `False` zurückgeben, ansonsten `True`. Wir verwenden die Projekti-onseigenschaft der Wahrheitswerte:

$$Not := \lambda x.xFT$$

Zur besseren Lesbarkeit wollen wir ab dieser Stelle neben den Großbuchstaben auch Platzhalter, wie z.B. Not, für Ausdrücke erlauben. Streng genommen müssten wir z.B. N verwenden (s. Abschn. 19.2.4).

Wenn wir für x ein `True` einsetzen, wird das erste Argument von x, also `False`, zurückgegeben, ansonsten das zweite. Schauen wir uns ein Beispiel an:

$$(\lambda x.xFT)(T) = (\lambda x.xFT)(\lambda xy.x) \overset{\beta}{\equiv} (\lambda xy.x)FT \overset{\beta^*}{\rightsquigarrow} F$$

19.5.3 Konjunktion und Disjunktion

AND und OR benötigen jeweils zwei Argumente. Wir können aber wieder die Pro-jektionseigenschaften der Wahrheitswerte einsetzen:

$$And := \lambda xy.xyF \qquad Or := \lambda xy.xTy$$

19.6 Tupel

Es lassen sich auch Tupel als Beispiel für eine einfache Datenstruktur im λ-Kalkül definieren. Versuchen wir uns zu überlegen, wie n-Tupel definiert sind. In einem n-Tupel sind n Werte gespeichert. Die Funktionen, die sie repräsentieren sollen, müssen also mindestens n Argumente haben.

19.6.1 2-Tupel

Jetzt könnten wir probieren, ein 2-Tupel als $\lambda ab.ab$ darzustellen. Damit wenden wir aber die Elemente, die wir eigentlich speichern wollten, aufeinander an. Wir müssen also auf eine bestimmte Weise dafür Sorge tragen, dass im Tupel keine Auswertung stattfinden kann. Das lässt sich zum Beispiel über eine freie Variable realisieren, z.B. $\lambda ab.pab$. Das funktioniert schon ganz gut, aber nachdem wir die Werte im Tupel gespeichert haben, haben wir keine einfache Möglichkeit mehr, diese wieder auszulesen.

Deswegen sollten wir keine freien Variablen, sondern ein weiteres Argument p hinzunehmen. So ist ein gefülltes Tupel noch immer eine Funktion, die ein Argument benötigt und ihr Argument auf die Elemente des Tupels anwendet:

$$Pair := \lambda abp.pab$$

Diese Definition ermöglicht es uns, ein gefülltes Tupel auf eine Projektionsfunktion anzuwenden, um an die einzelnen Elemente heranzukommen. Demzufolge haben n-Tupel also $n + 1$ Argumente.

19.6.2 First und Second

Für 2-Tupel sind die Projektionen für das erste und zweite Element isomorph zur Definition von `True` und `False`:

$$Fst := \lambda ab.a \quad Snd := \lambda ab.b$$

Für n-Tupel werden analog Funktionen mit n Argumenten verwendet, die das k-te Argument zurückliefern.

Wie wir an diesem Beispiel sehen, müssen wir uns stets im Klaren darüber sein, was unsere Funktionen aussagen sollen. Wie so oft ist die Bedeutung der Dinge ganz uns überlassen.

19.7 Listen

In Tupeln können wir k Werte speichern, aber wir müssen vorher schon wissen, wie groß k ist. Viel komfortabler wäre es, wenn wir dynamische Listen formulieren und einsetzen könnten. Eine Idee wäre, die Werte als verschachtelte Paare darzustellen:

$$[A,B,C] = (A,(B,(C,Nil)))$$

Wie wir das aus Haskell bereits kennen, wollen wir folgende Funktionen haben: *Head* – Extrahieren des ersten Elements, *Tail* – Bildung der Restliste und *Empty* – Test auf leere Liste. Außerdem müssen wir uns ein geeignetes *Nil*-Element für die leere Liste definieren. Noch wissen wir nicht genau, welche Eigenschaften *Nil* haben muss. Das wird sich erst ergeben, wenn wir versuchen, den Test auf eine leere Liste zu definieren.

19.7.1 *Head – Kopf einer Liste*

Am einfachsten ist die Funktion *Head*, die den Kopf einer Liste liefert. Da wir die Liste mit verschachtelten Tupeln realisieren, ist das erste Element einfach die erste Komponente des äußersten Tupels:

$$Head = Fst := \lambda xy.x$$

19.7.2 *Tail – Rest einer Liste*

Nach dem gleichen Prinzip können wir die Restliste über die Funktion *Tail* bilden. Wir nehmen einfach die zweite Komponente des äußersten Tupels:

$$Tail = Snd := \lambda xy.y$$

19.7.3 *Empty – Test auf eine leere Liste und Nil*

Kommen wir nun dazu, wie wir mit *Empty* testen können, ob eine Liste leer ist. Die Funktion, die wir suchen, erhält eine Liste als Argument. Damit wir die Liste irgendwie verarbeiten können, müssen wir etwas für die Selektorfunktion des äußersten Tupels (das p in $\lambda abp.pab$) einsetzen. Wenn wir an der Stelle zwei Argumente sehen, wissen wir, dass die Liste nicht leer ist, und können gleich `False` zurückliefern:

$$Empty := \lambda l.l(\lambda xy.F)$$

Jetzt brauchen wir uns nur noch ein *Nil* so zu definieren, dass `True` geliefert wird, wenn wir *Empty* darauf anwenden. Es soll also $Nil\ (\lambda xy.False) = True$ gelten. Dies lässt sich leicht definieren:

$$Nil := \lambda x.T$$

Wie wir sehen, können auch etwas kompliziertere Datenstrukturen, wie z.B. Listen, problemlos im λ-Kalkül beschrieben werden. Es können sogar alle anderen Datenstrukturen, die wir bisher besprochen haben, prinzipiell mit Funktionen kodiert werden.

19.8 Arithmetik

So wie wir uns im Abschn. 19.5 überlegt haben, wie wir Wahrheitswerte im λ-Kalkül kodieren können, wollen wir uns jetzt der Arithmetik zuwenden.

19.8.1 Natürliche Zahlen

Zunächst brauchen wir eine geeignete Repräsentation der natürlichen Zahlen. Es gibt viele Möglichkeiten, wie sich diese realisieren lassen. Durchgesetzt hat sich aber die Church-Kodierung [33]. Dabei wird analog zur induktiven Definition der natürlichen Zahlen gearbeitet: 0 ist eine natürliche Zahl, jeder Nachfolger einer natürlichen Zahl ist auch eine natürliche Zahl (s. dazu Abschn. 18.1.1).

Wir verwenden Funktionen mit zwei Argumenten: z, das symbolisch für die 0 steht, und s, das als die Nachfolgerfunktion interpretiert werden kann. Dadurch ergeben sich die folgenden Definitionen der Zahlen $0 - 3$:

$$0 := \lambda sz.z$$
$$1 := \lambda sz.sz$$
$$2 := \lambda sz.s(sz)$$
$$3 := \lambda sz.s(s(sz))$$

Wir haben allgemein $n := \lambda sz.A$ mit s kommt n-mal im Ausdruck A vor:

$$n := \lambda sz.\underbrace{s(s(\ldots sz)\ldots)}_{n\text{-mal}}$$

Jetzt können wir uns die üblichen arithmetischen Basisfunktionen überlegen. Fangen wir mit dem Test auf Null an.

19.8.2 Zero – Der Test auf Null

Wir suchen eine Funktion *Zero*, die genau dann True liefert, wenn wir ihr $\lambda sz.z$ geben und ansonsten zu False reduziert wird. Das heißt, dass wir False liefern, sobald ein s vorkommt.

Die Funktion, die wir für s einsetzen, muss also immer False liefern, egal was dahinter noch steht. Sie ist damit $\lambda x.F$. Wenn nur ein z da steht, muss True herauskommen. Wir sollten also für z True einsetzen. Damit ergibt sich:

$$Zero := \lambda n.n(\lambda x.F)T$$

19.8.3 S – Die Nachfolgerfunktion

Damit wir den Nachfolger S einer natürlichen Zahl berechnen können, müssen wir eine Funktion schreiben, die eine Zahl als Argument erhält und eine neue Funktion, also die nachfolgende Zahl, zurückliefert, bei der das erste Argument genau einmal mehr angewendet wird.

Damit wir ein s mehr an unsere Zahl anhängen können, müssen wir zunächst das λ entfernen, indem wir der Zahl zwei Argumente liefern.

Mit diesen Vorüberlegungen kommen wir recht schnell auf diesen λ-Ausdruck:

$$S := \lambda nyx.y(nyx)$$

In der Klammer geben wir der Zahl n zwei Argumente mit, so dass das s durch y und das z durch x ersetzt wird. Dann schreiben wir noch ein y davor. Da mit λxy noch zwei Argumente übrig sind, haben wir genau das, was wir wollten. Eine Funktion mit zwei Argumenten, bei der das erste Argument genau einmal mehr auf das zweite Argument angewendet wird als in der ursprünglichen Zahl.

Machen wir ein Beispiel, damit die Funktionsweise klar wird. Wir berechnen den Nachfolger S von 2:

$$S\,2 \equiv (\lambda nyx.y(nyx))(\lambda sz.s(sz))$$
$$\overset{\beta}{\equiv} (\lambda yx.y((\lambda sz.s(sz))yx))$$
$$\overset{\beta}{\equiv} (\lambda yx.y((\lambda z.y(yz))x))$$
$$\overset{\beta}{\equiv} (\lambda yx.y(y(yx)))$$

Wenn wir wollen, können wir anschließend noch eine α-Konversion zum bekannten s und z machen und sehen, dass wir das erwartete Ergebnis erhalten:

$$(\lambda yx.y(y(yx))) \overset{\alpha}{\equiv} (\lambda sz.s(s(sz)))$$
$$\equiv 3$$

Natürlich ist die Nachfolgerfunktion nicht eindeutig. Neben der soeben vorgestellten gibt es noch zahlreiche weitere Varianten, die dasselbe Ergebnis liefern.

19.8.4 Die Addition

Da wir schon über die Nachfolgerfunktion S verfügen, ist es leicht, die Addition zu definieren. Sie ist ja nichts anderes als die wiederholte Anwendung der Nachfolgerfunktion:

$$a + b = \underbrace{S(S(\ldots Sb)\ldots)}_{a\text{-mal}}$$

Die wichtige Beobachtung an dieser Stelle ist, dass wir Zahlen so kodiert haben, dass sie ihr erstes Argument n-mal auf ihr zweites Argument anwenden. Das ist aber genau das, was wir wollen. Folglich ist die Addition im λ-Kalkül so zu definieren:

$$(+) := \lambda ab.aSb$$

Für eine bessere Lesbarkeit wollen wir auch noch arithmetische Operatoren als Makros für reguläre Ausdrücke erlauben.

Rechnen wir zum Beispiel $2 + 3$, also $(+)\,2\,3$:

$$(+)\,2\,3 \equiv \overbrace{(\lambda ab.aSb)}^{+}\overbrace{(\lambda sz.s(sz))}^{2}\overbrace{(\lambda sz.s(s(sz)))}^{3}$$

$$\overset{\beta}{=} (\lambda b.(\lambda sz.s(sz))Sb)(\lambda sz.s(s(sz)))$$

$$\overset{\beta}{=} (\lambda b.(\lambda z.S(Sz))b)(\lambda sz.s(s(sz)))$$

$$\overset{\beta}{=} (\lambda b.S(Sb))(\lambda sz.s(s(sz)))$$

$$\overset{\beta}{=} (S(S(\lambda sz.s(s(sz)))))$$

$$\overset{\beta^{*}}{\rightsquigarrow} (S(\lambda sz.s(s(s(sz)))))$$

$$\overset{\beta^{*}}{\rightsquigarrow} \lambda sz.s(s(s(s(sz))))$$

$$\equiv 5$$

Wir können uns auch andere Funktionen überlegen, die die Addition darstellen. Beispielsweise können wir dieselben Ideen, die wir bei der Nachfolgerfunktion hatten, auch für die Addition einsetzen und erhalten diesen Ausdruck:

$$(+) := \lambda nmsz.(ns)(msz)$$

Schauen wir uns auch dafür ein Beispiel an:

$$(+)\,2\,3 \equiv (\lambda \underline{n}msz.(ns)(msz))\underline{(\lambda sz.s(sz))}(\lambda sz.s(s(sz)))$$

$$\overset{\beta}{=} (\lambda \underline{m}sz.((\lambda sz.s(sz))s)(msz))\underline{(\lambda sz.s(s(sz)))}$$

$$\overset{\beta}{=} \lambda sz.(\lambda \underline{s}z.s(sz))\underline{s}(\lambda sz.s(s(sz)))sz$$

$$\overset{\beta}{\equiv} \lambda sz.(\lambda \underline{z}.s(sz))\underline{(\lambda sz.s(s(sz)))}sz$$

$$\overset{\beta^*}{\rightsquigarrow} \lambda sz.(s(s(s(s(sz)))))$$

19.8.5 Die Multiplikation

Die Multiplikation ist nur eine andere Schreibweise für eine wiederholte Addition. Wir können also die Addition verwenden, um die Multiplikation zu beschreiben:

$$(\times) := \lambda mn.m((+)n)0$$

Diese Variante ist etwas unüblich. Für gewöhnlich wird die folgende Form angegeben:

$$(\times) := \lambda mnf.m(nf)$$

Die Auswertung von λ-Ausdrücken sollte mittlerweile kein Problem mehr darstellen, wir geben aber trotzdem mit $(\times)\,2\,3$ ein kleines Beispiel für die Auswertung der Multiplikation an:

$$(\times)\,2\,3 \equiv (\lambda mnf.m(nf))(\lambda sz.s(sz))(\lambda sz.s(s(sz)))$$

$$\overset{\beta}{\equiv} (\lambda nf.(\lambda sz.s(sz))(nf))(\lambda sz.s(s(sz)))$$

$$\overset{\beta}{\equiv} \lambda f.(\lambda sz.s(sz))((\lambda sz.s(s(sz)))f)$$

$$\overset{\beta}{\equiv} \lambda fz.((\lambda sz.s(s(sz)))f)(((\lambda sz.s(s(sz)))f)z)$$

$$\overset{\beta}{\equiv} \lambda fz.(\lambda z.(f(f(fz))))(((\lambda sz.s(s(sz)))f)z)$$

$$\overset{\beta}{\equiv} \lambda fz.f(f(f(((\lambda s.(\lambda z.s(s(sz))))f)z)))$$

$$\overset{\beta}{\equiv} \lambda fz.f(f(f((\lambda z.f(f(fz)))z)))$$

$$\overset{\beta}{\equiv} \lambda fz.f(f(f(f(f(fz)))))$$

Als Ergebnis erhalten wir wie erwartet die λ-Repräsentation der 6.

19.8.6 Die Vorgängerfunktion

Beim Nachfolger haben wir uns überlegt, dass wir einfach ein zusätzliches s an die Zahl anhängen müssen. Beim Vorgänger müssen wir folglich ein s entfernen. Das hat sich allerdings in der Praxis als schwierig herausgestellt. Wir wollen aber eine Lösung vorstellen, die das leisten kann.

Wenn wir den Vorgänger einer Zahl n wissen wollen, zählen wir einfach mit 0 beginnend hoch, bis wir bei n angekommen sind. Dabei merken wir uns in einem Tupel immer die Zahl, die an der vorhergehenden Stelle stand, also den Vorgänger. Nach dem Fertigzählen haben wir gerade n und den Vorgänger $n - 1$.

Um die Übersicht zu behalten, definieren wir uns zwei Funktionen: Die erste Funktion ϕ führt einen Schritt aus und merkt sich die vorherige Zahl. Die zweite Funktion P liefert dann den tatsächlichen Vorgänger.

Die Funktion ϕ arbeitet auf einem Tupel, in dem die aktuelle Zahl und deren Vorgänger gespeichert werden. Im Tupel steht also $(k - 1, k)$. Wir wollen uns jetzt k merken und $k + 1$ in die zweite Komponente schreiben. Die erste Komponente lassen wir dabei wegfallen:

$$\phi := \lambda p.Pair\ (Snd\ p)(S\ (Snd\ p))$$

Diese Funktion wollen wir jetzt n-mal anwenden. Das heißt, wir wollen sie hinter die Zahl n schreiben. Als Startwert nehmen wir ein Tupel, in dem $(0, 0)$ steht. Damit erhalten wir dann den Vorgänger:

$$P := \lambda n.Fst\ ((n\phi)(Pair\ 0\ 0))$$

Mit dem Vorgänger können wir jetzt auch die Subtraktion definieren. Das ist leicht und wird dem Leser als Übung überlassen.

19.9 Rekursion

Bisher haben wir schon viele interessante Konzepte des λ-Kalküls kennengelernt. Wir können mit booleschen Werten und mit Zahlen rechnen und einfache Datenstrukturen einsetzen. Allerdings fehlt noch das grundlegende Entwurfskonzept Rekursion, das wir mehrfach in Haskell eingesetzt haben. In Haskell war es einfach, im λ-Kalkül ist es allerdings mit einem Kniff verbunden, den wir ausführlich vorstellen werden.

19.9.1 Alternative zu Funktionsnamen

Wir haben zwar den Funktionen, die wir uns bisher definiert haben, Namen gegeben, aber anders als in Haskell sind diese Namen nur Platzhalter, die uns das viele Schreiben ersparen. Im λ-Kalkül gibt es keine Funktionsnamen. Folglich können wir die Namen auch nicht in der Funktion verwenden, wie wir es von der Rekursion kennen. Wir brauchen eine andere Möglichkeit um an die Definition der Funktion im Inneren der Funktion selbst heranzukommen.

Bis wir uns überlegt haben, wie wir das anstellen werden, können wir in unseren Funktionen ja schon einmal einen Platzhalter für die Rekursion als zusätzliches Argument hernehmen und zum Beispiel die Fakultätsfunktion vorbereitend hinschreiben:

$$fak' := \lambda fn.(Zero\ n)\ 1\ ((\times)n(f(P\ n)))$$

Was wir jetzt also machen wollen, ist die eigentliche Fakultätsfunktion folgendermaßen zu definieren: $fak := fak'\ fak$. Damit wird für den Platzhalter f die Definition der Fakultätsfunktion eingesetzt und anschließend können wir einen rekursiven Aufruf machen. Wir müssen also auf irgendeine Weise die Definition der Fakultätsfunktion geschickt beschreiben.

19.9.2 Fixpunktkombinatoren

Dieses Problem lässt sich mit den sogenannten Fixpunktkombinatoren lösen [30]. Das sind Funktionen F mit der erstaunlichen Eigenschaft $Fx = x(Fx)$. Wenn wir so ein F haben, können wir einfach $fak := F\ fak'$ schreiben. Das scheint ausgesprochen praktisch zu sein. Versuchen wir also, uns zu überlegen, wie wir so ein F definieren können.

Die erste Beobachtung ist, dass die Expansion $Fx = x(Fx)$ möglicherweise nie terminiert und eine unendliche Kette von x produziert. Fangen wir also mit einer Funktion an, die bei der Auswertung niemals terminiert.

Die einfachste Funktion mit dieser Eigenschaft ist vermutlich $(\lambda x.(xx))(\lambda x.(xx))$. Jetzt möchten wir diese Funktion derart erweitern, dass noch ein weiterer Term gebraucht wird, der bei der Auswertung einmal nach vorn kopiert wird. Wir möchten also um das x erweitern in $Fx = x(Fx)$. Natürlich dürfen wir diesen Term nicht weglassen, damit sich die Kette fortsetzen lässt. Wir erhalten:

$$F := (\lambda xf.f(xxf))(\lambda xf.f(xxf))$$

Probieren wir die Auswertung einmal aus:

$$FA \equiv (\lambda xf.f(xxf))(\lambda xf.f(xxf))A$$
$$\overset{\beta}{\equiv} (\lambda f.f((\lambda xf.f(xxf))(\lambda xf.f(xxf))f))A$$
$$\overset{\beta}{\equiv} A((\lambda xf.f(xxf))(\lambda xf.(xxf))A)$$
$$\equiv A(FA)$$

Wie erwartet erhalten wir das korrekte Ergebnis. Wir können jetzt also schreiben:

$$fak = \overbrace{(\lambda xf.f(xxf))(\lambda xf.f(xxf))}^{F}\ fak'$$

Damit wir uns durch die Notation nicht verwirren lassen, verwenden wir Zahlen als Platzhalter für die entsprechenden λ-Ausdrücke und kürzen auch sonst, wie gewohnt, so weit wie möglich ab. Berechnen wir doch mal $fak\,3$:

$$fak\,3 \equiv F\ fak'\ 3$$

$$\overset{\beta^*}{\leadsto} fak'\ \overbrace{(F\ fak')}^{fak}\ 3$$

$$\equiv (\lambda fn.(Zero\ n)\ 1\ ((\times)n\ (f(P\ n))))\ fak\ 3$$

$$\overset{\beta^*}{\equiv} (Zero\ 3)\ 1\ ((\times)3\ (fak\ (P\ 3)))$$

$$\overset{\beta^*}{\leadsto} (\times)3\ (fak\ 2)$$

$$\overset{\beta^*}{\leadsto} (\times)3\ ((\times)2\ ((\times)1(fak\ 0)))$$

$$\overset{\beta}{\equiv} (\times)3\ ((\times)2\ ((\times)1\ ((Zero\ 0)\ 1\ ((\times)0\ (fak\ (P\ 0))))))$$

$$\overset{\beta^*}{\leadsto} (\times)3\ ((\times)2\ ((\times)1\ 1))$$

$$\equiv 6$$

Mit Fixpunktkombinatoren ist es also ganz leicht, Rekursion im λ-Kalkül darzustellen. Wir müssen uns lediglich eine Hilfsfunktion mit einem Platzhalter für den rekursiven Aufruf überlegen und diese hinter einen Fixpunktkombinator schreiben.

Es stellt sich heraus, dass es nicht nur diesen einen Fixpunktkombinator gibt, den wir uns selbst überlegt haben, sondern unendlich viele. Der von uns verwendete wurde erstmals von Alan Turing beschrieben und heißt deswegen auch Turing-Fixpunktkombinator [30].

Deutlich bekannter ist der Y-Kombinator:

$$Y := \lambda f.(\lambda x.f(xx))(\lambda x.f(xx))$$

In der Literatur sind noch viele weitere zu finden, die sich auf die gleiche Weise einsetzen lassen.

19.10 Projekt: λ-Interpreter

Da es mühevoll ist, λ-Ausdrücke von Hand zu reduzieren, wollen wir uns in diesem Abschnitt ein Haskellprogramm schreiben, das das für uns erledigt.

19.10.1 λ-Ausdrücke repräsentieren

Dazu müssen wir zuerst einen geeigneten Datentypen definieren, um λ-Ausdrücke zu repräsentieren. Es gibt hier viele Möglichkeiten. Am naheliegendsten ist es aber, die induktive Definition der λ-Ausdrücke aus dem Abschn. 19.2 abzuschreiben:

```
data Lam =
    Var Char    | -- Variablen
    L Char Lam  | -- Abstraktionen
    App Lam Lam   -- Applikationen
    deriving (Show, Eq)
```

Damit wir etwas eleganter arbeiten können, definieren wir uns außerdem eine Faltung für diesen Typen. Wir erinnern uns, dass die Faltung für Listen den Listenkonstruktor (:) durch eine Funktion f ersetzt hat (s. Abschn. 6.3).

λ-Ausdrücke haben drei Konstruktoren, deswegen übergeben wir dieser Faltung drei Funktionen v, l und a sowie einen Startwert s:

```
foldLam v l a s (Var c)
  = v c s
foldLam v l a s (L c lam)
  = l c (foldLam v l a s lam)
foldLam v l a s (App lam lam2)
  = a (foldLam v l a s lam) (foldLam v l a s lam2)
```

Damit können wir alle λ-Ausdrücke in Haskell repräsentieren. Im folgenden Abschnitt werden wir damit beginnen, die Ausdrücke auszuwerten.

19.10.2 Auswerten von λ-Ausdrücken

Jetzt definieren wir eine Funktion evaluate, die einen Ausdruck soweit wie möglich reduziert. Alle Reduktionen in einem Schritt zu machen, scheint ganz schön schwierig zu sein. Deswegen machen wir immer nur einen Reduktionsschritt und vergleichen, ob sich etwas verändert hat:

```
evaluate x
  | x == x'   = x
  | otherwise = evaluate x' where
    x' = reduce x
```

Die Funktion reduce können wir jetzt mit einer Faltung definieren. Wir wollen den Ausdruck entlanglaufen und unverändert lassen, bis wir auf die Applikation einer Funktion in einem Ausdruck treffen.

Dann wollen wir alle Vorkommen der gebundenen Variablen durch den Ausdruck ersetzen. Das lässt sich z.B. so definieren:

```
reduce = foldLam
   (\c _-> Var c)
   L
   app
   undefined

app (L c l) x = substitute c x l
app x       y = App x y
```

Da uns nur ersteres interessiert, machen wir in der Funktion `app` eine Fallunterscheidung zwischen einer Funktionsanwendung und allem anderen. Für den Startwert übergeben wir `undefined`, weil dieser nie benötigt wird. Mit `(\c _ -> Var c)` ignorieren wir den Startwert.

Durch die Faltung wird sichergestellt, dass wir an allen Stellen die Reduktionen ausführen, an denen es auch möglich ist.

Wie können wir jetzt die Funktion `substitute` definieren? Wir müssen den Ausdruck entlanglaufen, bis wir ein λ antreffen. Dann müssen wir testen, ob die gebundene Variable der entspricht, die wir ersetzen wollen. In diesem Fall brauchen wir nicht mehr weiter zu machen, weil die neue Bindung die alte überschreibt. Wir können die Rekursion beenden und den ganzen Ausdruck unverändert zurückliefern. Ansonsten laufen wir in die Tiefe des Ausdrucks und ersetzen die passenden Variablen:

```
substitute c x (L c' l)
   | c == c'   = L c' l
   | otherwise = L c' (substitute c x l)
```

In allen anderen Fällen, also wenn wir kein λ haben, lassen wir den Ausdruck unverändert und arbeiten auf den Unterausdrücken rekursiv weiter:

```
substitute c x (App l l') =
   App (substitute c x l) (substitute c x l')
substitute c x (Var c')
   | c == c'   = x
   | otherwise = Var c'
```

Soweit so gut. Das können wir jetzt schon ausprobieren:

```
Hugs> evaluate (App (L 'c' (Var 'c')) (Var 'd'))
Var 'd'

Hugs> evaluate (App (L 'c' (L 'd' (Var 'c'))) (Var 'd'))
L 'd' (Var 'd')
```

Das erste Beispiel ist korrekt, da $(\lambda c.c)d \stackrel{\beta}{\equiv} d$. Bei der zweiten Eingabe wurde allerdings eine falsche Ersetzung vorgenommen, da $(\lambda c.\lambda d.c)d \stackrel{\beta}{\equiv} \lambda e.d$ ist und nicht wie das Ergebnis zeigt $\lambda d.d$.

19.10.3 Freie und gebundene Variablen

Wir haben bisher noch keine α-Konversionen betrachtet. Dazu müssen wir erst einmal die freien und die gebundenen Variablen eines Ausdrucks bestimmen.

Damit wir effiziente Mengenoperationen ausführen können, benutzen wir `Data.Set` mit einem `import qualified Data.Set as S`. Dann lässt sich der Algorithmus zum Finden der freien und gebundenen Variablen elegant als Faltung ausdrücken. Das kann dann zum Beispiel so aussehen:

```
vars :: Lam -> (S.Set Char, S.Set Char)
vars x = (frei, gebunden) where
  frei = S.difference alle gebunden
  alle = foldLam
    S.insert
    (const id)
    S.union
    S.empty x
  gebunden = foldLam
    (const id)
    S.insert
    S.union
    S.empty x
```

An dieser Stelle wird der Startwert der Faltung auch tatsächlich einmal verwendet. Da wir Mengen rekursiv aufbauen wollen, müssen wir als Startwert die leere Menge übergeben.

19.10.4 Wörterbuch für Substitutionen

Jetzt wollen wir feststellen, welche Variablen bei einem `substitute c x l in l` umbenannt werden müssen. Das sind alle, die in der Menge frei$(x) \cap$ gebunden(l) vorkommen. Anschließend legen wir uns ein Umbenennungswörterbuch an.

Dazu benutzen wir die Datenstruktur aus `Data.Map`, die wir wieder qualifiziert importieren. Wir definieren uns die Menge aller zur Verfügung stehenden Variablenbezeichnungen, also aller Kleinbuchstaben, von der wir die in l gebundenen Variablen entfernen. Dann falten wir den Ausdruck weiter und ersetzen dabei die Variablen, die wir im Wörterbuch finden.

Das alles führen wir bereits in der app-Funktion durch, bevor wir `substitute` aufrufen:

```
app (L c l) x = substitute c x l' where
  l' = rename l
```

Wie schon gesagt, können wir die Umbenennung durch eine Faltung ausdrücken. Wir schreiben uns dazu eine Hilfsfunktion `modify`, die das eigentliche Umbenennen übernimmt. Dabei müssen wir nur Variablen und λ betrachten, Applikationen lassen wir unverändert:

```
rename = foldLam
  (modify (\c _ -> Var c))
  (modify L)
  App
  undefined
```

Die Funktion `modify` sieht im Wörterbuch nach, ob wir die aktuelle Variable umbenennen müssen. Falls ein Wörterbucheintrag vorliegt, wird die Funktion, die wir als erstes Argument bekommen haben, auf den neuen Namen, ansonsten auf den alten Namen, angewendet:

```
modify f c s= let c' = M.lookup c map in
    case c' of
        (Just newVar) -> f newVar s
        _ -> f c s
```

Das Wörterbuch erstellen wir, wie oben beschrieben, für den Schnitt zwischen freien Variablen in x und gebundenen Variablen in l, vs. Jedem Element dieser Menge weisen wir einen neuen Buchstaben zu, der noch nicht als gebundene Variable im Ausdruck vorkommt:

```
map = foldr
  (uncurry M.insert)
  M.empty
  (zip (S.toAscList vs)
    (S.toAscList (S.difference identifiers b)))
```

In den obigen Definitionen haben wir die folgenden Werte verwendet, die wir hier der Vollständigkeit halber aufführen:

```
(f,_) = vars x
(_,b) = vars l
  vs = S.intersection f b
  identifiers = S.fromAscList (['a'..'z'])
```

Der Rest des Programms bleibt unverändert. Jetzt liefert der Interpreter auch das erwartete, korrekte Ergebnis:

```
Main> evaluate (App (L 'c' (L 'd' (Var 'c'))) (Var 'd'))
L 'a' (Var 'd')
```

Somit können wir mit unserem Programm schon λ-Ausdrücke auswerten.

19.10.5 λ-Parser

Die manuelle Eingabe der Ausdrücke ist aber noch mühselig und etwas schlecht zu lesen. Besser wäre es, wenn wir einen λ-Ausdruck aus einem String herauslesen könnten. Dazu müssen wir eine Funktion schreiben, die einen String in die Datenstruktur übersetzt.

Solche Funktionen werden im Allgemeinen als Parser bezeichnet. In Haskell gibt es mit Parsec eine sehr schöne Bibliothek, um komplizierte Parser zu schreiben [72]. Da λ-Ausdrücke aber sehr leicht zu parsen sind, wollen wir uns nicht in eine komplizierte Bibliothek einarbeiten, sondern unsere eigene Funktion dafür schreiben.

Parsen kann im Allgemeinen nicht funktionieren, wenn die Eingabe kein gültiger Ausdruck ist. In unserem Fall also ein λ-Ausdruck. Deswegen verwenden wir zum Parsen die Monade `Maybe` (s. Kap. 17). Wenn das Parsen fehlschlägt, geben wir einfach `Nothing` zurück.

Wir wollen λ-Ausdrücke linksassoziativ parsen. Das geht am besten, wenn wir den bisher geparsten Teil des Ausdrucks in einem akkumulierenden Parameter mitführen. Es gibt vier Fälle, die wir dabei beachten müssen:

1. Wir treffen auf einen leeren String. Dann geben wir den bereits geparsten Ausdruck zurück.
2. Wir treffen auf eine Variable.
3. Wir treffen auf ein λ. Das wollen wir mit einem Backslash schreiben.
4. Wir treffen auf eine öffnende Klammer. Dann müssen wir die passende schließende Klammer finden und den Strings dort teilen, um die einzelnen Abschnitte zu einer Applikation zu parsen.

Dazu definieren wir uns zwei Hilfsfunktionen. Die Funktion `maybeApp`, testet zwei Ausdrücke auf eine Applikation, wenn der zweite Ausdruck nicht `Nothing` ist. Der erste Parameter wird später der Akkumulator sein, den wir mit uns führen. Da er zwischenzeitlich leer sein darf, kann das erste Argument `Nothing` sein, ohne dass ein Parsefehler vorliegt:

```
maybeApp _ Nothing      = Nothing
maybeApp Nothing (Just s) = Just s
maybeApp (Just x) (Just y) = Just $ App x y
```

Die zweite Funktion `splitAtBrace`, teilt einen String an der Position auf, die zur ganz links stehenden Klammer passt. Wir implementieren sie durch das einfache Zählen der öffnenden und schließenden Klammern. Wenn wir genauso viele öffnende wie schließende Klammern gesehen haben, sind wir an der richtigen Stelle.

Dabei merken wir uns den bereits gesehenen Teil in einem zusätzlichen Parameter. Sollte der String zu Ende sein, bevor wir die passende schließende Klammer gesehen haben, geben wir `Nothing` zurück. Der Ausdruck war dann falsch geklammert und konnte nicht erfolgreich geparst werden:

```
splitAtBrace (')':s) f 1 = Just (reverse f, s)
splitAtBrace ('(':r) f n = splitAtBrace r ('(':f) (n+1)
splitAtBrace (')':r) f n = splitAtBrace r (')':f) (n-1)
splitAtBrace (c:r) f n   = splitAtBrace r (c:f) n
splitAtBrace "" _ _      = Nothing
```

Nun zur eigentlichen Funktion `parse`. Wir müssen hier die vier auftretenden Fälle abarbeiten. Sollte irgendetwas unerwartetes auftreten, beenden wir das Parsen mit einem `Nothing`.

Der einfachste Fall ist die Verarbeitung einer leeren Eingabe:

```
parse = parseL Nothing

parseL :: Maybe Lam -> String -> Maybe Lam
parseL s "" = s
```

Der zweite Fall behandelt Buchstaben, also Variablen im λ-Ausdruck:

```
parseL s (c:r) | isLetter c =
  parseL (maybeApp s (Just $ Var c)) r
```

Im dritten Fall wollen wir \abc. parsen. Um uns die Aufgabe leichter zu machen, verändern wir das zu \a\b\c\. (analog zu der Regel in Abschn. 19.2.2). So landen wir mit unserem Pattern matching immer in demselben Fall. Wir unterscheiden mit Guards, ob wir beim . angelangt sind, oder ob wir den Startwert auf ein neues λ applizieren müssen. In diesem Fall fangen wir mit einem neuen Startwert `Nothing` an, da sich das λ so weit wie möglich nach rechts erstreckt. Natürlich geben wir `Nothing` zurück, wenn das weitere Parsen wieder fehlschlägt:

```
parseL s ('\\':c:r)
  | c == '.'  = parseL s r
  | otherwise = maybeApp s
    (parseL Nothing ('\\':r) >>= return.(L c))
```

Im vierten Fall müssen wir die Eingabe anhand der Klammern aufteilen. Hier können mehrere Dinge schief gehen. Wir verwenden daher die do-Notation, die automatisch dafür sorgt, dass `Nothing` zurückgegeben wird, sobald eine Funktion fehlschlägt:

```
parseL s ('(' :r) = let parts = splitAtBrace r [] 1 in do
  (a,e) <- parts
  s'    <- (maybeApp s (parseL Nothing a))
  parseL (Just s') e
```

Jetzt haben wir alles zusammen, um bequem λ-Ausdrücke verarbeiten zu können. Wir können noch eine eigene `Show` Instanz schreiben, damit auch die Ausgabe lesbarer wird:

```
Hugs> parsen "(\\wyz.y(wyz))(\\sz.s(sz))" >>= return.evaluate
Just \y.\z.(y(y(yz)))

Hugs> parsen "(\\sz.s(s(sz)))(\\sz.s(sz))" >>= return.evaluate
Just \z.\a.(z(z(z(z(z(z(z(za)))))))))
```

Unser letztes Haskellprojekt hat uns gezeigt, dass wir in der Lage sind, den λ-Kalkül in Haskell komplett zu simulieren. Damit haben wir quasi den kleinen Bruder von Haskell in Haskell programmiert.

Eine alternative Einführung in den λ-Kalkül, die zudem sehr lustig ist, bietet [73]. Mit Hilfe von bunten Alligatoren, die sich gegenseitig verspeisen, werden die Reduktionsschritte bildhaft erläutert.

19.11 Übungsaufgaben

Aufgabe 1) Welche der folgenden Ausdrücke sind gültige λ-Ausdrücke?

(i) $\lambda x.yz$, (ii) $\lambda x.y\lambda z$, (iii) $(\lambda x.xx)\lambda x.xx$, (iv) $\lambda abcdefg.istgueltig$, (v) $\lambda.(\lambda x.y)$

Spezifizieren Sie in den gültigen Ausdrücken die freien und gebundenen Variablen.

Aufgabe 2) Werten Sie die folgenden beiden Ausdrücke aus:

(i) $2\,2$, (ii) $(\lambda x.x)((\lambda abc.b(abc))(\lambda fx.f(fx)))$

Aufgabe 3) Definieren Sie die Exponentiation im λ-Kalkül. Es gibt mindestens zwei nichtrekursive und eine rekursive Variante.

Aufgabe 4) Definieren Sie die Subtraktion im λ-Kalkül, ohne die Rekursion dabei einzusetzen.

Aufgabe 5) Definieren Sie die ganzzahlige Division im λ-Kalkül.

Aufgabe 6) Definieren Sie eine Funktion im λ-Kalkül, die die n-te Fibonaccizahl berechnet.

Aufgabe 7) Schreiben Sie für den Datentypen Lam eine Instanz für Show und eine Instanz für Read.

Aufgabe 8) Erweitern Sie den λ-Parser derart, dass Zahlen und Rechenzeichen verwendet werden können. Beispielsweise sollte \a.+3b ein gültiger λ-Ausdruck sein.

Anhang A
Lösungen der Aufgaben

Kapitel 2, Aufgabe 1

```
and, or :: Bool -> Bool -> Bool
and x y = x && y
or  x y = x || y

and, or :: Bool -> Bool -> Bool
and True True = True
and _    _    = False

or True _    = True
or _    True = True
or _    _    = False
```

Kapitel 3, Aufgabe 2

```
greater :: Int -> Int -> Int
greater a b = if (a>b) then a else b
```

Kapitel 3, Aufgabe 4

```
nand :: Bool -> Bool -> Bool
nand True True = False
nand _    _    = True
```

NAND und NOR stellen jeweils eine vollständige Basis dar. Das bedeutet, dass alle logischen Funktionen durch eine Kombination mit einem der beiden Funktionen darstellbar sind.

Kapitel 4, Aufgabe 1

```
ggT :: Int -> Int -> Int
ggT a b
    | a>b       = ggT (a-b) b
    | a<b       = ggT a (b-a)
    | otherwise = a
```

Kapitel 4, Aufgabe 2

```
isPan :: Int -> Int -> Bool
isPan x y = "123456789" == sort digits
    where digits = (show x) ++ (show y) ++ (show (x*y))

euler32 :: Int
euler32 = sum (nub (pan1 ++ pan2))
    where
        pan1 = [x*y | x<-[1..9]  ,y<-[x..9999],(isPan x y)]
        pan2 = [x*y | x<-[10..99],y<-[x..999]  ,(isPan x y)]
```

Kapitel 4, Aufgabe 3

```
euler4 :: Integer
euler4 = foldr max 0 [x*y | x<-[100..999],
                            y<-[100..999],
                            isPalindrom (x*y)]
    where isPalindrom n = show n == (reverse.show) n
```

Kapitel 5, Aufgabe 1

```
skalarP :: [Int] -> [Int] -> Int
skalarP []     []     = 0
skalarP (x:xs) (y:ys) = x*y + skalarP xs ys
skalarP _      _      = error "Listen nicht gleich lang"
```

Kapitel 5, Aufgabe 2

```
last :: [a] -> a
last xs = xs!!(length xs - 1)
```

Kapitel 5, Aufgabe 3

```
reverse :: [a] -> [a]
reverse []     = []
reverse (x:xs) = reverse xs ++ [x]
```

Kapitel 5, Aufgabe 4

```
euler1 :: Int -> Int
euler1 = sum.teil
  where teil n = [x | x<-[1..n-1], mod x 3==0 || mod x 5==0]
```

Kapitel 5, Aufgabe 5

```
euler2 :: Integer
euler2 = (sum.(filter even).(takeWhile (<4000000))) fibo
  where fibo = 1:2:zipWith (+) fibo (tail fibo)
```

Kapitel 6, Aufgabe 1

```
tausche :: (a->b->c) -> (b->a->c)
tausche f a b = f b a

umdrehen = foldl (tausche (:)) []
summe    = foldl (+) 0
produkt  = foldl (*) 1
```

Kapitel 6, Aufgabe 2

```
machStringGross :: String -> String
machStringGross = map machGross
```

Kapitel 6, Aufgabe 3

```
import Data.List
import Data.Char

primes :: [Int]
primes = 2:3:primes'
  where
    1:p:candidates = [6*k+r | k <- [0..], r <- [1,5]]
    primes'        = p:filter isPrime candidates
    divides n p    = mod n p == 0

isPrime n = all(not .(\p->(mod n p)==0))
            $ takeWhile (\p -> p*p<=n) primes

mirp :: Integer
mirp = [x | x<-[2..], isPrime x, isPrime (toDigit.reverse.show) x]
```

Kapitel 6, Aufgabe 4

```
euler5 :: Integer
euler5 = foldl (lcm) 1 [1..20]
```

Kapitel 6, Aufgabe 5

```
import Char

euler6 = sum (map (digitToInt) (show (2^1000)))
```

Kapitel 7, Aufgabe 3

```
euler = head (pFactors 317584931803 [])
   where
      pFactors 1 xs = xs
      pFactors p xs = pFactors (div p (save p)) xs ++ [save p]
      save x        = head [y | y <- [2..], mod x y == 0]
```

Kapitel 7, Aufgabe 4

```
import List
import Char

zahlen = map digitToInt
            "73167176531330624919225119674426574742355349194934
             96983520312774506326239578318016984801869478851843
             85861560789112949495459501737958331952853208805511
             12540698747158523863050715693290963295227443043557
             66896648950445244523161731856403098711121722383113
             62229893423380308135336276614282806444486645238749
             30358907296290491560440772390713810515859307960866
             70172427121883998797908792274921901699720888093776
             65727333001053367881220235421809751254540594752243
             52584907711670556013604839586446706324415722155397
             53697817977846174064955149290862569321978468622482
             83972241375657056057490261407972968652414535100474
             82166370484403199890000889524345065854122758866881
             16427171479924442928230863465674813919123162824586
             17866458359124566529476545682848912883142607690042
             24219022671055626321111109370544217506941658960408
             07198403850962455444362981230987879972442842849091 88
             84580156166097919133875499200524063689912560717606
             05886116467109405077541002256983155200055935729725
             71636269561882670428252483600823257530420752963450"

euler = print.maximum.map (product.take 5).tails $ zahlen
```

Kapitel 8, Aufgabe 2

```
import Data.List

primes :: [Int]
primes = 2:3:primes'
```

```
  where
     1:p:candidates = [6*k+r | k <- [0..], r <- [1,5]]
     primes'         = p:filter isPrime candidates
     divides n p     = mod n p == 0

isPrime n = all(not .(\p->(mod n p)==0)) $
             takeWhile (\p -> p*p<=n) primes

primefactors :: Int -> [Int]
primefactors n = primefactors' n n [] primes where
    primefactors' n m l (p:ps)
        | p>n        = l
        | mo == 0    = primefactors' n d (p:l) (p:ps)
        | otherwise = primefactors' n n l ps where
           (d,mo) = divMod m p

numOfFactors n    = product (map ((+1).length)
       (group (primefactors n)))
triangleNumber n = n*(n+1) 'div' 2

-- Achtung: Codezeile umgebrochen
euler12 = triangleNumber (head (filter (\n -> 500 <
          (numOfFactors.triangleNumber) n) [1..]))
```

Kapitel 8, Aufgabe 3

```
euler15 = div product [21..40] product [2..20]
```

Kapitel 9, Aufgabe 5

```
fac n = snd (until ((>n) . fst) (\(i,m) -> (i+1, i*m)) (1,1))
p34 = sum liste
    where liste = [x|x<-[2..1000000],
        x==(sum.map (fac.digitToInt).show) x]
```

Kapitel 10, Aufgabe 1

```
buSort :: Ord a => (a -> a -> Bool) -> [a]->[[a]]
buSort f = bSort' [] where
```

```
    bSort' buckets [] = buckets
    bSort' buckets (x:xs) = bSort' (insert x buckets) xs
 insert x [] = [[x]]
 insert x ((e:b):bs)
      | f x e  && f e x= (x:e:b):bs
      | f x e = [x] :(e:b) : bs
      | otherwise = (e:b) : (insert x bs)
```

Kapitel 16, Aufgabe 2

```
type Knoten      = Int
type AdjListe e = DiffArray Knoten [(Knoten,e)]
type Kante e    = ((Knoten,Knoten),e)
newtype ListGraph e = G (AdjListe e)

-- Übung
erzeug :: [Knoten] -> [Kante e] ->  ListGraph e
erzeug [] _ = G (array (0,0) [])
erzeug k l = G $ accumArray merge [] bounds edges where
    bounds = (lower,upper)
    lower  = minimum k
    upper  = maximum k
    edges  = map (\((a,b),e) -> (a,(b,e))) l
    merge l (n,e)
        | isJust (find (\(m,_) -> n==m) l) = l
        | otherwise                        = (n,e):l

adj :: Knoten -> Knoten -> ListGraph e -> Bool
adj u v (G arr) = elem v $ map fst (arr!u)

adjL :: Knoten -> ListGraph e -> [(Knoten,e)]
adjL u (G arr) = arr!u

anzKnoten (G arr) = snd.bounds $ arr

istLeer g = 0 == anzKnoten g

knoten :: ListGraph e -> [Knoten]
knoten (G arr) = indices arr

kanten :: ListGraph e -> [Kante e]
kanten g = concatMap (\k -> map (\(n,e) -> ((k,n),e))
             (adjL k g)) (knoten g)

label :: Knoten -> Knoten -> ListGraph e -> Maybe e
label u v (G arr) = fmap snd $ find (\(v',_) -> v==v') (arr!u)

setzLabel :: e -> Knoten -> Knoten -> ListGraph e -> ListGraph e
setzLabel l u v (G arr) = G (arr//[(u,list)]) where
```

```
list = foldr update [] (arr!u)
update n@(v',_) r
       | v' == v = (v',l):r
       | otherwise = n:r
```

Kapitel 16, Aufgabe 6

```
import Graph
import Data.List

topSort :: ListGraph e -> [Knoten]
topSort g = reverse $ topSort' g where
    topSort' g
        | istLeer g = []
        | otherwise = let s = senke g in s : topSort'
                                    (loeschKnoten s g)

-- Übung
topSort' :: ListGraph e -> [Knoten]
topSort' = reverse.unfoldr f where
    f g
        | istLeer g = Nothing
        | otherwise = let s = senke g in Just
                            (s, loeschKnoten s g)

senke g = case find (\k -> null (adjL k g)) (knoten g) of
    Nothing -> error "keine Senke gefunden"
    Just x  -> x

-- Achtung: Codezeile umgebrochen
loeschKnoten s g = erzeug (filter (/=s) (knoten g))
    [((n,m),e) | ((n,m),e)<-kanten g, n /=s && m /= s]

exampleGraph = erzeug [1..5] kanten
    where kanten = [((1,2),1), ((1,3),4), ((1,4),4), ((2,5),4),
                    ((2,3),1), ((3,4),1), ((3,5),4), ((4,5),1)]
```

Literaturverzeichnis

1. O'Sullivan B, Goerzen J, Stewart D (2009) Real World Haskell, O'Reilly-Verlag
2. Block M (2009) Java Intensivkurs – In 14 Tagen lernen Projekte erfolgreich zu realisieren, Springer-Verlag, 2. Aufl
3. Neumann A (2009) Programmieren im Kranich-Stil, Bachelorarbeit an der Freien Universität Berlin
4. Block M, Rojas R (2009) Local Contrast Segmentation to Binarize Images, The Third International Conference on Digital Society (ICDS 2009), ISBN:978-1-4244-3550-6, Vol. 1, No. 1, pp. 294–299, Cancun/Mexiko
5. Schöning U (2008) Theoretische Informatik - kurz gefasst, 5. Aufl, Spektrum Akademischer Verlag
6. O'Neill ME (2008) The Genuine Sieve of Eratosthenes, Under consideration for publication in J. Functional Programming, http://www.cs.hmc.edu/~oneill/papers/Sieve-JFP.pdf
7. von Luxburg U (2007) A Tutorial on Spectral Clustering, in Statistics and Computing, Vol. 17, No. 4, pp. 395–416
8. Staab F (2007) Logik und Algebra: Eine praxisbezogene Einführung für Informatiker und Wirtschaftsinformatiker, Oldenbourg-Verlag
9. Dankmeier D (2006) Grundkurs Codierung: Verschlüsselung, Kompression, Fehlerbeseitigung, 3. Aufl, Vieweg-Verlag
10. Lang HW (2006) Algorithmen: in Java, 2. Aufl, Oldenbourg-Verlag
11. Bauer FL (2005) PYTHAGORÄISCHE TRIPEL, Informatik-Spektrum, Vol. 28, No. 5, pp. 417–423, Springer-Verlag
12. Kirmse A (Hrsg) (2004) Spieleprogrammierung Gems 4, Hanser-Verlag
13. Schulz R-H (2003) Codierungstheorie: Eine Einführung, 2. Aufl, Vieweg+Teubner
14. Okasaki C (2003) Fun with binary heap trees, The Fun of Programming, pp. 1–16
15. Claessen K, Hughes J (2003) Specification-based testing with QuickCheck, The Fun of Programming, pp. 17–39
16. Jones SP (Ed) (2002) Haskell 98, Report, http://www.haskell.org/onlinereport/
17. Schöning U (2001) Algorithmik, ISBN-13: 978-3827410924, Spektrum Akademischer Verlag
18. Pope B (2001) A tour of the Haskell Prelude, unpublished, http://www.cs.mu.oz.au/~bjpop/
19. Siefkes D (2000) Historische Paradigmenwechsel in der Informatik, Skript zur gleichnamigen Veranstaltung, TU Berlin, SoSe 2000
20. Hudak P, Peterson J, Fasel J (2000) A gentle introduction to Haskell Version 98, unpublished, http://www.haskell.org/tutorial/
21. Cormen TH, Leiserson CE, Rivest RL (2000) Introduction to Algorithms, MIT-Press
22. Bratko I (2000) Prolog Programming for Artifical Intelligence, 3. Aufl, Addison-Wesley-Verlag
23. Heun V (2000) Grundlegende Algorithmen, Vieweg-Verlag

24. Gibbons J, Jones G (1998) The Under-Appreciated Unfold, Proceedings of the third ACM SIGPLAN international conference on Functional programming, pp. 273–279, United States
25. Knuth DE (1998) The Art of Computer Programming, Vol. 2, ISBN 0-201-89684-2, Addison-Wesley-Verlag
26. Brodal GS (1996) Worst-Case Efficient Priority Queues, Proceedings of the seventh annual ACM-SIAM Symposium on Discrete Algorithms, pp. 52–58
27. Okasaki C (1996) Purely Functional Data Structures, Doktorarbeit, Carnegie Mellon University
28. Okasaki C (1995), Purely Functional Random-Access Lists, Functional Programming Languages and Computer Architecture, pp. 86–95
29. Broder A, Stolfi J (1986) Pessimal Algorithms and Simplexity Analysis, ACM SIGACT News
30. Barendregt HP (1985) The Lambda Calculus, Its Syntax and Semantics, North Holland, Revised edition
31. Gardner M (1985) Magic numbers of Dr. Matrix, Prometheus Books
32. Tarjan RE (1985) Amortized computational complexity, SIAM Journal on Algebraic and Discrete Methods, Vol. 6, No. 2, pp. 306–318
33. Church A (1985) The calculi of lambda-conversion, Princeton University Press
34. Bayer R (1972) Symmetric binary B-Trees: Data structure and maintenance algorithms, Acta Informatica. 1, pp. 290–306
35. Adelson-Velsky GM, Landis EM (1962) An algorithm for the organization of information (Englische Übersetzung aus Doklady Akademii Nauk SSSR 146), Soviet Math. Doklady. 3, pp. 1259–1263
36. McCarthy J (1960) Recursive functions of symbolic expressions and their computation by machine, Part I, Communications of the ACM archive, Vol. 3, No. 4, pp. 184–195
37. Church A, Rosser JB (1936) Some properties of conversion, Transactions of the American Mathematical Society, Vol. 39, No. 3, pp. 472–482
38. Webseite des Euler-Projekts: http://projecteuler.net/
39. Webseite zu GHC: http://www.haskell.org/ghc
40. Webseite zur Funktionenübersicht: http://www.haskell.org/ghc/docs/latest/html/libraries
41. Webseite zu Opal: http://user.cs.tu-berlin.de/~opal/
42. Webseite zu Meta Language: http://www.smlnj.org/
43. Webseite zu Gofer: http://web.cecs.pdx.edu/~mpj/goferarc/index.html
44. Webseite zu Miranda: http://miranda.org.uk/
45. Webseite zu Scala: http://www.scala-lang.org/
46. Webseite zu NotePad++: http://notepad-plus.sourceforge.net/de/site.htm
47. Webseite zu TextWrangler: http://www.barebones.com/products/textwrangler/
48. Webseite zum Kate-Editor: http://kate-editor.org/
49. Webseite der Helium-IDE: http://www.cs.uu.nl/wiki/Helium
50. Wikibook zur Datenkompression: http://de.wikibooks.org/wiki/Datenkompression
51. Haskell-Funktionen: http://www.zvon.org/other/haskell/Outputglobal/index.html
52. Webseite Haskellprojekte: http://hackage.haskell.org/packages/archive/pkg-list.html
53. Projektwebseite Frag: http://haskell.org/haskellwiki/Frag
54. Projektwebseite Monadius: http://www.geocities.jp/takascience/haskell/monadius_en.html
55. Haskell-Suchmaschine Hoogle: http://www.haskell.org/hoogle/
56. Dokumentation von Hugs: http://cvs.haskell.org/Hugs/pages/documentation.htm
57. Bibliotheken von GHC: http://www.haskell.org/ghc/docs/latest/html/libraries/
58. Standardklassen von Haskell:
    http://www.haskell.org/onlinereport/basic.html#standard-classes
59. Monaden: http://www.haskell.org/onlinereport/exps.html#sect3.14
60. Steuerzeichen: http://www.haskell.org/onlinereport/lexemes.html#sect2.6
61. Übersicht zu Monaden: http://www.haskell.org/all_about_monads/html/introII.html
62. Buffering-Bug: http://hackage.haskell.org/trac/ghc/ticket/2189
63. Webseite Isabell: http://www.cl.cam.ac.uk/research/hvg/Isabelle/
64. Webseite Coq: http://coq.inria.fr/
65. Webseite QuickCheck: http://www.cs.chalmers.se/~rjmh/QuickCheck/manual.html

66. Wikipedia: http://www.wikipedia.com
67. Wikipedia Bärtierchen: http://de.wikipedia.org/wiki/B%C3%A4rtierchen
68. Wikipedia ASCII-Tabelle:
    http://de.wikipedia.org/wiki/American_Standard_Code_for_Information_Interchange
69. Webseite zum Unicode: http://www.unicode.org/
70. Webseite zu verschiedenen Fakultätsfunktionen:
    http://www.willamette.edu/~fruehr/haskell/evolution.html
71. Blog zu Monaden:
    http://blog.sigfpe.com/2006/08/you-could-have-invented-monads-and.html
72. Webseite zu Parsec: http://hackage.haskell.org/package/parsec
73. Webseite zu den Alligatoren: http://worrydream.com/AlligatorEggs/
74. Webseite A Neighborhood of Infinity:
    http://blog.sigfpe.com/2006/08/you-could-have-invented-monads-and.html

Sachverzeichnis

1000-stellige Zahl, 110
2-Tupel, 252
Y-Kombinator, 260
(||), 18, 129
($), 84
(&&), 17, 154
(*), 105
(+), 105
(+), 85
(++), 162, 238
(++), 55
(.), 83
(...), 84
(/), 22
(//), 140
(/=), 101
(/=), 103, 109
(:), 51, 55
(:), 169
(<=), 101
(==), 101
(==), 103, 109
(==>), 242
(>>), 213
(>>=), 213
(>>=), 222
(⇔), 19
(⇒), 19
(_), 28
(≡), 19
(\n), 225
(¬), 17, 239
(▽), 19
(∧̄), 19
(∨), 18, 239
(∧), 17
[Char], 90

Abarbeitungsformel, 169
Abbruchkriterium, 80
Abhängigkeiten, 205
Ableitungsregeln, 107
abs, 105
Absorption, 20
Abstrakter Datentyp, 137
Abstraktionsgrad, 89
Abstraktionsniveau, 111
accent grave, 106
Ackermann-Funktion, 45
Addition, 11, 126, 256
adjazent, 194
Adjazenzliste, 195, 205, 207
Adjazenzmatrix, 195, 207
Adressbuch, 90, 114
ADT, 137
Akkumulator, 141
Alan Turing, 260
Algebra
    boolesche, 24
Algorithmus, 3, 121, 123
Alonso Church, 246
α-Konversion, 248
Alter des Universums, 122
Alternative, 243
Analysemethoden, 128
AND, 251
AND, 17
Anführungszeichen, 65
ansonsten, 33
Antivalenz, 18
Apostroph, 65
Applikation, 247, 249
Äquivalenz, 18
    semantisch, 19
Arbitrary, 242

arbitrary, 243
Arithmetik, 254
Arrayinhalt, 140
Arrays, 137
    dynamisch, 140
    erstellen, 138
    Grenzen, 139
    statisch, 138
ASCII-Code, 66
Assoziativität, 35, 214
asymptotisch, 124
atomar, 15
Aufzählungstypen, 101
Ausdrücke
    arithmetisch, 152
    verschachtelt, 152
Ausgaben, 224
    Bildschirm, 226
Auslesen
    Dateien, 230
Ausprobieren, 233
Aussagen, 237
Auswertung, 153
    bedarfsgesteuert, 59
Auswertungsreihenfolge, 250
Automat, 220
Automatische Listenerzeugung, 56, 63, 71, 73, 146
Automatisches Aufzählen, 57
Automatisches Auswerten, 108
average-case, 127

Bücherstapel, 142
banker's method, 159
Bankiermethode, 159
    modifiziert, 182
Bärtierchen, 230
Basisdatentyp, 26, 49
Basisfunktionen
    arithmetisch, 254
Baum, 165
    Balanceeigenschaften, 175
    balanciert, 167
    binär, 166
    falten, 169
    Höhe, 167
    vollständig, 166
Bäume
    balanciert, 181, 201
    verschmelzen, 167, 180
Bedingung, 34
benachbart, 194
Berechenbarkeit, 245
Berechenbarkeitstheorie, 45, 246

best-case, 127
β-Reduktion, 249
Beweiskonzept, 235
Bezeichner, 246
Bibliotheken, 10, 66
Binärbaum, 170, 178, 186, 242
    vollständig, 187
Bindungsstärke, 35, 38, 71, 84
Bit, 16
Blatt, 167, 173
Blatt, 243
BlockBuffering, 228
Bool, 16, 241
Boolean, 103
Boolesche Algebra, 19, 250
boolesche Terme, 239
Bounded, 102
Box, 93
Breitensuche, 200
Breitensuchenbaum, 200
BubbleSort, 144
Buchstaben, 228
buckets, 149
BucketSort, 149
Buffering, 227
BufferModes, 228
Byte, 24

case, 31, 96
Char, 23
Church Turing These, 246
Church-Kodierung, 254
Church-Rosser-Theorem, 250
class, 109
Client-Server-Architekturen, 10
Codeoptimierung, 46
Comp, 107
compare, 104
Compiler, 3–5
Computer, 3
Computeralgebrasystem, 110
Containerdatentyp, 141, 157
Control.Monad, 223, 243
Control.Monad.Reader, 220
Control.Monad.State, 221
Coq, 240
Currying, 85, 86

DAG, 204
Dameproblem, 64
data, 91, 153
Data.List.sort, 241
Data.Map, 263
Data.Set, 263

Datamining, 9
Datenabstraktion, 49
Datenbankanwendungen, 10
Datenbanken, 9
Datenkonstruktor, 91, 94
    null-stellig, 92
Datenstruktur, 4
    einfach, 49
Datentyp
    Bool, 16
    Boolesche Werte, 92
    einfacher, 15
    Either, 94
    Maybe, 95
    mehrere Felder, 96
    Tupel, 94
De Morgan, 20
Debug-Ausgaben, 210
Defaultimplementierungen, 103, 109
Definitionen
    lokal, 31, 32
deriving, 92, 100
Deutschland, 231
Dezimalzahl, 22
Differentiation
    numerisch, 105
    symbolisch, 105
directed acyclic graph, 204
Disjunktion, 18, 251
divide-and-conquer, 132
Division, 267
do-Notation, 214, 223, 266
    Umwandlungsregeln, 214
Doktorand, 178
Dokumentation, 103
Double, 23, 107
Dreieckszahl, 117

Echo, 224
Editor, 3
Effizienz, 32
Eimer, 149
Einfügen, 167
Eingabekonsole, 50
Eingaben, 224
    Pufferung, 224
    stream-basiert, 224
    Tastatur, 227
Eingabeparameter, 26
Eingabepufferung, 227
Eingabestrom, 225
Eingabetypen
    definieren, 211
Einlesen

Dateien, 230
Einrückung, 32
Either, 95
Elementtypen, 50
else, 34
empty, 253
Endlosrekursion, 43
Entfaltung, 80
Entwicklungsumgebung, 4
Entwurfstechnik, 41, 98, 132
Enum, 101
Eq, 100, 103, 109
Eulerprojekt, 110
Eurobetrag, 236
Evaluationsreihenfolge, 154
Exemplar
    zufällig, 242
Exklusiv-Oder, 18
Exponentialfunktion, 126
exponentiell, 127
Exportliste, 114

Fachterminivokabular, 166
faktoriell, 127
Fakultätsfunktion, 42, 128, 133, 236, 259
Fallunterscheidung, 262
Fallunterscheidungen, 30, 33, 34
False, 250
False, 16
Faltung, 73, 130, 261, 264
    links mit Startwert, 78
    links ohne Startwert, 79
    rechts mit Startwert, 74
    rechts ohne Startwert, 77
    Unterschiede, 79
Farbinformationen, 219
Fehlerlokalisierung, 111
Fehlermeldung, 27, 99
Fehlersituation, 95
Fibonacci-Zahlen, 44, 67, 139
FIFO-Prinzip, 142
FilePath, 230
Filtereigenschaften, 73
Filtern, 72
First, 252
Fixpunktkombinatoren, 259
Flaschen, 222
Float, 23
Flugpläne, 198
Folgeliteratur, 10
Formel, 153
    Rang, 239
Fünf-Euro-Münze, 236
Funktion, 25

(!!), 55
a, 261
accumArray, 139
adj, 196
adjL, 196
amap, 140
and, 77
ansonsten, 33
anzKnoten, 197
app, 261, 263
arbitrary, 242
array, 139
assocs, 140
ausListe, 189
automat, 221
bSort, 146
bubble, 145
buSort, 149, 150
cat, 141
concat, 56, 76, 152
concatMap, 152
cons, 141, 189
curry, 86
damen, 65
dekrementiere, 29, 32, 83
delete, 143
deQ, 179
dequeue, 158, 160, 178, 179
diff', 108
div, 22, 23
dreheUm, 67
drittesElement, 63
drop, 62
einfuegen, 144
einheit, 211, 231
eintrag, 90
eintragMitNamen, 97
elem, 54, 129, 196, 238
elementAn, 186, 190
elementAt, 54
elems, 140
enqueue, 158, 160, 178, 179
enthalten, 54
error, 43
erstes, 52
erstesElement, 63, 70
erzeuge, 207
eval, 108, 153
evaluate, 261
f, 210, 212, 218, 224, 231
f', 210
fail, 213
fakul, 128
fakultaet, 42, 237

faltenLinks, 78
faltenLinks1, 79
faltenRechts, 74, 76
fassezusammen, 55
fibs, 139
filterListe, 72
find, 197, 205
finde, 172, 173
fold, 169
foldl, 78, 87, 131
foldl1, 79
foldr, 76, 87
foldr1, 77
formel, 32
fromInteger, 106
fromList, 183
fst, 63, 94
fuegEin, 172, 174
funktion1, 112
funktion2, 112
g, 210, 212, 218
g', 210
geld, 221
getChar, 227
getLine, 227
getNaechstes, 202
ggT, 46
greater, 39
h, 210, 212, 218
hangman, 228
head, 52
height, 167
hSetBuffering, 228
id, 224
import, 66
init, 54
inkrementiere, 29, 32, 83
insert, 149
intbool, 27
interact, 224
isInfix, 230
iSort, 144
istDrin, 129, 147
istKlein, 67
istLeer, 197
kanten, 197
kgV, 46
klammerTest, 154
klammerTest', 154
knoten, 197
kopf, 141, 189
l, 261
label, 197
laengeListe, 58, 72

last, 54, 67
leer, 158, 189
leeresWBuch, 115
letztes, 53, 67
levelorder, 169
liesFarben, 219
lift, 211, 213
lines, 225
listeUmwandeln, 70
loesche, 115, 172, 174
loesche', 174
loeschKnoten, 205
macheStringGross, 87
main, 226
ma142, 70
map, 72, 161, 170
mapEntfaltung, 81
mapFaltung, 76, 81
mapListe, 71
mappend, 217
maxElement, 174, 175
maybeApp, 265
mconcat, 217
mempty, 217
merge, 148, 168, 179, 181
minElement, 179
minimum, 102, 133, 143
minus, 35
mod, 22, 23
modify, 264
mSort, 149
mystic, 26
n_damen, 64
nachListe, 189
nimm, 62
nimmElement, 191
nimmnicht, 62
null, 141, 160, 179, 189
ohneletztes, 53
oneof, 243
opNAND, 39
or, 77
parse, 266
parseL, 266
passt, 154
plus, 35
pop, 163
pot, 132
prettyPrint, 170
primes, 141
primzahlen, 61
print, 226
printWord, 228
produkt, 74, 87

prop_sorted, 241
push, 163
putChar, 226
putStr, 226
putStrLn, 66, 226
qSort, 146
quadrat, 39
quadrate, 59
queue, 160
quickCheck, 241
random, 212
read, 100, 227
readFile, 230
readLn, 227
reduce, 261
rest, 52, 141, 189
return, 213
reverse, 130
rSort, 150, 152
rSort', 151
scan1, 163
senke, 205, 207
setLabel, 197
show, 100, 103, 163
sicher, 65
sieb, 61
simplify, 110
singleton, 167, 179, 189
size, 167
snd, 63, 94
splitAtBrace, 265
sSort, 143
substitute, 262
summe, 74, 87
summeBaum, 170
summeListe, 76
sumTo, 46
tail, 53
take, 62
teilen, 95
toList, 183
topSort, 205
traverse, 202
traverse', 202
tueRein, 93
umdrehen, 87, 130
uncurry, 86
unfold, 80
unfoldr, 82, 207
unlines, 225
unzip3, 83
unzippe, 83, 84
updateAn, 186, 190
v, 261

verbinde, 211, 213, 231
vollerName, 97
writeFile, 230
xor, 19, 30, 33, 37, 85
zip, 82
zip3, 83
zippe, 82, 84
zumQuadrat, 70
zweiundvierzig, 27, 28
Funktionen
  ableiten, 105
  als Argumente, 69
  anonym, 70
  Ausgabeparameter, 26
  definieren, 26
  Eingabeparameter, 26
  höherer Ordnung, 69
  monomorph, 102, 241
  namenlos, 39
  nicht-deterministisch, 222
  nicht-monadisch, 243
  polymorph, 102
  positive, 122
  Sichtbarkeit, 112
  Signatur, 26
  Signaturen zusammenfassen, 27
  verketten, 211
  zu Operatoren, 37
  zweistellig, 35, 38
Funktionskörper, 247
Funktionskomposition, 83, 114, 209, 210, 225
  Klammerung, 84
Funktionsname, 26, 258

Ganzzahlquotient, 22
Gauß-Summe, 130
Gaußsche Summenformel, 235
Geldbetrag, 188
Geldrückgabe, 188
Geldschein, 188
Gemeinsamkeiten, 90
Generatorfunktion, 80
Geschwindigkeitsunterschiede, 140
Getränkeautomat, 220
Gewichte, 194
GHC, 5
Giuseppe Peano, 234
Glasgow Haskell Compiler, 5
Gleichheit, 101
Grafik, 9
Graph, 193, 222
  gerichtet, 204
Graphentheorie, 193
Greedy-Strategie, 187

Grenzen der Machbarkeit, 246
Grenzwert, 125
Großbuchstaben, 247
Guards, 33, 34, 266
Gültigkeitsbereich, 32
Guthaben, 222

Hangman, 228
Haskell Brooks Curry, 85
Haskell-Community, 5
Haskell-Skript, 8
  hs, 8, 25, 34
  lhs, 9
Haskellspezifikation, 26
head, 51, 253
Heapordnung, 178, 183
Helium, 6
Hilfsfunktion, 31
Hintergrund, 198
Histogramm, 139
Hoogle, 26
Hugs, 5, 6
  Installationsordner, 10
  Komponenten, 6
  Systemfunktionen, 7
Hugsbefehle
  :?, 7
  :also, 7
  :browse, 7
  :cd, 7
  :edit, 7
  :find, 7
  :gc, 7
  :info, 7
  :kind, 94
  :load, 7, 112, 139
  :main, 7
  :module, 7
  :names, 7
  :quit, 7
  :reload, 7
  :set, 7
  :t, 26
  :type, 7, 26
  :version, 7

Idempotenz, 20
Identitätsfunktion, 211, 224
if, 34
if-then-else, 34, 215, 223
Implikation, 242
import, 113
Importierung
  Reihenfolge, 113

in, 32
Induktionsanker, 235
Induktionsaxiom, 235
Induktionsschritt, 235
Induktionsvoraussetzung, 235
infixl, 38
infixr, 38
Infixschreibweise, 35, 37
inorder, 168, 186
InsertionSort, 143
Installation, 5
instance, 103
Instanzdefinitionen, 201
Instanziieren
    manuell, 102
Int, 21, 107, 238
Integer, 22, 106, 128
Interfaces, 111
Interpreter, 3–5, 264
Intervallende, 59
intuitiv berechenbar, 246
Involution, 20
IO, 226
Isabelle, 240

Jahreszeiten, 99
Jedimeister Yoda, 152
Just, 95

Kante
    gerichtet, 194
    ungerichtet, 194
Kanten, 165, 194
Kate, 3
Kategorientheorie, 209
Kellerspeicher, 142
kind, 94
Kinder, 166
Klammertest, 153
Klasse
    Arbitrary, 242
    Char, 65
    Control.Monad, 223
    Control.Monad.Reader, 220
    Control.Monad.State, 221
    Data.Char, 66
    Eq, 150
    Monad, 213
    Monoid, 217
    Num, 29
    Queue, 157
    Show, 163, 183, 191
    SuchStrukt, 201
Klassen

definieren, 109
Kleidung, 204
Kleinbuchstaben, 246
KLR, 169
Knoten, 165, 194
Knoten, 243
Kochrezept, 3
Kommentare, 8, 9, 34
Kommutativität, 20
Komplementarität, 20
Komplexität, 238
Konjunktion, 17, 251
Konkatenation, 55, 142
Konsole, 6, 7
konstant, 127
Konstanten, 106
konsumieren, 80
Konvention, 58, 112
Kopf-Rest-Prinzip, 52, 58
Korrektheit, 4, 152
Korrektheitsbeweis
    unvollständig, 240
Kosten, 159
Kredite, 159, 162
Kreide, 198
kreisfrei, 194
Kreisfreiheit, 199
Kreuzungen, 199
kubisch, 127
Künstliche Spieler, 193

Labyrinth, 198, 207
λ-Abstraktionen, 247
λ-Ausdrücke
    auswerten, 248
    reguläre, 247
    repräsentieren, 261
λ-Funktion, 247
λ-Interpreter, 260
Lambda-Kalkül, 245
λ-Kalkül, 2, 246
Lambda-Notation, 38
λ-Notation, 39
λ-Parser, 265
Landau-Symbole, 123
Laufzeit
    O, 123
    o, 123
    exponentiell, 127
    faktoriell, 127
    konstant, 127
    kubisch, 127
    linear, 127
    logarithmisch, 127

Ω, 123
ω, 123
 polylogarithmisch, 127
 polynomiell, 127
 quadratisch, 127
Θ, 123
Laufzeitanalyse, 121, 127
 amortisiert, 159, 161, 181
Laufzeiten
 Übersicht, 127
Lazy evaluation, 59, 128, 160, 223
Leerzeichen, 32
Lesbarkeit, 28
let, 32
let-in, 32
levelorder, 169
lexikographisch, 23, 64, 101
liftM3, 243
linear, 127
LineBuffering, 228
Linksassoziativität, 38
Linksidentität, 214
Linux, 5
List, 141, 222
List comprehensions, 56, 80
Liste, 50, 137, 141, 158, 178, 252
 automatisch erzeugen, 56, 58
 Kopf, 51
 Rest, 51
 sortieren, 142
 unendlich, 59, 71
 verkettet, 185
 zerlegen, 61
 zusammenfassen, 55
Listenfunktionen, 98, 189
 rekursiv, 53
Logarithmen, 126
logarithmisch, 127
Löschen, 167
Lösungen
 effizient, 122
Lösungsstrategien, 193

Mac OS, 5
Main, 112
Makros, 256
Mapping, 71, 81
Maschinencode, 3
maxBound, 102
Maybe, 95, 265
Median, 148
Mengenoperationen, 201, 263
MergeSort, 148, 178
Mikrowellenkuchen, 3

minBound, 102
Minimum, 102, 133
Mirp-Zahlen, 87
Mitschrift, 210
Mittelwert, 129
Modul, 112
 A, 112
 Adressbuch, 115
 B, 112
 C, 112
 Data.Array.Diff, 140
 Data.Array.IArray, 138
 Data.IntMap, 175
 Data.List, 205
 Data.Map, 175
 Data.Random, 212
 Data.Set, 201
 Eulerloesungen, 117
 Test.QuickCheck, 241
 TestAdressbuch, 116
 Woerterbuch, 114
Modul.Funktion, 113
Modularisierung, 111
module, 112
Module definieren, 112
Monad, 213
Monade, 209
 IO, 225
 List, 222
 Maybe, 265
 Reader, 218
 State, 220, 226
 Writer, 217
Monoid, 217
Multiplikation, 126, 257
Münze, 188
Mustererkennung, 9

n-Tupel, 62, 96
Nachfolger, 234
Nachfolgerfunktion, 254
nachname, 98
Namenskonflikte, 113
NAND, 39
Natürliche Zahlen, 110, 234, 254
Navigationsgerät, 197
negate, 105
Negation, 17, 251
Neutralität, 20
newtype, 91, 93, 196, 201
Nil, 253
NoBuffering, 228
NOR, 39
Normal-Order-Reduction, 250

Normalform, 250
NOT, 17, 251
not, 17
Notepad++, 3
Nothing, 95, 202, 230
Num, 105

OpenGL, 9
Operator
 ($), 84
 (+), 85
 (++), 55
 (.), 83
 (...), 84
 update, 140
Operatorbaum, 106, 108
 Höhe, 239
Operatoren, 35
 Assoziativität, 35
 Bindungsstärke, 35
 definieren, 35, 37
 Infixschreibweise, 106
 Signaturdefinition, 36
 zu Funktionen, 36
OR, 251
OR, 18
Ord, 100–102, 104, 241
Ordnungseigenschaft, 173, 180
otherwise, 33
outputsensitiv, 176

Paare
 verschachtelt, 252
Palindromzahl, 47
pandigital, 47
Parameterübergabe
 implizit, 76
Parsec, 265
Parsefehler, 265
Pattern matching, 30, 96, 266
 case, 31
 guards, 33
 Zeilenweise, 30
Peano-Axiome, 234
Permutationen, 223
Personenkette, 157
Pferde, 243
Pivotelement, 146, 175
Platzhalter, 26, 258
polylogarithmisch, 127
Polymorphie, 106
 eingeschränkt, 102
Polynome, 126
 berechnen, 107

polynomiell, 127
postorder, 168, 206
Potenzen, 126, 131, 134
Potenzieren, 146
Prädikat, 70, 72
Präfix, 225
Präfixschreibweise, 36
Prelude, 10
preorder, 168, 169, 186, 190
Primfaktoren, 110
Primzahl, 60, 87, 141
Primzahlkandidaten, 60
Prioritäten, 177
Prioritätswarteschlange, 177
Problemgrößen, 123
Produktnotation, 123
Professor, 178
Programme
 nicht-terminierend, 237
 testen, 233
 verifizieren, 233
Programmiersprachen
 imperativ, 2
Projekte, 111
Projektionseigenschaften, 251
Prolog, 222
prop, 241
Property, 241
Pseudozufallszahlen, 212
Punkt-Operator, 83
Punkt-vor-Strichrechnung, 38
Punktnotation, 113
Pythagoräisches Tripel, 63

quadratisch, 127
qualified, 114
Qualified imports, 114
Quelle, 204, 207
Quersumme, 87
Queue, 157
queue, 157
QuickCheck, 240
 eigene Typen, 242
 Sortieren, 241
QuickSort, 146, 175
Quotientenfolge, 125
Quotientenkriterium, 125

RadixSort, 150
Random, 226
Random-Access Listen, 185
Reader, 218, 222
RealWorld, 226
Rechenmaschinen, 245

rechtsassoziativ, 51
Rechtsassoziativität, 38
Rechtsfaltung, 169
Rechtsidentität, 214
Recordsyntax, 97
recurrere, 41
Redex, 250
Reduktionsstrategie, 250
Reihenfolge, 27
Rekursion, 2, 41, 258
  baumartig, 44
  endständig, 46
  kaskadenförmig, 44
  linear, 43
  verschachtelt, 45
  wechselseitig, 46
Rekursionsabbruch, 154
Rekursionsanker, 41, 128, 234
Rekursionsgleichung, 128
  geschlossene Form, 132
Rekursionsgrad, 101
Rekursionskette, 43
Rekursionsmuster, 99
Rekursionsschritt, 234
Rekursionstiefe, 168, 175
Relation, 101
return, 243
Roboter, 193
Rotation, 161
Rückgabewert, 210
runIO, 226

S, 255
Saison, 99, 100
Satellit, 231
Schlüssel, 172, 177
Schlüsselwörter, 28
Schnittstellen, 111
Schnittstellendefinitionen, 112
Schranke
  obere, 123
  starke obere, 124
  starke untere, 125
  Umgang und Regeln, 125
  untere, 124
Schrittweite, 58
Schulden, 162
Schuldeneinheit, 182
Schulmathematik, 105
Schweden, 231
scope, 32
Second, 252
Segmentierung, 198
Seiteneffekte, 234

SelectionSort, 142
Semantik, 214
semantisch äquivalent, 239
Senke, 205
Show, 100, 103, 163, 266
show, 183, 191
Sieb des Eratosthenes, 60, 141
Signaturen, 26, 29
  überladen, 30
  polymorph, 75
signum, 105
Skalarprodukt, 67
SlowSort, 223
Sortieralgorithmus, 223
  stabil, 151
Sortieren
  BubbleSort, 144
  BucketSort, 149
  InsertionSort, 143
  lexikographisch, 150
  MergeSort, 148, 178
  QuickSort, 146, 175
  RadixSort, 150
  SelectionSort, 142
  SlowSort, 223
  topologisch, 204
  vergleichsbasiert, 149
Sortieren durch Auswahl, 142
Sortieren durch Einfügen, 143
Sortierwettbewerb, 122
Spezifikation, 241
Stack, 137, 141, 152, 163, 199
Stack Overflow, 43
Standard-Unicode, 23
Standardmodul, 112
Stapel, 142
Startknoten, 165, 201
State, 220, 226
StdGen, 212
stdin, 228
stdout, 228
Steuerzeichen, 66
Stirling Formel, 126
Strahlung, 230
Stream-Abstraktion, 224
String, 63, 90, 224
strukturelles Pattern, 52
Student, 178
Substitutionen, 263
Subtraktion, 258
successor, 234
Suchbaum, 130, 173, 186
Summennotation, 123
Superhelden, 204

Supermarktkasse, 157, 177
Symbole, 15
Synonym.f, 114
System.IO, 228

Tabulator, 66
tail, 51, 253
Taschenrechner, 7, 9, 22
Teilausdruck, 248
Teilbaum, 167, 168, 180
Teile-und-Herrsche, 132, 133, 146, 148
Teillisten, 61
Teilung
    Rest, 22
Telefonbuch durchsuchen, 95
Termauswertung, 38
Testdatengeneratoren, 242
Testfälle
    automatisch generieren, 241
Texteditor, 4
TextWrangler, 3
then, 34
Theoretische Informatik, 246
Tiefensuchbaum, 199
Tiefensuche, 199, 206
Traversierung, 198
    ebenenweise, 170
Traversierungen, 168
True, 250
True, 16
Tupel, 62, 172, 194, 251
Tupel, 94
Turing-Fixpunktkombinator, 260
Türme von Hanoi, 44
Typüberprüfung, 2
type, 90
type variable, 52
Typen
    algebraisch, 91
    algebraisch rekursiv, 98
    eigene, 89
    monomorph, 93
    polymorph, 90
Typgleichheit, 27
Typklassen, 29, 100, 103, 109, 138, 213
    Abhängigkeiten, 105
    automatisch instanzieren, 99
    eigene, 89
Typkontext, 106
Typparameter, 91, 94
Typsicherheit, 2, 29
    absolut, 29
    explizit, 91
Typsynonym, 90

monomorph, 91
polymorph, 91
Typvariable, 52

Umbenennungswörterbuch, 263
Umgebungsvariablen, 218
Umgekehrte Polnische Notation, 152
Umkehrfunktion, 105
Umkehroperation, 81
undefined, 97, 262
unfold, 80
Ungleichoperator, 19
unsafePerformIO, 226
Unterbäume, 180
Unzip, 82

Variablen, 247
    frei, 248, 263
    gebunden, 248, 263
Vergleichsoperatoren, 101
Vergleichsrelation, 150
Verifikation, 233
Vier-Euro-Münze, 236
vollständige Induktion, 234
    Bäume, 239
    Listen, 238
    Strukturen, 237
Vordergrund, 198
Vorgängerfunktion, 257
vorname, 98

Wachstum
    asymptotisch gleich, 125
Wächter, 33
Wahrheitswerte, 15, 16
    als Funktionen, 250
Warteschlange, 157, 163, 200
    Analyse, 160
Wartung, 111
WBuch, 114
Webanwendungen, 10
Webseite, 5
Webserver, 218
Wegefindung, 193
Welt, 225, 226
Wertebereich, 16
Wertetabelle, 16, 19
where, 32
Widerspruchsbeweis, 188
Wiederverwendbarkeit, 111
Wildcard, 28, 31
Windows, 5
winhugs, 5, 7
Wochentage, 151

worst-case, 127
Wörterbuch, 171, 178, 195, 219, 220, 263
Wörterbucheintrag, 264
Writer, 217
Wurzel, 165, 178, 187
Wurzelknoten, 168

XOR, 18

Zahlen, 15
Zahlentypen, 21

Zeichenketten, 65, 225
Zeilenumbruch, 66
Zeiteinheit, 122
Zero, 254
Zip, 82
Zufallszahlen, 212
Zugriffszeit, 138
Zurücklaufen, 199
zusammenhängend, 194
Zustand, 16, 221
Zustandsobjekt, 226